펀드매니저의
투자 비밀

여의도 황금손 30인의 고수익 투자법

펀드매니저의 투자 비밀

최명수 · 변관열 · 김하나 외 지음

한국경제신문

펀드매니저는 증권시장의 꽃이다. '자본주의의 꽃' 인 증권시장에서 펀드매니저는 항상 시장의 중심에 서 있다. 적게는 수백억 원에서 많게는 수조 원을 굴리는 그들의 움직임에 시장은 촉각을 곤두세운다. 증권업계에 몸담고 있는 영업맨과 시황·종목을 분석하는 애널리스트들은 물론 개인투자자들 모두 펀드매니저의 투자 결정과 그 펀드의 수익률에 시선을 집중한다.

투자종목과 매매시기를 본인이 직접 결정하는 직접투자자든 펀드에 돈을 넣어 놓은 간접투자자든 펀드매니저의 손놀림을 매우 중요한 투자 정보로 여긴다. "어떤 펀드에서 어느 종목을 샀다"는 소식이 전해지면 그 종목에는 '기관선호주' 라는 이름표가 달리고 주가도 치솟는다. 반대로 "A자산운용사에서 B종목을 정리했다"는 루머가 돌면 주가가 곤두박질치곤 한다.

개인, 기관, 외국인 등 증시의 3대 매매 주체 가운데 펀드매니저는 기관투자자의 자금을 운용하는 주인공이다. 동시에 펀드에 담긴 개인 자금을 고객을 대신해 굴리는 '투자 대리인' 이다. 더 나아가 외국자금을 운용하는 펀드매니저도 있으니 펀드매니저는 3대 매매 주체를 모두 포괄하는 '큰손 중의 큰손' 이다. 한마디로 증권시장에서 꽃중의 꽃이

요, 왕중의 왕인 셈이다.

겉으로는 화려하지만, 시장에서 '초과수익'을 얻기 위해 외롭고 고독한 선택과 결정을 반복해야 하는 것이 펀드매니저의 숙명이다. 그 선택에 대한 객관적인 근거도 만들어내야 한다. 운용성과, 즉 수익률이 신통치 않을 때 돌아오는 책임도 자신의 몫이다. 수익률을 높여야 한다는 중압감에 시달릴 수밖에 없는 것이 펀드매니저다.

운용성과가 좋으면 영웅이 된다. '베스트 펀드매니저'라는 칭호가 붙는다. 수억 원의 인센티브도 주어진다. 하지만 수익률이 형편없을 땐 고객에게 '펀드 트라우마(정신적 상처)'를 안겨주고 심지어 자신도 병원에 입원하곤 한다. 미국 월스트리트에서 활동하고 있는 펀드매니저 중 일부가 '수익률 스트레스' 때문에 마약을 복용한다는 이야기는 그들의 심리적 압박감을 입증한다.

펀드매니저는 자본시장이라는 전쟁터에서 '탐욕'과 '공포'와 싸우는 금융전사다. 인간의 본능을 이겨내기 위해 절제하고 또 절제하는 이들이다. 주가가 오를 때 주식을 사고 싶은 욕심을 버린다. 주가가 폭락할 때 더 떨어질 것이란 공포심을 이겨내야 하는 그들이다. 대한민국에서 1,000여 명에 불과한 그들, 금융전사인 그들에게 어떤 투자 비밀이

숨겨져 있을까?

투자자에게 펀드매니저는 투자종목과도 같은 존재다. 직접투자자라면 기관투자자의 움직임을 파악하기 위해 펀드매니저를 알아야 한다. 간접투자자 역시 자신의 돈을 제대로 굴리는지 감시하기 위해서라도 펀드매니저를 제대로 알 필요가 있다. 어떤 펀드에 투자할까를 결정하는 것은 곧 펀드매니저를 선택하는 것이요, 마치 종목을 고르는 것과 같기 때문이다.

이 책은 국내 펀드시장 40주년을 맞아 '증권시장의 꽃' 펀드매니저에 대한 독자의 이해를 돕기 위해 만들어졌다. 한국경제신문의 온라인 미디어 〈한경닷컴〉이 2009년 10월 20일부터 12월 30일까지 20회에 걸쳐 연재한 한경닷컴 창립 10주년 기념 심층기획 시리즈 '펀드매니저의 투자 비밀'을 토대로 꾸며졌다. 기존 기사에 실린 인물 외에 여러 명을 추가해 모두 30명의 펀드매니저 이야기를 담았다.

펀드매니저의 모습을 입체적으로 정리하기 위해 책을 3부로 나눴다. 제1부 '펀드의 탄생, 역사의 돛을 올리다'에서는 펀드의 시작과 바이코리아 열풍, 세계 펀드의 역사를 서술했다.

제2부 '미다스의 손, 펀드매니저를 만나다'에선 주요 펀드매니저 개

개인의 운용철학과 투자방법, 실제 운용성과 등을 심층분석하고 투자자에게 정보가 되는 메시지를 덧붙였다. 모두 5개 장으로 구성된 제2부가 이 책의 핵심이다. 과거부터 지금까지 명성을 날리고 있는 베테랑 펀드매니저, 최근 떠오르는 스타 펀드매니저, 가치투자로 알려진 펀드매니저, 파생상품 무형자산 펀드의 대가, 가수·최고령·이공계 등 이색 펀드매니저 등을 다뤘다. 용어설명이나 주요 이슈를 부록으로 덧붙여 관심사에 따라 두루 살펴볼 수 있도록 구성했다.

제3부 '원포인트 레슨, 펀드매니저에게 배우다'에서는 펀드매니저의 하루를 독자들에게 보여주는 한편, 미래에셋자산운용이나 가치투자의 전도사 이채원 한국투자밸류자산운용 부사장이 실제 어떻게 투자했는지 독자들이 따라할 수 있도록 사례를 모았다. 마지막 장에선 펀드매니저들과 강창희 미래에셋 투자연구소장이 말하는 펀드투자 10계명 등을 담아 투자의 지침이 되도록 했다.

부록에서는 수익률 상위 50개 펀드, 설정액 상위 50개 펀드, 운용사별 순자산액, 펀드운용사 사이트 등을 담아 펀드투자에 도움이 되도록 하였다.

이 책은 주식 및 펀드투자자들에게는 물론 증권영업맨이나 애널리스트 등 금융투자업계 종사자들에게 매우 유용할 것이다. 펀드매니저가 되기를 꿈꾸는 대학생이나 취업준비생들이 활용할 수 있는 정보도 많이 담았다. 최연소 펀드매니저 4인의 이야기를 인터뷰 방식으로 다룬 내용은 독자들에게 주니어 펀드매니저의 세계를 엿볼 수 있는 기회를 제공한다.

투자자들이 주식시장을 정확히 이해하고 자신의 책임 아래 투자하는 건전한 투자문화를 이루는 데 이 책이 일익을 담당하기를 바란다. 특히 일확천금을 노리는 주식투자자나 펀드에 돈을 묻어놓고 무관심으로 일관하는 투자자들에게 이 책을 권한다. 책을 통해 펀드매니저가 펀드를 어떻게 운용하는지, 그 속에서 나에게 알맞은 투자법은 무엇인지 발견하기 바란다.

공동저자인 변관열, 김하나, 정형석, 정현영, 안재광, 오정민, 김다운, 한민수, 김효진 기자(이상 한경닷컴 온라인뉴스국 증권팀)가 이 책을 만드는 데 중추적인 역할을 했다. 사진 취재를 담당한 뉴스팀의 양지웅 기자의 노고도 많았다. 2009년 6월 《슈퍼개미의 투자 비밀》 출간에 이어 이번에도 강한 팀워크를 발휘한 후배들이 자랑스럽다.

김수섭 한경닷컴 사장과 김정호 한국경제신문 편집국장 등 많은 선

배들의 격려와 지도편달이 큰 힘이 됐다. 김경태 한경BP 사장과 출판 관계자들에게 고마움을 전한다. 취재에 적극 응해준 30여 명의 펀드매니저에게도 감사의 말씀을 드린다.

　이 책을 내는 데 힘쓴 모든 이들과 출간의 기쁨을 함께 나누고자 한다. 무엇보다 독자들이 이 책을 읽고 한국경제신문의 슬로건처럼 '성공을 부르는 습관'을 가졌으면 한다. 이 책을 통해 투자자들이 탐욕과 공포를 이겨내는 펀드매니저의 지혜(아마도 그것은 투자비밀 중 하나일 것이다)를 얻게 된다면 그것이 가장 기쁜 일이 될 것이다.

2010년 3월 여의도 취재센터에서
한국경제신문 편집국 증권부 차장
(前 한경닷컴 온라인뉴스국 증권팀장)
최 명 수

머리말 4

제1부 펀드의 탄생, 역사의 돛을 올리다

01 최초의 펀드 시대를 열다 ⋯⋯⋯⋯⋯⋯⋯⋯⋯⋯⋯⋯ 19
최초의 펀드, 최초의 투자신탁회사 19 | 쏘는 종목은 무조건 오른다 20 | 12.12 증시안
정화 정책이 펀드 부실 초래 21

02 바이코리아, 열풍이 오다 ⋯⋯⋯⋯⋯⋯⋯⋯⋯⋯⋯⋯ 23
바이코리아 열풍 24 | 미래에셋과 뮤추얼펀드의 등장 24 | 해외펀드 전성시대 26 | 이
공계 출신 펀드매니저의 등장 27 | 자산운용사 69개, 공모펀드 수 3,686개로 성장 28

03 세계 펀드의 역사 ⋯⋯⋯⋯⋯⋯⋯⋯⋯⋯⋯⋯⋯⋯ 30
영국에서 시작한 최초의 펀드 30
• 펀드의 종류 33 • 펀드매니저는 어떤 일을 하나? 35 • 국내 펀드매니저 현황 39

제2부 미다스의 손, 펀드매니저를 만나다

제1장 베테랑 펀드매니저

01 이머징시장에 33조 원 투자하는
미다스의 손 구재상 ⋯⋯⋯⋯⋯⋯⋯⋯⋯⋯⋯⋯⋯ 46
이머징 주식시장을 움직이는 '미다스의 손' 48 | 절제와 금욕의 미래에셋 펀드매니저
50 | 미래에 베팅하는 미래에셋 55 | 최초의 운용사에서 최대의 운용사가 되다 58
• 펀드도 수출상품 61

02 스폿펀드는 나에게 맡겨라
펀드매니저 1세대 장인환 ·································· 62

스폿펀드의 귀재 63 | PER, PBR 높을수록 좋다? 65 | 살 때는 매도호가, 팔 때는 매수
호가 69 | 기업 탐방에서 실적전망은 치워 버려라 70 | 가치투자·모멘텀투자 경계 사
라져 72

03 원칙주의자의 20년 노하우
멜빵선생 강신우 ·· 74

히트 펀드 '바이코리아펀드'를 떠나다 78 | 한국 운용 신생펀드들, 수익률 상위권 '승
승장구' 80 | 앞선 투자가 비법 81

• 한국투자신탁 출신 펀드매니저 84

04 NHN 대박의 주인공
베스트 펀드매니저 김석규 ······························ 86

GS그룹 싱크탱크로 88 | 장기 관점에서 상향식 80%+하향식 20% 전략 90 | 중국 내
수 수혜주 관심 92

05 살아있는 펀드의 전설
오마하의 현인 워런 버핏 ······························· 94

절대로 손해보지 마라 96 | 위기? 지금은 주식을 사야할 때 97

06 수익률 1만 4,820%의 마법
펀드운용의 해리포터 앤서니 볼턴 ··················· 101

M&A 대상이 될 만한 기업을 찾아라 103 | 경영진의 입을 통해 나오는 정보에 주목
104 | 리스크를 줄이려면 대차대조표를 보라 107 | 지금은 비관보다 낙관할 때 107

제2장 떠오르는 스타 펀드매니저

07 수익률 상위 1% 펀드 대박의 비결
팀워크 운용의 달인 황성택 ········ 112
믿음을 바탕으로 꾸준한 수익 추구 114 | 자동차·금융업종 비중 확대 117 | 금융수출 꿈꾼다 119

08 창의적 사고가 초과수익의 비결
청바지 펀드매니저 송성엽 ········ 122
장기 성장성과 주주가치가 중요 125 | 주식 투자시 살펴봐야 할 지표는? 127

09 운용업계의 선덕여왕
여성 본부장 1호 김유경 ········ 129
평범한 식품영양과 학생, 회계통(通)으로 그리고 펀드매니저로 131 | 똘똘한 2등을 골라라 134 | 후배들이여, 나를 넘어서라 136

10 네비게이터 펀드의 쾌속 항해
떠오르는 스타 박현준 ········ 138
성공투자의 비결은 '원칙과 일관성' 141 | '모두 걸기'의 자세가 성공투자의 첩경 144
• 이름 바꿔 히트 친 펀드 146

제3장 가치투자 및 명품브랜드 펀드매니저

11 롯데칠성으로 400% 수익 낸
가치투자 전도사 이채원 ········ 152
이상형은 피터 린치, 이상적인 종목은 아모레퍼시픽 153 | 가치투자, 싸게 사서 이 악물고 기다려라 154 | 진흙 속에서도 진주만 골라낸다 156 | 나에게 맞는 투자법을 골라라 161

12 엔씨소프트로 5배 챙긴 비결
콤비 펀드매니저 김해동·김영기 ········ 164
통합 후 운용·리서치 인력 강화 167 | 리서치 지원 뒷받침된 톱다운 방식도 중요 169 | 펀드매니저는 매일 시험보는 직업 172

13 수익률 1만 5,500% 신화
　　펀드 직접판매의 고수 강방천 ────────────────── 176
　　중국기관의 한국투자 추진 178 | 대박 뒤에 찾아온 쪽박 182 | 돈 못 벌면 보수 안 받
　　겠다 185

14 2년만에 수익률 두 배
　　가치투자의 고수 김민국 · 최준철 ─────────────── 188
　　지금이 가치투자 적기 190 | 설립 이후 매년 시장 수익률 웃돌아 191 | VIP 펀드 194

제4장 채권과 파생상품, 무형자산 펀드의 대가

15 나까마 비용 줄여라
　　ETF 맹신자 배재규 ───────────────────── 200
　　'ETF마켓 플레이스'를 꿈꾼다 203 | 수익 극대화하려면 나까마 비용을 줄여라 206

16 은퇴 후 연봉 1억은 채권으로
　　채권시장의 선도자 김기현 ──────────────────── 208
　　채권시장 선도자 210 | '복리의 마술' 채권상품 212 | 레포(REPO)거래와 채권ETF펀
　　드 설정 214 | 기준금리 대세 상승기가 가장 힘들었던 순간 217 | 채권시장 발전을 위
　　해 '스크린집중제' 도입 시급 218

17 금융공학의 힘을 믿어라
　　인덱스펀드의 대가 한진규 ───────────────────── 220
　　가장 우수한 금융상품 '인덱스펀드' 222 | 과학적 운용 좀 합시다 225 | 시장은 비합리
　　적이다 226 | 액티브의 어깨 위에 올라서라 227

18 대체투자 펀드계의 '최초의 사나이'
　　신종 펀드의 개척자 이혁진 ──────────────────── 230
　　대체투자, 10년 전부터 준비했다 231 | 펀드가 사회를 변화시킨다 233 | 이종교배가 동
　　종교배보다 우월하다 235 | 대체투자 시장의 미래에셋이 되겠다 237

제5장 **가수, 최고령, 이공계 이색 펀드매니저**

19 **리스크를 회피하지 마라**
    펀드업계 덩크슈터 김광진 ·· 240
    합리적으로 싼 주식을 사라 242 | 새로운 도전 '바이오헬스케어펀드' 245 | 낙관론자
    가 성공한다 246

20 **마의 벽을 넘어야 투자에 성공**
    최고령 펀드매니저 이상진 ·· 250
    투자의 첫 출발은 기업탐방 251 | GDP, 금리, 환율, 유가와 비교하라 255 | 증시 조정기
    를 대비하라 256 | '마의 지점'을 견뎌라 257 | 창조적 펀드매니저가 돼라 258

21 **퀀트운용은 주식의 연금술**
    이공계 출신 첫 운용본부장 박상우 ································ 260
    주식의 연금술, 퀀트란? 261 | 통계 전문가, 금융에 입문하다 263 | 모형을 어떻게 짜
    느냐가 운용의 묘 264 | 한국의 르네상스 테크놀로지 나와야 265

22 **좋은 주식을 선별하라**
    검은머리 외국인 최인호 ·· 268
    외국인의 눈으로 한국증시를 살피다 270 | 8년 만에 펀드수익률 1등 271 | 완벽한 기
    업분석이 투자비밀 273 | 오랜 경험이 투자판단에 오히려 독이 될 수 있다 275 | 최고
    의 스승은 자기 자신 276

23 **투자는 비중 조절의 예술**
    270조 국민연금 운용의 주역 온기선 ···························· 278
    인간 본성을 거스르는 투자를 하라 280 | 흔들림 없는 실천이 성공 키워드 282
    • 국민연금과 주식시장 286

24 **중국 B시장에 주목하라**
    봉쥬르차이나의 주인공 클로드 티라마니 ···················· 290
    '봉쥬르차이나펀드'로 국내에 중국펀드 알리다 292 | 중국 B시장 투자가 최고의 투자
    경험 294 | 편견 극복해야 세계적인 펀드매니저가 될 수 있다 296

25 펀드매니저가 되려면
최연소 펀드매니저 4인 ··· 298
• 펀드매니저 '면허증' 따기 314

제3부 원포인트 레슨, 펀드매니저에게 배우다

01 펀드매니저의 24시 ·· 318
오전 5~6시 : 개장 전 '전투 준비' 319 | 오전 9시~오후 3시 : 총성 없는 매매 전투 320 |
오전 12시 : 먹는 것도 사치다 321 | 오후 3시 : 장 마감 후 자정까지 '업무 연장' 322

02 미래에셋 따라하기 ·· 324

03 이채원의 가치투자 따라하기 ··································· 328

04 반드시 알아야 할 펀드투자 10계명 ························· 333
• 강창희 소장의 펀드투자 가이드 343

부록
국내주식형 최근 1년 수익률 상위 50개 펀드 348
국내주식형 설정액 상위 50개 펀드 352
공모 국내 · 해외주식형 운용사별 순자산액 356
펀드운용사 사이트 357
판국 펀드 40년사(수탁고와 주요일지) 358

| 제1부 |

펀드의 탄생,
역사의 돛을 올리다

많은 사람들이 주식투자를 두려워한다. 그래서 종목 선정과 매매시기를 자신이 직접 결정해야 하는 '직접투자' 보다는 펀드를 통한 '간접투자'를 택한다. 펀드투자를 통해 의외로 큰돈을 번 사람도 있고, 벌어들인 돈보다 잃은 돈이 많아 '펀드통(痛)'에 시달리는 사람도 많다. 펀드는 개인투자자의 재테크 수단이자 '희로애락'을 가져오는 애증의 대상이다.

국내 펀드의 역사는 40년이다. 1970년 5월 20일 국내 최초의 펀드가 탄생했다. 당시 한국투자개발공사(現 하나UBS자산운용)가 설정한 '증권투자신탁(이후 안정성장 주식투자신탁 1월호로 개명)'이 그것이다. 기네스북에도 등재되어 있는 이 펀드는 현재도 가입이 가능하다. 이후 펀드시장이 성장하면서 수많은 펀드가 명멸(明滅)했다.

국내 펀드 역사의 획을 그은 것은 바이코리아펀드다. 1999년 펀드시장에서 돌풍을 일으킨 바이코리아펀드는 한때 12조 원에 달하는 설정액을 기록했다. 투자의 성공 여부를 떠나 바이코리아의 등장은 펀드 대중화의 큰 계기였다. 바이코리아펀드 전후로 나눠 펀드의 역사를 되짚어보자.

최초의 펀드 시대를 열다

최초의 펀드, 최초의 투자신탁회사

국내 첫 펀드가 탄생한 이후 바이코리아펀드의 등장까지 펀드시장 발달 과정에는 몇 차례 크고 작은 사건이 있었다. 사람으로 치면 1970 년대 태동기와 1980년대 유년기, 1990년대 청소년기와 2000년대 성년 기로 구분할 수 있다. 펀드 역사 30년만에 제대로 된 펀드시장이 형성 됐고, 그 이후를 성년기라고 말할 수 있게 된 것이다.

한때 최초의 펀드와 최초의 투자신탁회사에 대한 논란이 일기도 했 다. 한국투자개발공사가 1970년에 만든 '증권투자신탁'은 이후 대한투 자신탁과 대한투신운용을 거쳐 현재 하나UBS자산운용이 관리를 맡고 있다. 이에 비해 최초의 투자신탁전업회사는 1974년 9월 16일 설립된 한국투자신탁이다. 한국투자신탁은 1975년 5월 안정성장주식투자신탁

5월호를 내놓았다.

1970년대 초중반 증시 활황기가 계속되면서 펀드 수가 늘어나기 시작했다. 1976년 학생주식투자신탁과 재형주식투자신탁이 처음으로 설정됐다. 대한투자신탁이 성장주식투자신탁을 설정하면서 초창기 공사채형 중심으로 성장하던 펀드시장은 주식형 중심으로 바뀌기 시작했다. 1978년엔 주식형펀드의 수탁고가 1,000억 원을 넘어섰다.

유년기인 1980년대 초반 경기침체의 골이 깊어지고 유가 인상까지 겹치면서 주식형펀드의 판매가 부진했다. 금리인하 조치로 공사채형 펀드의 인기도 사그라들었다. 이 틈을 타서 등장한 것이 보장형펀드다. 목표수익률을 보장하는 펀드가 잇따라 생겨난 것. 1982년 등장한 이른바 '장기 보장 주식투자신탁'이 대표적이다. 한국투자신탁의 '86주식투자신탁' 등 만기까지 돈을 묶어두는 폐쇄형펀드도 이때 나왔다.

▌쏘는 종목은 무조건 오른다

1980년대 후반에는 주가가 크게 상승한 데 힘입어 주식형 펀드시장이 크게 성장했다. 종합주가지수는 1985년 말 164.4에서 1986년 말에는 276.6로 상승했고, 1987년 말에는 525.1을 기록했다. 1988년 말에는 907.2에 달하는 등 연평균 77% 상승했다. 주가 상승과 함께 다양한 펀드들이 활황을 맞으면서 1989년 4월 종합주가지수 1,000선(최고점 1,007.77)을 돌파하게 된다.

주식형펀드의 수탁고는 1990년 말에 9조 9,767억 원 규모로 성장했다. 재형주식투자신탁의 가입 대상이 월급여 40만 원 이하에서 60만 원 이하로 확대되면서 펀드의 대중화가 급진전되기도 했다. 이즈음에 3투신(한국투자신탁, 대한투자신탁, 국민투자신탁)을 중심으로 주식운용역들이 활약하기 시작했다. 이들은 후에 펀드매니저라는 이름으로 불리게 됐다.

이같은 대세상승기에 각 투신사별로는 별명과 함께 매니저들을 내세우기도 했다. 대표적인 인물이 '피스톨 박'이라고 불리던 박길종 당시 국민투신 이사였다. 이에 질세라 나머지 투신사들도 대항마(對抗馬)를 내보냈다. 한투의 '라이플 장' 장영상과 대투의 '서터린치' 서임규 등이 그들이다.

3명의 펀드매니저들은 한 시대를 풍미하는 동시에, 일부 종목에 집중해 투자하면서 시장을 주도했다. 이들이 쏘는 종목은 무조건 올랐다는 의미에서 총기류의 별명도 붙게 됐다. 권총이라는 의미의 '피스톨(pistol)'이나, 소총이라는 의미의 '라이플(rifle)' 모두 당시의 투자스타일을 대변해주는 이름들이다.

12.12 증시안정화 대책이 펀드 부실 초래

'종합주가지수 1,000 시대'의 환호도 잠시였다. 1989년 12월 12일, 역사적인 '12 · 12 증권시장 안정화 대책'이 발표되면서 증권시장과 펀드시장은 암울한 시대로 접어들게 된다. 당시 이규성 재무부 장관은 "한국은행의 발권력을 동원해서라도 주가 하락을 막겠다"고 선언했다. 3투신 등은 주식매입에 동원됐다. 한은으로부터 특별융자를 받은 2조 7,000억 원을 주식시장에 쏟아부었다.

정부가 인위적으로 주가를 통제하려는 시도는 결국 3투신의 부실을 초래했다. 이후 주가는 1992년 500선까지 고꾸라졌고 투자심리가 극도로 위축되면서 펀드산업의 기반이 흔들리기도 했다. 정부는 이에 대한 해결책을 외국인에서 찾았다. 1992년 1월 국내 주식시장을 외국인에게 개방해 주식 수요를 획기적으로 늘렸다. 1993년 1월에는 증권, 투신, 보험, 연기금 등 기관투자자들의 해외투자 한도를 확대했다.

주식시장이 안팎으로 개방의 물결을 타면서 펀드매니저들도 '분석'이 필요한 시대가 됐다. 1994년 주식시장은 1,000선에 다시 진입했고, 1996년에는 신설투신 운용사들이 속속 설립됐다. 애널리스트 출신 펀드매니저가 등장하기 시작한 것도 이 시기다. 1995년 12월 증권투자신탁제도를 개정하면서 펀드매니저 등록시대가 열렸다.

1998년 12월부터는 '운용전문인력 시험'이라는 제도가 생겼다. 이 시험에 붙어야 펀드매니저가 될 수 있는 이른바 '자격증' 시험이 생긴 것이다. 그러나 1997년 외환위기를 맞으면서 성장의 불씨는 사그라들었다. 일부 지방투신운용사들이 영업정지됐다. 1995년 15조 원에 달했던 주식형펀드의 수탁고는 1998년 11월 말에는 7조 8,000억 원대로 급락했다. 1998년 9월 28일 주가지수는 305.73까지 떨어졌다.

바이코리아, 열풍이 오다

1997년 외환위기의 충격파는 파괴적이었다. 주가지수는 곤두박질쳤고 경제는 침체기에 들어섰다. 증권시장에는 외환위기와 주식시장의 붕괴는 외국인 때문이라는 인식이 팽배했다. 이때 위기를 기회로 삼은 이들도 있었다. 낮은 지수대에서 주식을 사모아 이후 대박을 낸 사람(강방천 에셋플러스자산운용 회장)이 나오기도 했다. 기존 투자신탁회사에서 벗어나 회사형 투자신탁(뮤추얼펀드)을 도입하겠다고 나선 사람(박현주 미래에셋 회장)도 등장했다.

그 중 펀드와 펀드매니저 역사에서 중요한 사건은 '바이코리아' 펀드의 등장이다. 3투신 중 국민투자신탁을 인수한 현대그룹은 이익치 현대증권 회장의 주도로 이 펀드를 내놓았다. 현대투자신탁이 운용하고 현대증권이 판매한 펀드다. 외환위기 이후 외국인 투기꾼들에 대한 피해의식과 분노를 역으로 이용한 펀드인 셈이다.

바이코리아 열풍

현대투신은 13인의 바이코리아운용팀을 결성한 뒤 1999년 3월 '한국경제는 다시 일어설 수 있다'는 광고문구와 함께 주식형 수익증권을 판매하기 시작했다. 바이코리아펀드는 발매 첫날 2조 원이 유치됐고 두 달여 만에 판매액 5조 원을 넘었다. 종합주가지수 400선에서 설정된 바이코리펀드는 주가지수를 끌어올렸다.

주가지수가 700선이 되면서 설정액이 10조 원을 돌파했다. 이즈음 되자 바이코리아는 주식시장에서 '거포' 역할을 했다. 바이코리아에는 18조 원에 육박하는 자금이 모였다. 나폴레옹, 르네상스, 스폿펀드, 골든벨 등 시리즈도 다양했다.

당시 이 펀드를 운용했던 펀드매니저들은 지금도 운용업계에서 요직을 차지하고 있다. 장인환(KTB자산운용 사장)과 안영회(KTB자산운용 부사장)는 같은 회사에서 자리를 잡고 있고, 유승록(하이자산운용 사장), 강신우(한국투자신탁운용 부사장), 장영상(웅진루카스투자자문 전무), 최남철(제뉴사이언스 고문) 등도 관련업계에서 일하고 있다.

미래에셋과 뮤추얼펀드의 등장

바이코리아의 열풍이 한창일 무렵, 한편에서는 뮤추얼펀드 바람이 불고 있었다.

1997년 7월 국내 최초의 자산운용사인 미래에셋자산운용이 설립됐다. 미래에셋은 국내 최초의 뮤추얼펀드(박현주 1호)를 내놓으면서 간접투자라는 문화를 알리기 시작했다. 바이코리아와 잇단 뮤추얼펀드 출시로 전국적으로 펀드 열풍이 불었다. 주식형펀드 시장은 70조 원 규모로 성장하게 됐다. 그러나 2000년 IT(정보기술) 버블 붕괴로 주식시장은 침체에 들어섰다. 2001년 9.11테러, 2003년 이라크 전쟁과 신용카드 부실 등의 사건을 거치면서 펀드에 대한 관심은 다소 사그라들었다. 그렇다고 펀드의 불씨가 꺼진 것은 아니었다. 미래에셋은 2001년 국내 최초의 개방형 뮤추얼펀드인 '인디펜던스펀드'와 환매수수료가 없는 선취형 뮤추얼펀드인 '디스커버리펀드'를 시장에 잇달아 내놓으면서 주목을 받기 시작했다.

은행을 통한 펀드 판매가 자리를 잡기 시작한 것도 이즈음이다. 2003년 랜드마크투신(현 ING자산운용)의 '1억만들기 펀드'와 미래에셋의 '3억만들기 펀드' 등이 출시되면서 은행은 펀드 판매창구 역할을 톡톡히 했다. 투자자들은 금리가 낮은 은행적금보다 매달 돈을 부으면서 고수익을 챙길 수 있는 '적립식펀드'를 선호하기 시작했다.

당시의 투자환경은 저금리와 맞물려 유동성이 풍부했다. 코스피지수는 겨우 500선에 머물러 있어 주식투자의 매력이 부각됐던 시기였다. 적립식펀드의 열풍으로 펀드의 덩치는 커져갔고, 자산운용사와 투자자문사들도 잇따라 생겨나기 시작했다. 미래에셋자산운용이 펀드 성장을 주도하기 시작했다. 이때 소수의 직업으로만 여겨졌던 펀드매니저가 인기를 끌기 시작했다. '여의도 황금손', '스카우트 1호', 억대 연봉자', '일등 신랑감' 등으로 주목받았다. 박현주 미래에셋 회장과 구재상 미래에셋자산운용 사장은 운용업계 거물로 성장했고, 미래에셋 출신인 박건영 브레인투자자문 사장과 김태우 피델리티자산운용 한국주식투자부문 대표 등은 업계의 주목을 받으면서 자리를 옮겼다.

해외펀드 전성시대

2007년 6월 정부가 환율 방어를 목적으로 해외펀드에 비과세 조치를 취하면서 '적립식펀드 열풍'은 '해외펀드 열풍'으로 번졌다. 2009년 말까지의 한시적인 조치였지만 중국, 인도, 베트남, 브라질 등 이머징 국가에 투자하는 펀드들에 자금이 몰려들었다. 자산운용사들이 외국계와 본격적으로 손을 잡기 시작한 것도 이 시기다.

새로 설립된 자산운용사들도 외국 금융사들과 합작법인을 냈다. 연락사무소 정도만을 뒀던 외국계 자산운용사들도 2000년 중반부터 국내에서 자산운용업 허가를 취득하고 펀드를 내놓기 시작했다. 다양한 자산운용사들이 출현해 주식형은 물론이고 실물, 부동산, 채권 등 다양한 해외펀드를 소개하기 시작했다.

외국인 펀드매니저들도 국내에 직접 상품을 들고 나와 설명했다. '봉쥬르 차이나펀드' 시리즈를 소개한 클로드 티라마니 신한BNP파리바 펀드매니저, '슈로더 브릭스펀드'를 내놓은 앨런 콘웨이 슈로더투신운용 펀드매니저 등이 대표적이다. 피터 린치의 '마젤란펀드'로 유명한 피델리티인터내셔널도 이 시기에 한국에 둥지를 틀었다.

자산운용사와 펀드 개수는 늘었지만 펀드매니저는 품귀 상태였다. 최인호 하나UBS자산운용 주식운용본부장이나 김기현 우리자산운용 채권운용 부장 모두 증권사에서 자산운용사로 스카우트된 경우다.

이공계 출신 펀드매니저의 등장

시스템이나 퀀트분석을 이용한 펀드들이 다양하게 선보이면서 펀드매니저들의 출신도 인문계나 경상계열 출신에서 이공계로 넓혀졌다. 인덱스펀드로 특화된 유리자산운용에서 총 19명의 펀드매니저 중 한진규 상무를 비롯한 4명이 카이스트(KAIST) 출신일 정도다.

일반 자산운용사에서도 상장지수펀드(ETF)나 인덱스펀드를 운용하는 팀에는 이공계가 포진해 있다. 우리자산운용 퀀트운용본부에는 박상우 본부장(서울대 통계학과), 윤주영 부장(카이스트) 등이 이공계 출신이다. 삼성투신운용의 인덱스운용팀에는 이천주 펀드매니저(포항공대), 이정환 팀장(한국과학기술원) 등도 이공계다. 한국투자밸류자산운용은 2010년 신입사원 4명 전원을 모두 이공계 출신으로 뽑아 업계의 화제를 모으기도 했다.

펀드공화국이라는 말이 어울릴 정도로 국내 펀드시장은 큰 성장세를 보였다. 자산운용사는 무수히 설립됐고 다양한 펀드들과 펀드매니저들로 시장은 화려한 면면을 갖추게 됐다. 자산운용사는 1990년대 중반까지 3투신과 지방 5개 투신(한일투신, 중앙투신, 한남투신, 동양투신, 제일투신)에 불과했다. 2010년 1월 현재 종합운용사는 58개사, 부동산전문자산운용사 5개사, 특별자산전문자산운용사 5개사, 증권전문자산운용사 1개사 등 총 69개에 달한다.

자산운용사 69개, 공모펀드 수 3,686개로 성장

2009년 12월 말 현재 국내 펀드계좌 수는 2,067만 개이다. 국내 가구 수가 1,691만 7,000가구(통계청 발표)에 달한다는 점을 감안하면 국내 펀드시장은 '1가구 1펀드'에서 '1인 1펀드' 시대로 발전하고 있는 셈이다.

국내 공모펀드 수만도 3,686개에 달한다. 그러나 이 중에서 설정원본이 100억 원 미만인 펀드가 2,422개로 65.7%를 차지하고 있다. 전체 규모는 늘었지만 이름만 있는 자투리펀드가 너무 많이 양산됐다. 펀드 공화국의 어두운 이면인 셈이다.

시장 규모는 커졌지만 곳곳이 부실하다. 커진 '덩치값'을 하지 못하니 실속이 없다. 이런 가운데 '대량환매'나 '세제혜택 종료' 등은 시장을 무너뜨리는 요인으로 다가왔다. 2008년 리먼브라더스 파산 사태로 인한 금융위기를 거치면서 펀드의 '불완전판매'와 펀드매니저의 윤리 문제도 불거졌다.

불완전판매 문제로 법정에서 시비를 가리고 있는 펀드들이 현재 즐비한 상태다. 대부분 소송이 1심 정도만 마친 상태여서 투자자들과 운용사·판매사 간의 법정공방은 2010년에도 계속될 것으로 보인다. 2009년 미국에서 버나드 메이도프 전 나스닥 증권거래소 위원장은 다단계 금융사기 수법인 '폰지 사기'로 투자자들을 울렸다. 프랑스 소시에테제네랄(SG) 소속 중개인 제롬 케르비엘은 금융사고를 터뜨렸다.

어두운 면이 부각되는 사이에도 펀드의 역사는 계속됐다. 금융위기로 붕괴된 시장에서 '엣지 있는' 운용으로 주목받는 펀드와 펀드매니저들이 속속 등장했다. 황성택 트러스톤자산운용 사장, 강방천 에셋플러스자산운용 회장, 송성엽 KB자산운용 주식운용본부장, 박현준 한국투신운용 팀장 등이 상위 1%의 펀드를 주무르고 있다. 이렇게 또 한번의 위기를 겪으면서 펀드시장은 안정기에 접어들고 있다. 2010년 초 코스피 지수가 1,600선 안팎에서 맴돌고 있지만 국내 주식형펀드에는 자금이 꾸준히 들어오고 있다. '바이코리아'나 '적립식펀드'와 같은 열풍이 다시는 없을 것이라는 주장도 팽배하다. 하지만 그런 열풍이 다시 오지 않는 것은 펀드시장이 성숙해졌다는 반증이라는 설명도 있다. 숱한 굴곡과 질풍노도의 시기를 보낸 국내 펀드시장은 40년 불혹(不惑)을 지나 제2 도약기를 모색하고 있다.

세계 펀드의 역사

영국에서 시작한 최초의 펀드

펀드란 소위 투자자들로부터 모은 '뭉칫돈'을 말한다. 펀드가 등장한 목적도 한꺼번에 큰돈을 투자할 수 없는 개인들이 공동 투자할 수 있도록 하기 위함이었다. 세계 최초의 펀드는 세계 금융 중심지였던 1868년 영국에서 설립되어 운용된 것으로 알려졌다.

18세기 산업혁명에 성공한 영국은 풍부한 유동성 때문에 저금리 정책을 실시할 수밖에 없었다. 영국 정부가 발행한 채권도 저금리였기 때문에 투자자들에게는 매력적인 투자 대상이 아니었다. 반면 유럽 국가들은 나폴레옹전쟁 후 전후 복구와 배상금 지불을 위해 높은 이자로 공채를 발행했다. 미국도 철도, 운하, 통신 등 산업시설에 대한 자금수요가 왕성해 금리가 높았다. 이 때문에 영국의 거대 자본가들은 자국 채권보다 금리가 높은 유럽과 미국 등에서 발행된 채권을 선호했다.

이런 투자 활동을 통해 큰 이윤이 창출되자 일반투자자들도 해외 투자에 대한 욕구가 강해질 수밖에 없었다. 그러나 해외경제 사정에 어두운 일반투자자들은 정보가 부족했을뿐 아니라 과장 광고에 현혹되는 등 손해를 보는 경우가 많았다. 이런 문제를 해결하기 위해 전문적인 투자 대행기관이 나설 필요성이 대두된 것이다.

이러한 시대적 요청으로 1868년 '해외 및 식민지 정부 투자신탁(The Foreign Colonial and Government Trust)'이라는 최초 펀드가 탄생했다. 이는 오늘날 투자신탁펀드와 마찬가지로 일반투자자의 자금을 모아 공동 투자함으로써 대자본가와 같은 이익을 제공할 것을 목표로 했다. 또 위험을 줄일 수 있는 방안으로 분산 투자를 운용 방침으로 정하는 등 현재 투자신탁펀드와 같은 특성을 많이 포함하고 있다.

영국에서 탄생한 펀드는 미국으로 건너가 1924년부터 1929년 사이 주식투자 열풍에 힘입어 급속도로 성장했다. 당시 유럽은 제1차 세계대전으로 필요한 물자를 미국으로부터 공급받을 수밖에 없었는데 덕분에 미국은 공업생산물과 농산물의 대량 수출국이 되었다. 이때 축적한 자본에 힘입어 1921년 미국에서는 최초 투자신탁펀드인 '미국 국제증권 신탁(The International Securities Trust of America)'이 설립됐다.

미국의 투자신탁펀드는 1929년 대공황 당시 증권시장의 대폭락으로 큰 위기를 맞기도 했으나 1930년 증권법(Securities Act) 등 일련의 연방증권법의 제정과 1940년 투자회사법과 투자자문법 제정으로 펀드제도가 재정비되면서 회사형 형태의 펀드인 뮤추얼펀드를 중심으로 비약적인 성장을 보이며 오늘날에 이르렀다. 이처럼 영국에서 탄생하고 미국에서 꽃피운 펀드는 오늘날 증권시장이 있는 대부분의 나라에 전파됐다.

미국과 영국 등의 선진국은 대체로 투자펀드 제도가 자연적으로 생성돼 발전했고, 그 후 투자자 보호 등을 위한 관련 법률 정비가 그 뒷받침을 해줬다. 반면 우리나라를 포함한 개발도상국은 경제개발에 필요한 자금조달을 목적으로 관련법이 먼저 제정된 뒤 투자펀드 제도가 활성화됐다는 점에서 차이가 있다.

펀드의 종류

계약형 투자신탁 VS 회사형 투자신탁

펀드는 수익증권 또는 투자신탁이라는 명칭으로도 불린다. 그 종류는 설립형태에 따라 계약형 투자신탁과 회사형 투자신탁(뮤추얼펀드)으로 나뉜다.

계약형 투자신탁은 투자신탁운용사나 자산운용사가 투자자로부터 자금을 모아 대신 운용해주는 형태로 수익증권이라고도 한다. 운용 중 발생한 이익을 투자자에게 분배하며 자산신탁관리 계약에 따라 관리·운영된다. 회사형 투자신탁은 투자자들의 자금을 모아 서류상으로만 존재하는 회사(페이퍼컴퍼니)를 만들어 유가증권에 투자·운용하는 방식이다. 이는 중도환매가 가능한지의 여부에 따라 입출금이 언제든지 가능한 개방형과 돈을 찾을 수 없는 폐쇄형으로 나뉜다.

계약형과 회사형 투자신탁은 법적 형태에 따라 구분한 것으로, 투자자로부터 모은 자금으로 투자대상자산에 투자하고 그 결과를 투자자에게 돌려주는 방식에는 차이가 없다. 다만 계약형 투자신탁의 경우 투자자는 수익자인 반면, 회사형 투자신탁의 투자자는 수익자이자 주주가 된다. 또 운용수익은 이익배당 형태로 분배된다.

주식형 VS 채권형 VS 혼합형

투자대상 자산의 비중에 따라 펀드는 주식형, 채권형, 혼합형으로 나눌 수 있다. 펀드자산의 60% 이상을 주식에 투자하는 주식형 펀드는 대부분의 자산을 상장주식 등에 투자하기 때문에 높은 수익을 기대할 수 있는 만큼 손실의 가능성도 크다. 채권형펀드는 채권에 신탁재산의 60% 이상을 투자하는 형태다. 상대적으로 주식형펀드에 비해 안정적인 수익을 추구할 수 있으나 발행기업이 부도가 날 경우에는 투자원금을 전부 회수하지 못할 위험도 있다. 혼합형은 신탁재산의 주식비율이 50% 이상인 주식혼합형펀드와 주식비율이 50% 미만인 채권혼합형펀드로 나눌 수 있다. 혼합형펀드는 주식에 채권을 분산해 투자하는 펀드이므로 주식형펀드의 수익성과 채권형펀드의 안정성을 동시에 추구하는 것으로 볼 수 있다. 이외에도 펀드는 모집하는 방식에 따라 공모펀드와 사모펀드로 구분된다. 일반투자자를 대상으로 펀드를 판매·모집하고 운용하는 펀드는 공모펀드이며, 소수의 특정인을 대상으로 하는 펀드는 사모펀드다.

또 펀드에 투자한 자금을 회수하는 방식에 따라 개방형펀드와 폐쇄형펀드로 나눌 수 있다. 개방형펀드는 수익자가 보유하고 있는 펀드에 대해 중도에 환매를 청구할 수 있는 형태다. 반대로 폐쇄형은 투자신탁 계약기간 중도에 환매를 요구할 수 없다. 만일 펀드가 부동산에 투자할 경우에는 투자자의 환매에 대응하기 위해 부동산을 분할해 매도할 수 없으므로 폐쇄형으로 운용되는 경우가 많다.

기준가격이란?

기준가격이란 말 그대로 펀드를 사고 팔 때 기준이 되는 가격을 말한다. 현재 대부분 펀드의 기준가는 '1,000좌=1,000원'을 기본으로 하며, 그 후 펀드를 운용한 결과에 따라 기준가격이 변동된다. 펀드의 기준가는 주식과 채권 등 유가 증권 시장이 끝난 다음 하루 동안 변동한 최종가격을 반영해서 그 다음날 단일 가격으로 결정된다. 주가는 매초 변동되지만 한 번 정해진 펀드의 기준가는 하루 종일 변하지 않는다는 점에서 차이가 있다.

제3영업일? 제4영업일?

투자자가 펀드의 기준가대로 자신의 투자지분의 전부 또는 일부를 회수하는 것을 환매라고 한다. 펀드를 환매할 때는 환매를 신청한 날이 제1영업일로 취급된다. 금융투자협회 표준신탁약관에서는 채권형펀드는 환매청구일로부터 제3영업일, 주식형은 환매청구일로부터 제4영업일에 환매금을 지급하는 것으로 정하고 있다. 예를 들어 주식형 펀드를 금요일 15시 이전에 환매신청을 하면 금요일이 제1영업일이 되며, 투자자는 제4영업일인 수요일에 환매대금을 찾을 수 있다. 주말은 영업일에 포함시키지 않는다.

펀드매니저는 어떤 일을 하나?

'재테크 열풍'으로 온 나라가 들썩인지도 꽤 되었다. 대학에서는 재테크 관련 강좌가 넘쳐나고 재테크 관련 책은 필독서로 자리잡은 지 오래다. 이에 따라 펀드매니저, 애널리스트, 딜러 등 화려한 금융투자 업계를 대표하는 직종에 대한 관심 또한 높아졌다. 대학생들이 선호하는 직업 1순위로 단기간에 급부상했을 뿐 아니라 미래 유망 직종으로 매번 손꼽힌다.

'증권시장의 꽃' 펀드매니저와 애널리스트

펀드매니저와 애널리스트는 증권업계에서 가장 각광받고 있는 직종이지만 하는 일은 다르다. 펀드매니저는 고객의 돈을 맡아 운용해서 수익을 올리고 그 대가를 받는 사람으로, 자산관리 전문가로도 불린다.

　이들은 주로 자산운용(투신운용)회사와 투자자문회사, 은행(신탁), 생명보험회사, 연기금 등에서 자산을 운용하는 일을 맡고 있다. 다루는 자산은 주식 외에도 채권, 파생상품, 원자재, 부동산, 대체투자 등 다양하다. 각 자산마다 리스크와 수익 기대치가 다르므로 운용 스타일도 천차만별이다. 손실위험을 피하기 위해 주식, 채권, 파생금융상품, 현금 등으로 나누어 운용하며 주가, 금리, 환시세의 동향을 살펴 운용 이익을 높인다.

　펀드매니저는 고객들로부터 모은 자금을 운영하는 전문가이기 때문에 전문지식과 시세 감각을 갖고 운용자산의 특성을 살펴 가장 효율적인 투자를 하도록 노력해야 한다. 수많은 정보를 접하고 분석한 뒤 유망 종목을 발굴해야 하기 때문에 재무분석, 상황 판단, 경제흐름에 대한 총체적인 이해를 필요로 한다.

　자신이 운용하는 펀드의 수익률에 따라 그야말로 무한한 대가를 받을 수 있다는 것은 펀드매니저란 직업의 큰 매력이다. 동시에 고도의 윤리를 요구하는 직업이 펀드매니저다. 고객의 돈을 굴리는 만큼 펀드운용에 개인적인 이해관계가 개입돼서는 안 된다.

　애널리스트는 투자전략에 대한 의견을 제시하는 투자전략가, 기업 분석 중

주식에 주로 초점을 맞추는 주식분석가 외에도 채권분석가, 계량분석가, 펀드분석가 등을 통칭하는 말이다. 경제나 투자업종을 분석하고 기업을 연구하는 것이 주요 임무다. 거시경제를 담당하는 애널리스트는 금리, 환율 동향이나 경제성장률 등을 분석해 자본시장에 미칠 영향을 예측한다. 업종 애널리스트는 구체적인 업종을 담당·조사하고 업종의 향후 실적 전망, 업종 내 개별회사들의 주가 등을 전망한다.

펀드분석가는 자산운용업이 빠르게 성장하면서 등장한 새로운 유형의 애널리스트로 펀드시장의 자료와 스타일을 분석해 펀드시장을 예측·분석하는 일을 맡는다.

애널리스트는 시장흐름의 변화를 읽고, 앞으로의 시장 추세가 어떻게 변할 것인지에 대한 큰 그림을 그릴 수 있어야 한다. 그 과정 중의 하나가 업종별 동향을 파악해 종목을 발굴하는 일이라고 보면 된다. 경기 및 외환산업의 기본적인 지식을 기초로 기업의 재무제표를 분석하고 기업을 직접 방문해 평가한다. 기업의 매출부터 매출원가, 인건비, 설비투자와 감가상각비, 영업이익 등을 감안해 기업의 이익을 추정하기도 한다. 이외에도 여러 기법을 이용해 기업의 가치를 평가하고 그에 기초해 투자 의견을 제시한다.

애널리스트가 제공한 정보는 펀드매니저가 종목을 발굴하고 응용할 때 유용한 배경 지식이 된다. 애널리스트의 분석과 가치 평가는 경제활동과 금융산업의 의사결정이 이뤄지는 기초가 되므로 중요하다.

펀드매니저+애널리스트=퍼널리스트

분석해야 하는 종목 수가 늘어나고 산업이 세분화되면서 애널리스트와 펀드매니저 역할을 겸하는 퍼널리스트(funalyst)란 직업이 등장했다. 퍼널리스트란 말에서 유추할 수 있듯이 펀드매니저(fund manager)와 애널리스트(analyst)를 합친 신조어다. 퍼널리스트는 투자 대상 기업을 직접 탐방해 분석하는 애널리스트의 업무는 물론이고 투자 여부를 직접 결정하는 펀드매니저의 역할도 겸한다. 가히 '올라운드 플레이어'라고 할 수 있다.

애널리스트가 주로 1개의 업종을 담당하는 것과 달리 퍼널리스트는 연관성 있는 몇 개의 업종을 직접 분석하며 그 비중만큼의 펀드를 운용한다. 그러므로 퍼널리스트는 이론뿐 아니라 실전에도 강해야 한다.

애널리스트는 종목에 대한 깊은 분석 능력을 갖춰야 하고, 펀드매니저는 시장에 대한 깊이 있는 이해를 필요로 한다면 퍼널리스트는 종목과 시장에 대한 이해가 동시에 필요하다. 즉 업종에 대한 분석력을 수익률로 그대로 시현할 수 있는 능력이 있어야 인정받을 수 있다.

과거에는 애널리스트가 업종을 분석하고 펀드매니저가 각 업종의 장단점을 파악해 투자의사를 결정했다. 그러나 최근에는 연관성 있는 산업을 함께 분석해서 그 전문적인 부분에 대해 투자의사를 결정하는 퍼널리스트 체제가 점차 늘어나는 추세다.

브로커 · 딜러 · 트레이더

증권사 업무는 크게 위탁매매 업무와 자기매매 업무로 나눌 수 있다. 위탁매매란 증권사가 고객의 주문을 받아 유가증권을 매매해주는 업무를 말한다. 이 위탁매매를 행하는 증권업자를 브로커(증권영업맨)라고 한다. 위탁매매시 생기는 수수료가 증권사나 브로커의 주요 수익원이다. 법인을 대상으로 하면 법인영업, 지점에서 개인을 대상으로 하면 지점영업맨이 된다. 하지만 PB(자산관리 전문가) 시대를 맞아 브로커도 단순 주식중개 업무에만 치중하는 것이 아니라 고객의 자산을 책임지고 관리하는 종합 자산관리 업무로 승부수를 띄우고 있다.

자기매매 업무를 담당하는 사람은 딜러라고 한다. 자기매매 업무란 증권회사가 자기의 계산하에 자기 돈과 자기 명의로 행하는 유가증권 거래업무다. 우리나라에서도 증권사들이 중요 기관투자자의 역할을 하고 있기 때문에 자기매매가 주가에 미치는 영향은 날로 커지고 있다.

트레이더란 좁게는 단기간 주가 변동으로부터 이익을 볼 목적으로 증권을 매매하는 사람을 말한다. 주식이나 채권을 사고파는 일을 반복하며 절대수익을 추구하는 것이다. 넓게는 펀드매니저와 딜러를 포괄하는 뜻으로도 쓰인다. 트레이더는 변동성 높은 시세에서 '추세'를 찾아야 하고, 이를 잘 파악해야 한다. 시세의 강약을 잘 짚어 수천억 원씩 거래할 수 있는 배짱이 필요하며 경제지표 등 경제 전반에 대한 지식은 필수다

매매에 성공하기 위해서는 데이터와 통계를 기반으로 확률적으로 사고해야 하며, 성공적인 매매전략을 미리 짜두어야 한다.

외환쪽에서는 개인투자자나 기관처럼 주문내는 사람을 트레이더라고 하며, 딜러는 트레이더에게 외환을 사거나 파는 사람을 뜻한다. 외환시장에서는 트레이더 간의 직거래보다는 딜러를 통한 거래가 많다.

국내 펀드매니저 현황

국내 펀드매니저는 몇 명이나 될까? 남녀 비율은 어떻고, 그들은 1인당 몇 개의 펀드를 운용하고 있을까? 또 얼마나 자주 운용회사를 옮기고 운용펀드를 바꾸고 있을까?

펀드매니저 인력의 증가

1990년대 중반까지 3개 투신, 지방 5개 투신에 불과했던 자산운용사는 2010년 2월 현재 총 69개로 늘었다. 58개사가 종합운용사이고, 나머지는 부동산전문자산운용사 5개, 특별자산전문자산운용사 5개, 증권전문자산운용사 1개 등으로 구성됐다. 이 가운데 순자산총액 기준으로 상위 10개 운용사는 미래에셋자산운용, 삼성자산운용, 신한BNP파리바자산운용, KB자산운용, 한국투신운용, 하나UBS자산운용, 우리자산운용, 산은자산운용, 한화투신운용, NH-CA자산운용으로 나타났다.

자산운용사 수가 많아진 만큼 펀드매니저 인력도 많아졌다. 한국금융투자협회에 따르면 펀드매니저 자격증인 투자자산운용사 자격을 보유하고 있는 인원은 총 1,397명(2010년 2월 현재)이다. 2002년 말 당시 자격증 보유인원이 539명에 불과했으니 채 10년도 되지 않아 두 배 이상으로 늘어난 것이다.

그러나 자격증을 보유하고 있다고 해도 실제로 운용을 하고 있는 인력이라고 보기는 어렵다. 전체 69개 자산운용사가 운용역으로 등록한 인원은 자격증 보유인력의 69%인 972명이다. 이 가운데 가장 많은 인원인 71명이 삼성자산운용에서 일하고 있었다. 그리고 한국투신운용(51명), 미래에셋자산운용(42명), 신한BNP파리바(40명), 동양투신운용(40명) 등이 뒤를 이었다.

펀드매니저의 남녀 비율

펀드매니저의 남녀 비율은 어떨까. 투자자산운용사 자격 보유인원 전체 1,397

명 가운데 남자는 1,180명, 여자는 217명으로 나타났다. 순자산총액 기준 국내 상위 자산운용사 5곳(미래에셋, 삼성, 신한BNP파리바, KB, 한국)에서 일하고 있는 펀드매니저 246명 가운데 여성 펀드매니저의 수는 28명에 불과했다. 자격증 보유자나 실제 운용 담당자나 모두 여성은 10%대에 그쳤다. 운용사별로는 신영자산운용의 여성 운용인력 비중이 다른 운용사에 비해 높다. 신영자산운용은 전체 펀드매니저 17명 중 팀장급 2명을 포함한 7명이 여성이다.

1인당 평균 운용펀드 수 및 이직현황

펀드매니저는 1인당 몇 개의 펀드를 운용하고 있을까? 시점과 기준은 다르지만 금융감독원의 집계(2009년 8월)에 따르면 국내에서 운용중인 펀드 수는 총 9,092개, 펀드매니저는 1,382명이다. 펀드매니저 1인당 6.6개 펀드를 운용한다는 계산이 나온다.

펀드매니저 1인당 운용펀드 수가 가장 많은 회사는 31.1개를 기록한 플러스자산운용이었다. 2위는 ING자산운용(25.7개), 3위는 피닉스자산운용(17.5개)으로 중소형 자산운용사일수록 펀드매니저의 운용펀드 수 부담이 컸다. 수익률관리에 운용펀드 수에 대한 부담이 겹친 탓에 연봉 등 더 좋은 근무조건을 찾아 이리저리 움직이는 '철새 펀드매니저'도 많다.

금융감독원이 2007년 1월부터 2009년 8월 말까지 조사한 결과, 이 기간 자산운용사 운용전문인력 이직률은 평균 48.4%로 집계됐다. 운용인력의 절반가량이 다른 곳으로 옮겼다는 이야기다.

1명의 펀드매니저가 1개의 펀드를 계속 운용하는 경우도 많지 않다. 금감원 집계에 따르면 2006년부터 2009년 8월 말까지 자산운용사가 운용하고 있거나 운용했던 상품의 수는 4,237개, 담당 펀드매니저 변경 횟수는 8,488번으로 나타났다. 고객입장에선 자신이 투자한 돈을 운용하는 펀드매니저가 이 기간 동안 두 차례 이상 바뀐 것이다. 이 같은 문제를 해결하기 위해서는 합리적인 성과 보상 체계 마련과 운용사의 적극적인 펀드매니저 육성 등이 필요하다는 게 업계의 중론이다.

자본시장연구원의 태희 연구원은 보고서를 통해 "자산운용사의 합리적이고 장기적인 성과 평가와 이에 따른 보상제도가 갖춰져야 한다"며 "펀드매니저 스스로도 운용철학을 갖고 투자자와의 약속을 이행하려는 책임감과 노력이 필요하다"고 밝혔다.

The
Investment Secret
of Fund Manager

| 제2부 |

미다스의 손,
펀드매니저를 만나다

얼룩말과 펀드매니저는 공통점이 있다. 첫째, 이익(얼룩말은 신선한 풀, 펀드매니저는 수익)을 추구하고, 둘째, 위험(얼룩말은 사자밥이 될 위험, 펀드매니저는 수익을 잃을 위험)을 싫어한다. 셋째, 무리를 지어 다닌다. 얼룩말은 생존을 위해 몰려다니고, 펀드매니저는 비슷한 안목과 사고방식으로 떼를 지어 비슷한 종목군에 투자한다. 무리의 외곽에 있는 적극적인 얼룩말들은 싱싱한 풀(중소형 성장주)을 마음껏 먹을 수 있다. 무리 중앙에 자리 잡은 얼룩말들은 남들이 먹다 남은 풀(대형 인기주)만 먹게 된다. 그러나 사자가 달려들 때에는 문제가 달라진다. 외곽에 있는 얼룩말은 사자의 점심식사가 되고 말지만, 무리 중앙에 있는 야윈 얼룩말은 풀을 덜 먹더라도 살아남을 수 있다.

—랄프 웬저 《작지만 강한 기업에 투자하라》(A Zebra in Lion Country) 중에서—

워런 버핏

"10년 이상 보유하지 않을 생각이라면 단 10분도 보유하지 마라."
"돈 벌기 위한 첫 번째 원칙은 절대 돈을 잃어서는 안 된다는 것이다.
두 번째 원칙은 첫 번째 원칙을 절대 잊지 말아야 한다는 것이다."
"주식시장은 이렇게 만들어져 있다. 돈이 자주 매매하는 사람으로부터
인내하는 사람으로 옮겨지도록…"

| 제1장 |

베테랑 펀드매니저

The
Investment Secret
of Fund Manager

펀드매니저의
투자비밀
01
구재상

이머징시장에 33조 원 투자하는
미다스의 손 **구재상**

구재상 | 1964년 전남 화순 출생 | 연세대학교 경제학과, 연세대학교 경제대학원 최고경제인과정 수료 | 동원증권 지점장, 한남투자신탁 이사, 미래에셋자산운용 상무, 미래에셋투신운용 대표 | 現 미래에셋자산운용 대표이사 사장

> 기술력과 미래의 사업방향에
> 투자…장기투자가 정답

"2010년에도 중국시장은 여전히 긍정적이지 않을까요?" (구재상 미래에셋자산운용 사장)

"중국도 좋지만 러시아도 최악의 국면을 지나 회복하는 모습을 보이고 있어 유망합니다." (호세 모랄레스 영국법인 CIO)

"지금 시점에서 러시아에 투자해야 할 이유는 뭡니까?" (윌프레드 시트 홍콩법인 CIO)

"러시아의 주요 거시지표가 7월부터 안정화됐고, 기업의 부채비율이 낮아졌습니다." (호세 모랄레스 CIO)

구재상 미래에셋자산운용 사장은 서울 여의도동 미래에셋빌딩 화상회의실에서 매월 두세 차례 세계 각국에 있는 CIO들과 화상회의를 한다. 회의 명칭은 '글로벌 투자전략위원회'다. 화면을 통해 연결된 사람들은 영국, 미국, 홍콩, 인도, 브라질 등 각국에 있는 미래에셋자산운용의 현지법인 최고투자책임자(CIO)다. 위원장인 구 사장이 스크린을 통해 각국 CIO들과 포트폴리오를 어떻게 짤지 논의한다. 2009년 9월 말 회의에선 중국과 러시아 지역에 대한 투자가 이슈로 떠올랐다. 각국의 CIO와 펀드매니저들은 해당 국가의 경제지표와 전망에 대해 브리핑했다. 서로 의견을 조율하는 과정도 이어졌다. 회의를 시작한 지 40분쯤 지났을까? 그들은 글로벌 경기회복 주기를 봤을 때 현재 시점에서 한국과 러시아 등으로 자산을 배분하자는 데 합의하고 회의를 마쳤다.

미래에셋자산운용의 대표이사를 맡고 있는 구 사장은 현역 최고경영자(CEO)와 글로벌 운용을 총괄하는 CIO를 겸하고 있다. 한국을 포함해 영국, 미국, 홍콩, 인도, 브라질 등 6개국 CIO들을 지휘하는 'CIO 중의 CIO' 다. 국내 투자전략은 손동식 부사장 등과 투자전략회의를 통해 결정한다. 하지만 글로벌 투자전략은 미래에셋자산운용의 각국 현지법인 CIO들과 화상회의를 통해 결정한다.

이머징 주식시장을 움직이는 '미다스의 손'

미래에셋자산운용은 이머징 주식시장에 투자하는 세계에서 가장 큰 운용회사다. 영국의 금융전문 월간지 〈IPE(Investment & Pension Europe)〉에 따르면 미래에셋자산운용은 이머징마켓 주식형 투자 규모에서 영국의 바클레이즈 글로벌 인베스터스와 1~2위를 다퉜다. 미래에셋은 2009년 3월 31일 기준으로 순자산 기준 1만 8,716유로로(한화 약 33조 원)를 이머징시장의 주식으로 운용하고 있다. 이머징 주식시장에 투자하는 전세계 펀드 규모 중에서 약 8%를 차지하는 수준이다.

2008년 바클레이즈 글로벌 인베스터스와 HSBC 글로벌자산운용 등을 제치고 이머징 주식시장 투자 규모 1위에 올랐다. 2009년에는 금융위기 여파로 순자산이 줄면서 1등에서 한 계단 내려앉았지만 미래에셋이 이머징 시장을 움직이는 큰손임은 세계 누구도 부정하지 않는다. 명실 공히 국내는 물론 세계적인 자산운용사로 자리매김하고 있다.

운용규모뿐 아니라 운용성과도 세계적인 평가를 받고 있다. 2009년 5월 미래에셋자산운용은 〈아시아인베스터〉로부터 '이머징마켓 주식형

베스트운용사'와 '한국 주식형 베스트운용사' 2개 부문에서 최우수 운용사로 선정됐다. 이머징시장에서의 주식운용이 세계 최고 수준임을 입증한 셈이다.

미래에셋자산운용이 굴리고 있는 펀드 수는 총 346개(2010년 2월 말 기준)다. 운용하고 있는 자금규모만도 총 53조 2,224억 원(설정액 기준, 일임자문 제외)으로 이는 국내 전체 펀드시장의 16%를 차지한다. 증권형펀드(주식형, 혼합주식형, 혼합채권형, 채권형) 규모만 따지면 51조 9,003억 원으로 전체 증권형펀드에서 25%에 달하고 있다.

'1가구 1펀드 시대'라고 하지만 한번 더 들여다보면 '1가구 1미래에셋펀드'라고 해도 과언이 아니다. 전체 펀드계좌 수가 1,990만 개(금융투자협회 2010년 1월 말 기준)에 달하고, 이 가운데 미래에셋의 펀드계좌 수는 30%인 590만 개를 헤아린다. 재테크에 조금이라도 관심 있는 성인이라면 미래에셋의 펀드 하나쯤은 들고 있기 마련이다.

적립식펀드 확산을 주도한 '미래에셋 우리아이 3억만들기 펀드', 중국투자 열풍의 주인공 '미차솔'(미래에셋 차이나솔로몬펀드의 약자), 최단기간 4조 원의 돈을 유치한 '인사이트펀드'뿐만 아니다. '미래에셋 디스커버리펀드', '인디펜던스펀드', '브릭스펀드', '드림타깃펀드' 등 수많은 히트 펀드에 계좌를 안 텄다면 재테크에 귀를 닫은 투자자들일 것이다.

이런만큼 미래에셋은 유명세를 톡톡히 치뤄야만 했다. 고수익만을 안겨주는 것으로 명성이 자자해 증권사에서 줄서서 가입했던 금융상품이 미래에셋펀드였다. 그러나 2008년 9월 말 미국 리먼브라더스 파산 등 금융위기의 여파로 증시가 폭락하고 펀드 수익률도 급격히 악화되면서 '반토막 펀드', '쪽박 펀드' 등의 오명을 써야 했다. 최근 들어 대부분의 펀드들이 원금 회복에 초과 수익까지 올렸지만 투자자들에게 미래에셋은 '애증'이 담겨 있는 이름이 됐다. 구 사장은 수익률을 올려야 한다는 스트레스로 한때 신경성 질환으로 입원한 적도 있다. 단기적인 수익률 하락과 고객에 대한 책임감 때문에 중압감을 견디지 못한 셈이다.

구 사장은 미래에셋의 운용시스템을 만들고 체계화시킨 주인공이다. 구 사장은 2000년 미래에셋투신운용 시절부터 대표이사를 지냈다. 대학을 졸업하고 첫 직장이었던 동원증권 시절(1988~1997년) 박현주 미래에셋그룹 회장(당시 동원증권 압구정지점장)을 만나면서 미래에셋의 창립 멤버가 됐다. 이후 10여년 동안 고집스러운 절제와 꼼꼼함으로 운용과 경영을 총괄하고 있다. 영국, 미국, 홍콩, 인도 등지에 내로라는 CIO들을 영입했다. 독단적인 결정이 아니라 시스템에 따라 의사결정이 이뤄지는 구조를 만들어냈다. 그 결과 이머징시장을 대상으로 한 세계 최대의 글로벌 주식운용시스템을 갖추게 됐다.

절제와 금욕의 미래에셋 펀드매니저

구 사장은 대표이사로서, 글로벌 운용 책임자로서 눈코뜰새 없이 바쁜 하루를 보낸다. 그의 집무실은 여의도 미래에셋빌딩 8층이다. 사장실은 전망 좋은 꼭대기층에 자리잡는 게 보통이지만 미래에셋자산운용 사장실은 주식운용본부 바로 옆에 자리잡고 있다. 같은 층에서 투자전략 회의를 주재하고 펀드매니저들의 보고도 수시로 받는다. 그는 늦어도 오전 7시에는 출근한다. 출근한 뒤 뉴욕증시와 주요 보고서를 점검한 뒤 매일 오전 7시 50분이면 국내 펀드매니저들과 함께 투자전략회의를 진행한다.

미래에셋은 투자전략회의를 투자사로서는 처음으로 2009년 10월 16일 언론에 공개했다. 회의 주제는 '원화 강세'였다. 지금과 같은 원화 강세가 내년에는 어떻게 이어질지, 이어진다면 어디에 투자할 것인지 등에 대해 논의했다.

이날 회의에는 김호진 투자전략위원회 상무, 이정훈 운용기획본부장, 손동식 주식운용1본부 대표, 김성우 주식운용2본부장, 박진호 주식운용3본부장, 송태우 주식운용4본부장, 강두호 주식운용5본부장, 유승창 연금운용본부장, 서재형 리서치본부장 등과 팀장들까지 포함해 총 20여 명이 참석했다. 구 사장은 이날 주제만 던져놨다. 이날 회의는 난상토론 방식으로 진행됐다. 노타이 차림의 펀드매니저들은 편안한 복장으로 각자 의견을 자유롭게 피력했다. 낙관론과 비관론이 치열한 공방을 벌였다. 회의에 참석한 한 펀드매니저는 "토론 결과 환율 예측치를 이끌어냈지만 자산운용사이기 때문에 공식적인 입장은 밝힐 수 없다"고 전했다.

오전 8시 40분께 전략회의를 마친 구 사장은 해외 현지법인장들에게 연락한다. 글로벌투자전략위원회는 매달 한두 차례 진행하지만 이슈가 있을 때마다 지구촌 곳곳에 연락해 관련 사항을 확인한다. 전략회의를 마친 그는 집무실에서 국내 증시 상황과 해외 증시를 면밀히 살핀다.

점심시간도 업무 스케줄로 꽉 짜여져 있다. 주로 비즈니스 관계자들과 식사를 하고 바쁜 경우에는 회사에서 도시락으로 점심을 해결하는 경우도 있다. 오후라고 다르지 않다. 국내 시장과 홍콩 시장이 마감되

한국인의 뛰어난 유전자(DNA)
를 바탕으로 미국 유럽 등
선진시장에 진출해
미래에셋의 이머징아시아
상품을 선보이겠습니다.

고 나서야 구 사장은 대표이사로서 회사 내부의 다양한 업무 관련 보고
를 받는다.

이후에 구 사장은 회의와 세미나 혹은 국내외 증권사에서 방문하는
손님들과의 미팅 일정을 소화했다. 저녁식사 시간도 업무의 연장이다.
저녁식사 후에는 낮에 바빠서 못한 업무 처리에 매진한다. 빠뜨리고 확
인하지 못한 자료도 검토하고, 시차 때문에 연락 못했던 해외법인과 통
화도 이 시간대에 이루어진다. 구 사장의 기본적인 업무는 보통 밤 9시
쯤 마무리된다.

늦게 귀가하는 구 사장이지만 주중에 술을 마시는 법은 없다. 미래에
셋 매니저들은 평일에 술을 마시는 것이 금지되어 있기 때문이다. 시장

에 대한 빠른 변화를 즉각적으로 포착하고 늘 공부해야 하는 매니저가 술을 마시고 힘들어 한다면 고객의 재산을 운용하는 데 나쁜 영향을 미칠 수 있다고 본다.

구 사장은 퇴근하지만 미래에셋 펀드매니저들은 월요일부터 목요일까지 밤 11~12시까지 근무하는 것을 마다하지 않는다. 종목분석이나 글로벌 금융시장의 시차 관계로 퇴근시간은 자연스럽게 늘어나곤 한다. 매니저들이 회식을 하거나 친구들과 술을 마실 수 있는 날은 금요일 뿐이다. 매니저들은 담배도 거의 피우지 않는다. 담배를 피우지 않는 구 사장이 펀드매니저들은 물론 선후배들에게 금연을 권하고 있다. 펀드매니저들에게는 지성 못지않게 체력이 중요하다는 게 구 사장의 지론이다. 고객의 돈을 운용하는 일에는 커다란 책임이 따른다고 보기 때문이다. 책임감 있는 펀드매니저라면 '금주(禁酒)'와 '금연(禁煙)'으로 기본적인 체력을 유지해야 한다는 게 구 사장의 소신이다.

그는 펀드매니저들이 운용으로 쌓인 스트레스를 해소하는 데에 지원을 아끼지 않는다. 미래에셋 펀드매니저들은 평일의 스트레스를 운동으로 해소한다. 회사 근처에 운동시설을 무료로 이용할 수 있는 프로그램이 있다. 하루 일과를 마치고 잠시 쉴 틈을 내 운동시설을 이용하는 직원이 많다. 운용팀과 리서치팀은 정기적으로 단체 등산을 가곤 한다. 또한 펀드매니저들의 휴가는 연말 시장이 폐장을 한 후에 주로 떠나게 된다.

구 사장도 태권도나 등산을 통해 스트레스를 풀곤 한다. 골프도 가끔 치지만 최근에는 손가락에 무리가 가는 것 같아 골프채를 놓았다. 이 또한 무리한 운동이나 음주, 흡연이 고객의 돈을 굴리는 운용에 영향을 미쳐서는 안 된다는 구 사장의 신념에 따른 것이다. 이러한 절제와 금욕의 산물이 미래에셋펀드다.

미래에셋에서 펀드를 운용하고 있는 펀드매니저 수는 금융투자협회 등록 기준으로는 38명이다. 1인당 운용하는 펀드 수는 평균 9개다. 그러나 실제 주식운용부문은 운용보조 인력까지 포함하면 74명의 거대 조직이다.

거대 조직은 하나의 거대 시스템으로 돌아간다. 화상회의나 투자전략 회의도 이같은 시스템 중 하나다. 보고서를 받고 판단하기보다는 커뮤니케이션을 위해 머리를 맞댄다. 이렇게 미래에셋자산운용은 운용과 관련된 결정을 내릴 때에는 철저하게 리서치 분석을 바탕으로 한 팀 접근방식(team approach)을 고수하고 있다. 기업에 대한 리서치 분석을 바탕으로 하는 보텀업(bottom up, 상향식) 투자전략이 기본이다. 거시경제보다는 개별종목을 먼저 분석하고 투자전략을 세운다. 지속가능한 종목들을 분석하고 발굴한 뒤, 포트폴리오로 구성한다. 이러한 종목들은 미래에셋펀드가 초과수익률을 높이는 데 효자 노릇을 한다. 이런 과정을 거친 종목들은 업종 대표주나 성장주가 대부분이다. 재무적인 안정성을 바탕으로 신성장동력의 날개를 달거나 달고 있는 기업들도 미래에셋의 투자 대상이다.

미래에셋은 팀 단위로 의사결정이 이루어지고 투자를 결정한다. 때문에 펀드매니저의 운용 재량권이 다른 운용사에 비해 적은 편이다. 팀 접근방식을 고수하는 이유는 개인의 의사결정이나 투자 스타일에 의한 판단착오를 최소화하기 위해서다. 철저한 팀제를 운영하고 있고, 의사결정권은 대표 펀드매니저와 보조 펀드매니저가 함께 지니고 있다. 이러한 공동운용은 기록적인 수익률로 이어지곤 했다.

2001년 설정됐던 국내 주식형펀드인 '미래에셋 인디펜던스펀드'와 '미래에셋 디스커버리펀드'는 2007년 4월 12일 국내 운용사로서는 처음으로 누적수익률이 500%를 기록했다. '인디펜던스펀드'는 2010년 2월 14일로 설정 9년을 맞았다. 9년간의 누적수익률은 602.64%로 같은 기간 종합주가지수의 상승률인 166.15%보다 436.49%의 초과 수익을 거뒀다.

▎미래에 베팅하는 미래에셋

국내 시장에는 '미래에셋 종목'이라 불리우는 상장사들이 있다. 이 종목들은 미래에셋자산운용이 수많은 펀드들을 통해 5% 이상의 지분을 보유하고 있다. 공통점은 대부분 업종을 대표하는 우량 종목이라는 것이다. 대표적인 종목들로는 LG화학, OCI, 효성, SK케미칼 등 화학업종을 비롯해 동아제약, 유한양행 등 제약업종이 있다. 최근에 주목받은 엔씨소프트, 서울반도체 등과 삼성이미징, LS 등도 이른바 '미래에셋 종목'들로 불리운다.

미래에셋은 막강한 자금력과 수많은 펀드들로 이들 우량주를 보유하고 있다. 그렇다보니 이들 종목의 움직임에는 개인, 기관, 외국인 등 투자자들의 촉각이 곤두설 수밖에 없다. 예를 들어 미래에셋 종목들이 급등하기 시작하면, 시장에서는 '미래에셋이 주가 올리기에 나선 것 아니냐'는 눈총을 보낸다. 반대로 주가가 떨어지면 '실패한 투자'라고 험담을 늘어놓기도 한다. 종목의 움직임에 따라 운용에 대한 비판이 쏟아지는 셈이다. 이에 대해 미래에셋은 '장기투자를 한다는 전략 아래 투자를 했을 뿐'이라고 설명한다.

2009년 하반기 시장의 주목을 받았던 엔씨소프트와 LG화학을 살펴보면 답이 나온다. 이들 기업들에 대한 투자는 '미래산업'에 대한 투자였기 때문이다. 엔씨소프트는 게임 '아이온' 수출 효과에 주가가 연초부터 급등세를 보였다. 2009년 6월 엔씨소프트는 20만 원을 돌파하면서 시장의 관심을 받았다. 미래에셋은 그보다 앞선 2008년 5월 엔씨소프트를 매수해왔다. 5월 평균가격인 7만 4,800원일 때부터 줄곧 매수를 유지해왔다. 2008년 말 금융위기가 휩쓸고 갔을 때에도 매수세를 멈추지 않았고 그 결과 '20만 원의 과실'을 맛봤다. 엔씨소프트는 2008년 상반기만도 '아이온' 성공 여부를 두고 불확실성이 대두됐다. 그렇지만 미래에셋은 '게임산업'에 대한 확신과 앞으로 늘어날 중국 수요를 감안해 투자를 결정했다.

최근 20만 원을 돌파한 LG화학은 미래에셋이 2006년 9월부터 보유해온 종목이다. 매입을 시작했던 당시 LG화학 평균 주가는 7만 8,100원이었다. 2006년 미래에셋은 IT, 재료산업, 전지사업 등에 대한 투자를 모색했다. 이에 걸맞는 종목을 찾던 중 LG화학의 기술력과 미래에 대한 사업방향을 보고 투자를 결정했다.

전통적인 산업이라도 안정적인 사업 기반 위에 신성장동력을 갖춘 종목들도 미래에셋의 투자대상이다. 화섬회사로 출발한 효성과 정밀화학 업체인 OCI가 대표적이다.

2009년 9월 효성은 하이닉스반도체 인수 문제로, OCI는 검찰수사 문제로 주가가 약세를 보이고 있다. 미래에셋은 이들 종목에 대한 보유

| 표 2-1 | 미래에셋 주요펀드 수익률표　　　　　　　기준일 : 2010.3.2 | 단위 : 억 원, %

펀드명	설정일	설정액	6개월	1년	3년
미래에셋인디아솔로몬증권투자신탁 1(주식)종류A	20060109	3,312	11.97	83.58	33.58
미래에셋BRICs업종대표증권자투자신탁 1(주식)종류A	20071114	5,478	12.35	81.36	
미래에셋인디아디스커버리증권투자신탁 1(주식)종류A	20050915	2,925	11.27	79.57	43.53
미래에셋친디아업종대표증권투자신탁 1(주식)	20060518	9,630	9.10	70.60	17.57
미래에셋KorChindia포커스 7증권투자신탁 1(주식)종류A	20070126	4,281	0.54	51.14	30.57
미래에셋아시아퍼시픽인프라섹터증권투자신탁 1(주식)종류A	20070223	6,557	-0.17	37.17	3.43
미래에셋솔로몬아시아퍼시픽컨슈머증권투자신탁 1(주식)종류A	20060601	1,639	3.81	32.03	37.36
미래에셋아시아퍼시픽업종대표증권투자신탁 1(주식)종류A	20070118	1,144	0.81	25.17	20.00
미래에셋인사이트증권투자신탁 1(주식혼합)종류A	20071031	31,957	6.53	68.99	
미래에셋디스커버리증권투자신탁 4(주식)종류A	20070918	18,733	-4.16	53.27	
미래에셋드림타겟증권투자회사(주식)종류A	20031103	4,882	-3.24	51.77	52.47
미래에셋3억만들기인디펜던스주식K- 1	20050118	13,167	-5.07	51.48	38.12
미래에셋5대그룹대표주증권투자신탁 1(주식)종류A	20070209	3,502	-5.79	49.66	43.58
미래에셋디스커버리증권투자신탁 5(주식)종류A	20080325	7,314	-4.03	49.18	
미래에셋인디펜던스증권투자신탁 2(주식)	20050117	12,437	-4.18	48.51	35.91
미래에셋디스커버리증권투자회사(주식)	20010706	12,634	-4.37	48.19	42.95
미래에셋3억만들기솔로몬증권투자신탁 1(주식)종류A	20031231	22,233	-4.81	46.69	28.83
미래에셋인디펜던스주식형K- 3Class A	20080124	4,504	-4.91	46.57	
미래에셋디스커버리플러스증권투자신탁 1(주식)종류A	20070601	6,225	-5.03	46.47	
미래에셋우리아이세계로적립식증권투자신탁K- 1	20050422	6,066	-1.75	46.43	30.15
미래에셋라이프사이클2030연금증권전환형자투자신탁 1(주식)	20051026	3,006	-3.18	45.64	20.95
미래에셋인디펜던스증권투자회사(주식)	20010214	13,630	-2.80	45.04	28.71
미래에셋인디펜던스증권투자신탁 3(주식)종류A	20051212	15,140	-6.12	44.90	25.19
미래에셋디스커버리증권투자신탁 2(주식)종류A	20051101	22,128	-3.88	44.34	31.75
미래에셋인디펜던스주식형K- 2Class A	20061019	30,754	-5.98	44.05	25.29
미래에셋3억만들기좋은기업주식K- 1	20040102	15,635	-1.57	43.11	13.87
미래에셋디스커버리증권투자신탁 3(주식)종류A	20051207	25,618	-6.18	42.85	22.97
미래에셋우리아이3억만들기증권투자신탁G 1(주식)	20050401	9,873	-1.80	42.61	22.49

주식을 일부 매도했다. 시장에서는 손절매라고 수군대기도 했지만 미
래에셋은 아랑곳하지 않았다. 왜냐하면 이같은 불확실성으로 떨어진
주가 수준보다도 훨씬 낮은 가격에 매입했기 때문이다.

　미래에셋이 효성을 매수하기 시작한 시점은 2000년 4월이다. 당시
효성의 주가는 1만 3,000~1만 4,000원대였다. 10년 가까이 미래에셋의

관심 종목으로 사랑받던 효성은 안정적인 실적에 중공업, 풍력 사업 등 신사업이 주목받았고, 2009년 5월 주가는 11만 4,000원까지 치솟았다. 단순한 계산으로도 10배가 불어난 것이다. 비록 최근 하이닉스 인수에 따른 자금 우려로 6만 원대까지 떨어졌지만 미래에셋에게는 손해보는 장사가 아니었다.

OCI라는 종목을 보자. 동양제철화학이라는 이름이었던 OCI는 2008년 4월 40만 원을 돌파하면서 시장의 주목을 받았다. 미래에셋은 2006년 9월부터 OCI를 담기 시작했다. 당시 주가는 4만 5,000원대였다. 이 역시도 10배가량 뛰어올랐다.

미래에셋이 OCI를 매수하기 시작한 일화는 유명하다. 구 사장은 2006년 일본에서 열린 한 컨퍼런스에 참석했다가 일본 샤프사를 눈여겨보았다. 샤프사는 태양광발전 모듈사업을 미래 성장동력으로 삼고 있었고 그 점이 구 사장의 마음을 흔들었다. 귀국한 구 사장은 국내에서도 유사한 사례를 찾기 시작했고 동양제철화학을 발견했다.

최초의 운용사에서 최대의 운용사가 되다

미래에셋에는 '최초'라는 수식어가 따라다닌다. 미래에셋자산운용은 1997년 7월 국내 최초의 자산운용사로 설립됐다. 국내 최초의 뮤추얼펀드(박현주 1호)를 도입해 투명한 간접투자상품 운용시대를 열었다. 미래에셋자산운용은 2001년 국내 최초의 개방형 뮤추얼펀드인 '인디펜던스펀드'와 환매수수료가 없는 선취형 뮤추얼펀드인 '디스커버리펀드'를 도입했다. 적립식펀드가 지금과 같이 보편화된 것은 미래에셋의 큰 기여 덕분이라는 게 업계 안팎의 평가다.

미래에셋은 예금과 주식이 투자의 전부라 여겨졌던 2004년부터 장기적으로 안정적인 재산 증식을 위한 '3억만들기 적립식펀드'를 운용했고 대대적인 캠페인을 벌였다. 무엇이든 남들보다 빨리 시작하다보니 미래에셋은 기관자금도 폭넓게 운용하고 있다. 국민연금, 노동부, 정보통신부 등 주요 정부기관의 지정운용사로 선정됐다. 일반투자자뿐 아니라 정부기관도 미래에셋을 믿고 돈을 맡기게 된 것이다. 미래에셋자산운용 본사 입구에 있는 바늘없는 시계. 이는 '시간을 잊은 투자'로 장기 적립식 투자를 하자는 미래에셋의 정신을 상징한다.

해외 진출도 발빨랐다. 2003년 12월 미래에셋홍콩자산운용을 설립하면서 해외 진출에 발판을 마련했다. 2005년 2월 국내 최초 해외투자펀드인 '미래에셋 아시아퍼시픽스타펀드'를 출시했다. 이어 인도, 중국 지역에 투자하는 친디아펀드를 출시했고, 최근에는 해외부동산펀드와 해외섹터펀드(컨슈머, 인프라 펀드) 등 한발 앞선 상품을 출시했다. 인도, 영국, 브라질, 미국 등에 법인을 세워 글로벌 네트워크를 구축했다. 국내 투자자들을 위한 해외펀드는 물론, 현지에 펀드를 설정해 외국인들에게 직접 펀드를 판매하고 있다.

인도와 브라질 등에서 설정한 펀드는 수익률이 현지 운용사들의 경쟁펀드보다도 좋은 성과를 보이고 있다. 대표적인 예가 브라질 펀드다. 브랜드 인지도가 높은 브라질 업종 대표주에 투자하는 '미래에셋 브라질 업종대표펀드'의 최근 1년 수익률은 85%를 넘는다(2010년 2월 말 기준). 비교지수인 브라질인덱스(MSCI Brazil Index(KRW)) 지수보다 1년 수익률인 57%보다 약 28%포인트 높은 수준이다.

구 사장은 이에 대해 "미래에셋의 시도들은 최고를 위해 달리고 있다"며 "지난 10여 년간 투자자들에게 국내뿐만 아니라 인도 및 중국 등 성장하는 아시아 시장에 투자할 수 있는 다양한 기회와 상품을 제공하는 데 노력했다"고 설명했다.

앞으로의 각오도 남다르다. 미래에셋의 이머징 금융상품들을 세계시장에 수출해 '금융 한류(韓流)'를 일으키겠다는 각오다. 미래에셋이 한국을 포함한 이머징 시장에 투자하는 펀드를 국내는 물론 해외에도 팔고, 해외에 있는 펀드를 모아 한국시장에도 투자할 수 있는 발판을 만들겠다는 이야기다.

그는 "앞으로도 한국인의 뛰어난 유전자(DNA)를 바탕으로 유럽, 미국 등 선진시장에 진출해 미래에셋의 이머징 아시아 상품을 선보이겠다"며 "이러한 금융자본 투자를 통한 부의 효과(Wealth effect)가 국가 경제의 안정과 발전에 기여할 것으로 판단된다"고 강조했다.

시간을 잊고 일하는 구 사장과 미래에셋 펀드매니저들. 그들에게 미래에셋 본사 빌딩 정문에 있는 '바늘없는 시계'는 남다른 의미를 지닌다. 바늘없는 시계는 '시간을 잊은 투자', 즉 장기 적립식 투자를 모토로 하는 미래에셋의 정신이 반영된 것이다. 구 사장은 매일 출근길마다 이 바늘없는 시계를 보며 고객의 자산을 최우선으로 하겠다는 의지를 다진다.

펀드도 수출상품

자산운용회사들은 국내시장뿐 아니라 해외시장을 꾸준히 공략하고 있다. 2006년 4곳에 불과했던 국내 자산운용사 해외법인 수는 2007년 말에 10곳으로, 2010년 3월 말엔 16곳으로 늘어났다. 운용사별로는 미래에셋자산운용(5곳), 미래에셋맵스(3곳) 등이 전체 해외 점포의 절반을 차지하고 있다. 삼성투신운용이 2곳을 두고 있고 골든브릿지자산운용, 동양투신운용, 마이다스자산운용, 트러스톤자산운용, 한국투신운용, KTB자산운용 등도 해외에 1곳씩 법인을 설립했다. 진출한 지역은 베트남이 4곳으로 가장 많았다. 다음으로 홍콩(3곳), 싱가포르(3곳), 중국(2곳) 등이다. 국내 자산운용사의 해외 진출은 아시아 중심으로 국한돼 있다.

해외 거점을 가장 많이 둔 미래에셋자산운용은 미래에셋금융그룹의 해외시장 공략전선에서 첨병(尖兵) 역할을 하고 있다. 미래에셋자산운용이 먼저 나가 현지에 거점을 확보하면 증권이 뒤이어 나가 기반을 넓히는 방식이다. 현재 미래에셋자산운용은 홍콩, 인도, 영국, 미국, 브라질 등 5곳에 현지법인을 두고 있다. 2010년에는 중국에도 현지법인을 설립할 예정이다.

미래에셋자산운용이 펀드를 수출하기 시작한 것은 2008년 인도 현지법인을 통해서였다. 2006년 11월 설립된 인도법인은 2008년 4월 인도 현지기업에 투자하는 '미래에셋인디아오퍼튜니티'를 시작으로 3개의 펀드를 출시했다. 2009년 말 운용자산이 600억 원에 달한다. 2009년 6월 미래에셋자산운용 브라질법인이 내놓은 '디스커버리 브라질배당주' 등 2개 펀드도 덩치를 키우고 있다. 2009년 말 기준으로 설정액이 600억 원을 넘었다. 미래에셋자산운용 홍콩법인은 2009년 6월 홍콩 증권선물위원회로부터 이머징국가와 한국에 투자하는 개방형 뮤추얼펀드(SICAV)의 판매 자격을 획득했다. 이어 '한국주식형' 등 5개 펀드를 8월부터 판매하고 있으며, 설정액은 1,000억 원을 넘었다. 증권업계 관계자는 "운용사의 해외 진출은 은행이나 증권사처럼 간단하지 않다"며 "현지 금융환경에 맞게 판매가 가능한 상품을 만들어내는 '금융수출'이 가능해야 하므로 세계적인 금융경쟁력을 갖춰야 성공할 수 있다"고 말했다.

스폿펀드는 나에게 맡겨라
펀드매니저 1세대 **장인환**

장인환 | 1959년 전남 구례 출생 | 서울대학교 일반사회학과, 연세대학교 경영대학원 경제학 전공 | 前 삼성생명, 동원증권, 현대투자신탁운용 | 現 KTB투자증권 대표이사 사장

"주식도 삶도 역발상 투자를"

장인환 KTB자산운용 사장은 로또 복권 1등에 당첨된 사람의 심정을 누구보다 잘 안다. 실제 로또복권에 당첨된 경험이 있어서가 아니다. 1990년대 후반 무려 400억 원대 성과급을 받았다는 '루머 아닌 루머'에 시달린 적이 있어서다. 현대투자신탁운용에서 바이코리아펀드를 성공적으로 운용한 장 사장의 성과급 규모가 당시 증권가(街)에서 화제가 됐다. 장 사장은 이러한 내용이 전해진 당일 하루에만 500여 통의 전화를 받았다고 한다.

400억여 원을 성과급으로 받은 것은 사실이 아니었다. 펀드 운용으로 400억 원 가량의 이익을 회사에 안겨준 게 잘못 알려진 것이었다. 단순 해프닝으로 끝나긴 했지만 당시 장 사장이 얼마나 '잘 나가는' 펀드매니저였는지를 단적으로 보여준 사례다.

스폿펀드의 귀재

장 사장은 핀드매니저 1세대로 통한다. 동원증권 재직 시절에는 훗날 미래에셋그룹을 일궈낸 박현주 회장의 뒤를 이어 증권사가 갖고 있는 돈(고유계정)을 주식이나 채권으로 운용하는 '딜러'로 지내기도 했다. 현대투신운용에 있을 땐 강신우 현 한국투신운용 부사장과 함께 대한민국을 펀드투자 열풍에 휩싸이게 한 바이코리아펀드의 간판 펀드매니저로 활동했다.

장 사장은 '○년간 수익률 ○○○%' 따위의 성적표가 없다. 그가 펀드 매니저로 이름을 날린 건 '단순히' 수익률이 좋아서가 아니었다. 목표 수익률을 달성하면 청산하는 '스폿펀드의 귀재'로 유명했다. 스폿펀드 란 가령 목표수익률을 12%로 설정하고 이 수익률을 달성하면 청산되는 펀드다. 만기가 목표수익률 달성 기간이 되는 셈이다.

"바이코리아펀드를 운용할 때는 스폿펀드를 주로 맡았습니다. 대부분 목표수익률을 달성하기까지 시간이 얼마 걸리지 않았습니다. 1,000 억 원을 설정하면 목표수익률 10% 정도 달성하는 것은 열흘이면 가능했던 것 같습니다. 제가 운용하는 펀드에 유독 많은 돈이 몰렸던 것도이 때문이었을 겁니다. 이렇게 굴린 돈만 3조 원은 족히 됩니다."

당시 바이코리아펀드 중에서도 스폿펀드의 인기는 대단했다. 공모를 통해 자금을 모으기 시작하면 현대투신운용 직원들이 가장 먼저 창구에 달려왔을 정도였다. 회사로부터 수백억 원을 보상받았다는 얘기는 과장된 것이기는 했지만, 전혀 사실이 아니라고 할 수도 없었다. 운용성과가 워낙 좋았기 때문에 상당액을 성과급으로 받았기 때문이다.

KTB자산운용 사장에까지 오르게 된 것도 바이코리아펀드를 운용해 명성을 떨친 덕분에 가능했다. 장 사장이 KTB자산운용으로 오기 이전 펀드매니저 생활을 한 것은 단 2년 뿐이었다. 1997년 7월부터 1999년 7월까지 현대투신운용에서 공모펀드를 운용한 것이 전부다. 그 전에 동원증권에선 고객 돈이 아니라 회사돈을 운용하는 '딜러'였다. 더구나 당시 장 사장의 직급은 부장급에 불과했다. 그가 일약 자산운용사 사장에 발탁된 것은 그래서 파격적이었다.

장 사장이 지금의 자리에 오른 것은 '역발상적 행보'를 했기에 가능했다. 대학 졸업 이후 복무 기간이 긴 공군장교로 군생활을 한 것도 그렇고, 호남 사람인데도 첫 직장을 삼성그룹(삼성생명)으로 정한 것도 그렇다. 서울대학교 사회과학대학 77학번인 장 사장이 대학을 졸업하던 시절에는 졸업생들 사이에선 '호남 사람은 호남 기업을 가야 한다'는 정서가 강했다.

동원증권을 사직하고 나왔을 때 호남 회사였던 한남투신운용에서 러브콜을 했지만 이를 뿌리치고 현대투신운용으로 자리를 옮겼다. 박현주 미래에셋 회장과는 광주일고 동기동창이지만 미래에셋에 갈 생각은 애초부터 하지 않았다. 그의 역발상 행보는 투자에서도 그대로 드러나 남들과 다른 '역발상 투자'로 세상에 이름을 알렸다.

PER, PBR 높을수록 좋다?

장 대표는 시장의 흐름을 중시한다. 그는 투자를 결정하기에 앞서 거시경제 지표를 살핀다. 그리고 메가트렌드가 될 만한 업종을 가려낸다. 업종이 정해지면 가장 높은 경쟁력을 보유한 기업을 찾는다. 전형적인 '톱다운(top down : 하향식)' 방식의 투자법이다. 톱다운 투자법에 따르면 지금 시장에서 가장 각광받는 종목, 앞으로 시장을 이끌어갈 수 있는 종목이 주된 투자 대상이다. 기업가치 대비 주가수준(밸류에이션)이 높아도 성장성이 크다고 판단되면 그는 우선 사고 본다.

밸류에이션 지표로 주로 쓰이는 주가수익비율(PER)이나 주가순자산비율(PBR)이 높으니까 안 산다는 논리는 장 대표에게 통하지 않는다. 오히려 밸류에이션 지표가 높을수록 좋게 본다. 조선주가 대표적이다. 조선업

주식투자는 유연한
사고가 필수입니다.
기업이 살아서 끊임없이
변하기 때문입니다.
'PBR이 1배 미만이어서
산다'는 식이어서는
곤란합니다.

종이 잘 나갔던 2007년에 업종 평균 PER이 수십 배에 달했다. 많은 사람들이 조선주가 비싸다며 사지 않을 때 장 사장의 시각은 달랐다. 몇년치 일감을 쌓아놓고 있고, 수주도 밀려드는데 주가가 오르지 않는 게 이상하다고 생각했다. 반대로 2009년엔 조선주 PER이 6~7배에 그쳤지만 업황 전망이 좋지 않기 때문에 PER이 하락한 것이라고 장 사장은 해석한다.

"PER이 15배 이상이면 비싸고 6~7배면 싸다는 논리는 그래서 맞지 않습니다. 둘 다 적정한 가격인 겁니다. 2007년과 2009년에 시장에서 바라보는 업황에 대한 시각이 크게 달라졌고, 이 때문에 적정하다고 생각되는 가격 또한 바뀐 겁니다."

이는 소위 가치투자자들의 투자철학과 정확히 반대되는 개념이다. 가치투자자들의 우선 투자대상은 '싼 주식'이기 때문이다. 이들은 PER과 PBR이 낮은 종목을 선호한다. 회사에 순유동자산이 많아 재무적으로 안정된 기업도 눈여겨본다. 한마디로 절대 안 망할 것 같은 기업 가운데 밸류에이션이 낮은 종목을 사놓고 언젠가 오를 때를 기다리는 것이다.

반면 장 사장은 조금 비싼 것처럼 보여도 성장성만 담보된다면 좋은 주식이라고 여기고 기꺼이 산다. 중요한 것은 장기적으로 실적이 좋아지는지 여부이다.

"기업과 주식을 분리해서 볼 필요가 있습니다. 회사는 좋은데 주식은 안 좋은 경우가 많습니다. 태광산업을 예로 들어 보겠습니다. 이 회사의 2009년 10월 6일 종가가 82만 6,000원입니다. 그런데 주당순자산가치(BPS)가 140만 원에 이릅니다. 당장 회사를 청산해도 1주당 50만 원 이상의 가치가 더 있습니다. PBR이 0.6배밖에 안 됩니다. 그렇다고 이 회사 주식이 싸다고 할 수 있을까요?"

장 사장은 《상장기업편람》을 옆에 끼고 직접 계산기를 두드리며 설명했다. PER, PBR의 높고 낮음으로 주가가 '싸다, 비싸다'를 논하는 게 얼마나 허황된지 제대로 보여주려는 심산인 것 같았다.

"주식투자를 왜 합니까? 캐피털 게인(시세차익)이나 배당수익 때문일 겁니다. 주당 80만 원이 넘는 태광산업을 산다면 최소 주가가 100만 원은 간다고 봐야 투자할 명분이 생깁니다. 하지만 당분간 100만 원 이상은 기대하기 힘들다고 봅니다. 주주 친화적이지 않은데다 대주주가 회사의 이익을 많이 내려고 하지도 않습니다. 그럼 배당이나 많아야 할텐데, 이 회사가 작년에 지급한 배당금을 볼까요? 주당 1,750원을 배당했습니다. 시가배당률로 치면 0.2%입니다. 은행 이자보다도 훨씬 낮습니다. 캐피털 게인도 기대하기 힘들고, 배당은 무시할 만한 수준인 이 회사 주식을 사는 게 현명하다고 볼 수 있을까요?"

태광산업은 증시에서 소문난 자산주이다. 부채비율과 차입금의존도가 낮고, 투자자산과 부동산자산은 상당한 것으로 알려져 있다. 일명 '장하성펀드'로 불리는 한국기업지배구조펀드가 이 회사 지분을 사서 회사의 지배구조 개선을 요구해 이슈가 되기도 했다.

"주식투자자는 유연한 사고가 필수입니다. 기업이 살아서 끊임없이 변하기 때문입니다. PBR이 1배 미만이니까 산다는 식이어서는 곤란합니다. PBR을 따지는 종목 대부분은 사람으로 치면 노인입니다. 성장할 게 없어서 청산가치만 쳐다보고 있는 셈인거죠. 반면 한참 성장가도를 달리고 있는 기업에는 PBR이라는 잣대를 댈 필요가 없습니다. 앞으로 돈 벌 일만 남았는데 자산의 많고 적음이 중요할 리 없습니다. 이런 기업은 멀티플(배수)이 높아져도 싼 주식입니다. 유망한 새 사업을 성공적으로 발굴하는 기업은 이익을 늘려서 멀티플을 낮춥니다."

그는 이러한 좋은 기업의 전형으로 GE를 꼽았다. GE는 돈을 많이 벌고 있는 캐시카우 사업부를 매각하고, 끊임없이 새 먹을거리를 성공적으로 발굴한다는 설명이다. 장 사장은 한국에서도 2차전지, 바이오, 에너지 등 신성장 동력 발굴에 열심인 기업에 후한 점수를 준다. IT(정보기술), 게임 산업에 속한 기업도 호평했다. 당분간 한국이 가장 잘할 수 있는 분야이기 때문이다.

다만 IT 업체에 투자할 경우 제품 수명이 짧고 단일 품목만 만드는 곳은 경계해야 한다는 지적이다. 예컨대 휴대폰은 제품 수명이 짧아 재고가 많이 발생하고, 연구개발(R&D) 비용은 많아 리스크가 너무 크다는 설명이다. 장 사장의 지적대로 휴대폰만 만들었던 기업들은 최근 몇 년 간 크게 어려움을 겪었다. 국내에서는 팬택이 그랬고 해외에서는 모토 로라가 그랬다. 자동차, 항공, 조선 등의 산업에 속한 기업도 선호하지 않는다. 글로벌 경쟁이 치열하고 유가·환율 등 고려해야 할 변수가 너 무 많기 때문이다.

살 때는 매도호가, 팔 때는 매수호가

그는 일단 투자 대상을 정하고 나면 신속하고 공격적으로 매매한다. 남들보다 빨리 사서 빨리 판다.

"주식을 살 때 일반 투자자들도 그렇고 펀드매니저들도 대부분 매수 호가에 주문을 걸어놓습니다. 밑으로 받쳐놓고 매수하는 겁니다. 하지 만 저는 팔려고 내놓은 가격, 즉 매도호가에 삽니다. 그래서 펀드매니 저로 활동했던 시기에 제 주문은 체결률이 95%에 달했습니다."

가령 삼성전자를 사야겠다고 마음먹었다면 70만 원에 사든 70만 5,000원에 사든 일단 원하는 만큼 사고 본다는 얘기다. 70만 원에 산다 는 얘기는 앞으로 100만 원, 200만 원 간다고 보는 것인데 몇 천원이 무 슨 대수냐는 말이다. 반대로 팔 때도 목표한 주가까지 오르면 매수호가 에 물량을 풀어준다고 했다.

"주식은 사는 것보다 파는 게 훨씬 중요합니다. 결국 팔아야 이익이 실현되는 것이니까요. 그래서 성공적으로 엑시트(exit : 매도)하는 데 중 점을 둡니다. 남들이 못 사서 안달 났을 때가 매도 타이밍입니다. 그래 야 마음 놓고 팔 수 있습니다. 자기가 팔아서 주가를 떨어뜨리면 팔기 정말 힘들어집니다. 시장선호주, 대형주가 주된 투자 대상인 것도 이 때문입니다."

장 사장의 매매 스타일을 보여주는 일화가 있다. 1998년 LG전자 주가가 1만 원대까지 떨어지자 그는 시장에서 나오는 물량을 모조리 받아 냈다. 순식간에 1,000만 주나 매수했다고 한다. 회사 내부에서도 우려의 목소리가 컸지만 그는 개의치 않았다. 이후 LG전자 주가는 급등했고 그는 1년여 만에 4만~6만 원에 이 주식을 처분할 수 있었다. 그때 얻은 별명이 '장대포'이다. 매매 스타일이 워낙 시원시원하고 대범해서 붙여진 별명이다.

"투자 종목은 30개 내외가 적정하다고 봅니다. 너무 많으면 각 종목에 대해 제대로 알기가 힘들어요. 만약 은행주가 유망할 것으로 예상한다면 가장 선호하는 종목 하나만 정하면 됩니다. 국민은행, 신한은행, 하나은행 다 사서 종목을 늘리는 것보다 가장 유망한 한 종목에 집중하는 게 수익도 더 잘 납니다."

기업 탐방에서 실적전망은 치워 버려라

펀드매니저의 주요 일과 중 하나가 기업탐방이다. 회사의 현재 상태를 파악하고 앞으로의 전망을 가늠하기에 직접 방문하는 것만큼 좋은 게 없다. 최근에는 펀드매니저가 직접 기업을 찾아가는 경우보다 기업의 IR 담당자가 펀드매니저를 찾아오는 일이 더 많아졌지만, 아직도 대부분의 펀드매니저들은 중요한 투자 판단을 내릴 때 탐방을 간다. 장 사장도 탐방을 무척 많이 다녔다.

"기업 탐방을 통해 얻을 수 있는 것은 재무적 자료나 앞으로의 실적 전망이 아닙니다. 사실 그런 것은 증권사 리서치센터의 애널리스트가 더 잘 알고 있습니다. 탐방은 기업의 미래를 보는 작업입니다. 공장이 얼마나 잘 굴러가고 있는지, 일하는 사람들의 표정이 밝은지, 사장은 어떤 생각을 갖고 있는지 등을 봐야 합니다."

그는 특히 기업탐방을 가면 꼭 묻는 질문이 있다. 바로 동종업계의 다른 기업들 현황이다.

"한국 사람들이 자기 얘기는 잘 안 해도 남 얘기는 잘 하지 않습니까. A라는 회사에서 동종업계에 속한 B 회사를 물어보면 그 회사의 강점과 약점이 다 나옵니다. 반대로 B 회사에 갔을 때는 A 회사를 물어봅니다. 그렇게 하다 보면 C, D, E 등 각 산업 내에 속한 기업들의 장단점을 대부분 알 수 있습니다."

그는 또 탐방한 회사의 경영진과 친분을 쌓는 데 주력한다. 기업의 정보가 숫자에만 있는 게 아니기 때문이다. 장 사장은 '탐방했던 회사의 경영진이 나중에 경영 판단에 대한 조언을 구할 만큼 친해질 정도'로 깊이 있는 대화를 나누곤 한다. 사실 진짜 정보는 숫자 이외의 것들이다.

"펀드매니저는 숫자에 능해야 합니다. 실제로 펀드매니저 중에는 재무나 회계를 잘하는 사람들이 많습니다. 하지만 숫자보다 더 중요한 것은 새로운 흐름을 읽어내는 통찰력입니다. 재무정보, 산업환경, 경영진의 철학, 산업 내 기업의 위치 등 모든 것을 완벽하게 알고 투자하긴 어렵습니다. 일부만 알 뿐입니다."

장 사장은 통찰력을 펀드매니저의 중요한 자질로 꼽는다. 책을 많이 읽어 다양한 분야에 지적 호기심이 많으면서 어떤 논쟁에도 토론할 자세가 되어 있는 사람이 투자도 잘한다는 논리다. 펀드매니저는 사고를 확장하는 눈이 있어야 하고, 남들과 원활하게 커뮤니케이션하는 능력도 있어야 한다는 게 그의 생각이다.

"지나치게 회계적 지식으로 무장한 사람은 오히려 그 틀 안에서만 생각하려는 경향이 있습니다. 그렇기 때문에 펀드매니저는 회계사보다 오히려 소위 문사철(문학·역사·철학)로 불리는 학문을 한 사람이 더 잘할 수도 있습니다."

가치투자·모멘텀투자 경계 사라져

장 사장은 KTB자산운용의 대표를 10년 넘게 맡고 있지만, 아직까지도 명함에 '펀드매니저'라는 직함을 새기고 다닌다. 직접 펀드를 운용하지는 않지만 영원한 현역으로 남겠다는 의지가 담겨 있다.

사실 그가 1990년대 후반 한창 펀드를 운용했을 때와 지금은 투자의 패러다임이 많이 바뀌었다. 장 사장 또한 "기업의 지배구조가 점차 투명해지면서 한국도 보텀업(bottom up·상향식) 방식의 투자가 가능해졌다"며 가치투자와 모멘텀 투자의 구분이 사라졌다고 말한다.

단순히 각광받는 산업이나 테마 위주의 투자 일변도에서 벗어나 '좋은 기업, 좋은 주식'을 가려내 투자하는 게 가능해졌다는 얘기다. 예전처럼 대주주가 회사 돈을 쌈짓돈처럼 쓰는 시대도 아니고, 외국인 투자자들의 참여로 주주의 위상도 한층 강화됐다는 것이다.

또한 보텀업 방식의 투자는 장기투자가 필수인데, 이러한 여건도 점차 조성되고 있는 것으로 장 사장은 진단했다. 장기투자를 위한 조건으로 무엇보다 자산운용을 하는 사람의 장기근속을 꼽았다. 특히 펀드를 운용하는 매니저가 한 펀드를 오래 운용해야 돈을 맡기는 사람도 안심할 수 있다고 강조했다. 펀드매니저가 연봉 따라 이리저리 옮겨 다니면서 어떻게 고객 돈을 책임감 있게 운용할 수 있겠냐는 얘기다.

실제 KTB자산운용은 1999년 창업 멤버가 18명이었는데 10여년이 지난 지금까지 남아 있는 인원이 13명이나 된다. 인력 이동이 비교적 잦은 금융업계에서 흔치 않은 일이다. 장 사장의 비서와 운전기사도 당시 창업 멤버 중 하나다. KTB자산운용의 최고투자책임자(CIO)인 안영회 부사장은 현대투신운용 시절부터 십 수년을 장 사장과 함께 하고 있다.

장 사장은 남의 돈을 운용하는 펀드매니저는 그 '남'과 이해관계를 같이 해야 한다고 생각한다. 고객과 고객 돈을 운용하는 펀드매니저, 그리고 회사 모두가 투자로 인한 이익을 공유해야 한다는 얘기다. 그래야 자기 돈처럼 남의 돈도 굴릴 수 있다는 것이다.

"우리 회사는 직원들 상당수가 지분을 갖고 있습니다. 운용 수익을 고객과 회사, 직원들이 공유하는 구조입니다. 앞으로 점점 더 이렇게 가야 한다고 봅니다. 월가의 상당수 금융사는 회사와 그 구성원이 함께 이익을 공유하는 파트너 형태로 운영됩니다."

마지막으로 그는 기부의 중요성을 역설했다. 잘 쓸줄 아는 사람이 잘 벌줄도 안다는 얘기다.

"돈은 많이 벌어야 합니다. 쓸 곳이 많기 때문입니다. 남의 돈을 운용해서 돈을 버는 펀드매니저는 더더욱 그렇습니다. 워런 버핏도 잘 쓰니까 잘 버는 것 아니겠습니까. 돈은 차갑게 다루되 마음만은 따뜻한 펀드매니저로 기억되고 싶습니다."

원칙주의자의 20년 노하우

멜빵선생 강신우

강신우 | 1960년 서울 출생 | 서울대학교 법학과 | 前 한국투자신탁, 동방페레그린증권 주식운용본부장, 현대투신운용 수석펀드매니저, 템플턴투신운용 상무이사, PCA투자신탁운용 전무 | 現 한국투자신탁운용 부사장

      "

기본에 충실하고
남보다 한발 앞선 투자하라

      "

"도대체 내 펀드는 어떻게 되는 겁니까?"

"운용 좀 똑바로 하세요!"

투자자들은 팔짱을 끼고 그의 말 한마디 한마디를 주시했다. 경청하는 분위기는 오래가지 못했다. 다물고 있었던 입들이 하나씩 터지며 거친 말들이 쏟아져 나왔다. 100명이 넘는 투자자들이 강당을 꽉 채우며 큰소리를 질렀다.

멜빵을 멘 연사는 강단에 서서 고개를 더욱 빳빳이 들고 말을 이어갔다. 한국투자신탁운용 최고투자책임자(CIO)인 강신우 부사장이었다.

"역사적으로 지금과 같은 공포가 시장을 지배하는 시기. 바로 지금이 투자하기 좋은 때입니다."

입이 바짝바짝 마르고 등줄기에 땀이 흘렀다. 그래도 강 부사장은 강의를 끝까지 마쳤다. 끝나기가 무섭게 가까이 다가와서 한마디씩 하는 투자자들의 얘기도 경청했다.

리먼브라더스의 파산 전후 글로벌 금융위기감이 커지고 있던 2008년 9월과 10월. 강 부사장은 '변곡점에 위치한 주식시장'이라는 제목으로 펀드투자자를 상대로 전국 순회강연을 했다. 시장 상황이 좋지 않은 만큼 강연 중에 투자자들의 공격적인 언사가 끊임없이 쏟아졌다.

강연회는 운용사가 일반투자자에게 펀드운용에 대해 설명하는 자리였다. 국내에선 처음 있는 일이었다. 강 부사장은 2008년 여름부터 강의를 준비했다. 준비 기간 동안 그를 긴장시킨 것은 '처음'이라는 점이 아니었다. 바로 미국 금융시장에 대한 불안감이었다. '희망'보다는 여러가지 가능성을 제시하기 위해 강의 제목에도 '변곡점'을 넣었다.

고객을 찾아가 직접 시황을 전하고 펀드투자 전략을 설명하기 위한 강의는 두 달 동안 총 18회. 투자자들과의 대화를 앞두고 강 부사장은 시장의 좋은 반응도 기대했다. 그렇지만 시간은 그의 편이 아니었다.

"코스피지수 1,500선에서 강의를 시작했어요. 그런데 마지막 강의를 할 때에는 900선이었습니다. 끝날 무렵에는 분위기가 썰렁하기 짝이 없었죠. 미리 준비한 강의자료도 다 소용 없었습니다. 금융위기 폭탄을 맞은 시장에서 내년 전망을 해서 뭐합니까? 준비했던 자료는 쳐다도 안 보고 '지금 투자할 때'라는 말만 반복했습니다."

시장은 연일 빠지기를 반복했고, 강 부사장은 강의 때마다 욕을 먹었다. 이런 그에게 용기를 준 것은 '솔로몬 왕의 지혜'였다.

'어리석은 사람은 체험을 통해 배우고, 현명한 사람은 역사를 통해 배운다.'

이 문구는 그의 집무실 내 화이트보드에도 문신처럼 새겨져 있다.

"아침마다 회의할 때 여기(화이트보드)에 이것저것 쓰곤 해요. 그래도 이 문구는 절대 지우지 않습니다. 운용을 하다보면 기본적인 원칙을 소홀히 할 때도 있습니다. 이를 잊지 않으려고 이 문구를 날마다 되뇌이곤 합니다."

운용경력 20년의 베테랑 펀드매니저. 바이코리아펀드 신화의 주인공. 펀드매니저 1세대를 연 장본인이자 한국의 대표적인 펀드매니저. 그런 그도 매일 주문처럼 되뇌이는 건 '기본'이었다.

강 부사장은 여의도에서 '멜빵선생'으로 통한다. 멜빵을 멘 지도 벌

'어리석은 사람은 체험을
통해 배우고, 현명한 사람은
역사를 통해 배운다.'
이 문구는 그의 집무실 내
화이트보드에도 문신처럼
새겨져 있다.

써 14년째다. 이제는 멀리서도 멜빵한 사람이 다가온다면 강 부사장이라고 생각하면 틀림없을 정도다. 기껏해야 튀는 넥타이로 포인트를 주는 여의도 증권맨들 사이에서는 '엣지 있는' 패션이다.

그는 마침 상반신을 요염하게 드러낸 여인네 그림의 커프스 버튼까지 하고 있었다. 쑥스러워하면서 시원하게 웃어보이는 그의 뒤로 세계지도가 보인다. 강 부사장의 단골 배경 그림이다. 차림새답게 독특한 남다른 혜안(慧眼)을 기대했다. 하지만 그는 '역사'와 '기본'을 신앙으로 삼는 펀드매니저였다.

"시장의 역사에 대해 간과하는 사람들이 꼭 하는 말이 있습니다. '이번에는 다르다'라는 거예요. 2007년에는 '이번 상승장은 꺾이지 않을 것이다. 기존의 상승장과는 다르다'였죠. 2008년 금융위기 때에는 어땠습니까? '이번 하락세는 심상치 않다. 쉽게 오르지 못한다'였지요. 하락장에서는 필요 이상으로 공포에 휩싸이고, 상승장에서는 필요 이상으로 탐욕에 휩싸입니다. 이걸 알면서도 지나쳤던 겁니다."

▌히트 펀드 '바이코리아펀드'를 떠나다

▌1991년 한국투자신탁에서 직장생활을 시작한 강 부사장은 1996년 동방페레그린증권으로 자리를 옮겨 주식운용본부장을 지냈다. 이후 현대투신에서 1999년 바이코리아펀드를 만나면서 그의 인생도 달라졌다.

바이코리아펀드는 선풍적인 인기를 끌며 투자자들을 끌어모으기 시작했다. 운용만 하던 그는 어느새 스타매니저 반열에 올라서게 됐다.

그가 지금과 같은 운용방식과 철학을 갖추기 시작한 시기는 동방페레그린 시절이었다. 1996년 회사 차원에서 3~4개월의 미국 뉴욕 연수 기회가 있었다. 강 부사장은 월스트리트의 펀드매니저 생활을 간접적으로 경험하게 됐다.

"워런 버핏이나, 존 템플턴처럼 성공적인 투자자들은 결국엔 성인(聖人)이 되는 것 같아요. 처음에는 기업을 단순하게 분석하는데 그칠지 몰라도 나중에는 사회, 인간 등을 두루두루 이해하고 통찰력을 갖게 된다고 봅니다. 저도 그런 이해력과 통찰력을 갖춰야겠다고 결심했습니다."

강 부사장은 개별 기업가치를 기본으로 삼아 투자하는 방식을 고수했다. 잦은 매매보다는 리서치에 바탕을 둔 보텀업 투자전략을 펼쳤다. 기업탐방도 적극적으로 나섰다.

그렇지만 이미 매머드급이 된 바이코리아펀드는 기업의 가치를 사기

보다는 시장을 사는 수준이었다. 유가증권 시장에서 15개 이상의 종목을 묶어 동시에 매매하는 이른바 '바스켓' 거래를 했다.

강 부사장은 '제대로 된 펀드운용을 하고 싶다'는 소신에 따라 2000년 3월 10일 1년여의 꿀맛같은 바이코리아 펀드매니저 생활을 정리했다. 그날은 바로 공교롭게도 코스닥 지수가 2,834.40선으로 최고치를 찍은(상투를 잡은) 날이었다.

"바이코리아는 저의 베스트펀드이자 워스트펀드입니다. 1999년 3월 성장형펀드인 '바이코리아 나폴레옹'을 만들어 1년 넘게 운용했지요. 4월부터 돈이 들어오는데 무서운 기세였습니다. 아침에 출근해서 하는 일은 '돈이 얼마나 들어왔나' 확인하는 것이었죠. 그렇지만 펀드설정액이 커지다보니 장중 주문은 거의 못했습니다. 9시 이전에 주문을 모두 내놓곤 했지요."

그렇게 그가 옮긴 곳은 '쌍용템플턴투신운용'이었다. 제대로 된 펀드운용을 꿈꿨지만 그 또한 쉽지 않았다. 쌍용의 지분이 외국계로 넘어가면서 회사는 '프랭클린템플턴투신운용'과 '굿모닝투신운용'(쌍용이 굿모닝증권으로 이름을 바꾸어 차린 운용회사)으로 나뉘게 됐다. 강 부사장은 2001년 굿모닝투신운용의 초대 대표이사를 맡았다.

이게 끝이 아니었다. 굿모닝투신운용은 2002년 10월 영국계 금융회사인 PCA에 팔리면서 'PCA투신운용'이 됐다. 그는 PCA 투자신탁운용에서 전무로 지내면서 'PCA업종일등', 'PCA베스트그로쓰' 등 국내 주식형펀드를 잇따라 만들어냈다. PCA생명보험의 일임 자금까지 굴리면서 펀드운용 규모를 크게 불렸다.

"제대로 된 펀드 운용을 해보겠다고 현대투신을 그만두고 자리를 옮겼는데 그 회사가 기업 인수합병(M&A)의 소용돌이에 휘말리게 돼서 제대로 운용을 할 수 없었습니다. 자식같은 펀드를 내놓고 제대로 운용하기 시작한 것은 PCA투신운용 때부터라고 볼 수 있습니다."

한국 운용 신생펀드들, 수익률 상위권 '승승장구'

펀드운용의 참맛을 느끼기 시작할 시기에 '친정'으로부터 호출이 왔다. 2005년 한국투자증권이 동원금융지주에 인수합병되면서 그는 한국투자신탁운용 부사장으로 자리를 옮기게 됐다.

"말만 '한투'일 뿐이었지요. 제대로 된 펀드운용이나 철학도 미진했습니다. 그때부터 내부 정비에 들어가면서 기존의 펀드들도 성과를 내기 시작했고, 신생펀드들도 내놓기 시작했습니다."

그해 12월 20일 '한국투자 네비게이터 주식형펀드'가 나왔고 이듬해에는 '한국투자 한국의 힘 주식형펀드'도 설정됐다. 기존에 이름만 있었던 '한국투자 삼성그룹적립식펀드'는 운용원칙과 시스템 등의 재정비 과정을 거쳤다. 강 부사장이 산통(産痛)을 겪으면서 만들어낸 펀드들의 성적은 최근까지 수익률 상위권을 유지하고 있다.

펀드평가사 제로인에 따르면 2010년 2월 말 기준 '네비게이터주식형펀드'는 설정 이후의 수익률이 59.27%에 달했다. 지난 3년 간의 수익률은 55.81%로 국내 주식형펀드에서 상위 5% 안에 포함됐다. 최근 1년 간의 수익률도 65.62% 기록적이다.

'한국의 힘 주식형펀드'는 설정 이후 수익률이 48.40%다. 최근 1년 간 수익률은 75.75%다. 6개월 수익률은 5.60%로 같은 기간 국내 주식형펀드의 평균수익률(-2.81%)을 웃돌고 있다.

앞선 투자가 비법

강 부사장이 말하는 투자 비결은 철저히 기본에 충실하고 남들보다 한발 앞선 투자를 하는 것이다.

기본에 충실하다는 것은 기업분석에 근간을 두라는 얘기다. 매일 아침 7시 30분. 강 부사장은 10명가량의 펀드매니저들과 회의를 한다. 이 시간에 시장 얘기는 금물이다. 철저히 기업과 종목에 대한 이야기만 한다.

펀드매니저들은 기업방문도 하루 일과에서 소화해야 한다. 하루에 1~2번, 일주일에는 10번의 회사 미팅 일정을 가져야 한다. 최근 영업환경, 실적에 대한 구체적인 내용 등을 중심으로 꼼꼼히 살피고 분석해서 다음날 미팅 자료로 활용한다.

"리서치에 바탕을 둡니다. 보텀업, 그리고 팀운용 체제입니다. 보텀업이 확률이 떨어진다고 보는 사람도 있죠. 하지만 2009년 LG화학을 보세요. 화학업종은 전반적으로 부진했지만 LG화학만은 주가가 좋았죠? 이는 기업을 들여다보지 않고서는 투자할 수 없는 겁니다."

그는 펀드매니저에 대한 생각도 거침없이 쏟아냈다.

"아무리 뛰어난 펀드매니저도 독단에 빠질 수 있어요. 펀드운용이 펀드매니저 1~2명의 선택에만 의지했다가 그 매니저가 그만두기라도 하면 어쩝니까? 팀운용 체제가 정답입니다. 물론 펀드의 스타일과 펀드매니저의 스타일을 맞춰야죠. 펀드투자자들에게 꾸준한 스타일과 흔들리지 않는 투자철학을 보여줘야 합니다. 원칙과 신뢰가 바탕이 되어야만

수명이 늘면서 노령인구가
증가하고 있고 이는 곧 고객도
오랫동안 투자한다는 의미죠.
나이든 사람의 지혜가 필요하고
중요해질 겁니다.

꾸준한 성과도 보장할 수 있어요."

　남들보다 한발 앞선 투자도 이 같은 보텀업 전략에서 나왔다. 강 부사장은 2009년 9월 IT(정보기술)와 자동차 종목들의 3분기 기대실적이 주가에 이미 반영됐다고 판단한 후 비중을 축소하기 시작했다. 동시에 내수종목들을 꾸준히 사모았다. 이 같은 판단은 최근 IT와 자동차의 부진에도 수익률을 유지시켜주는 원동력이 됐다.

　강 부사장은 지금과 같은 조정장세에 어떤 투자를 하고 있을까?

　"앞으로 더블딥이나 주가급락은 없을 겁니다. 왜냐하면 경제의 기초체력인 펀더멘털이 예전보다 강해졌기 때문입니다. 기업들도 불황에 훈련이 잘 되어 있고 투자자들도 마찬가지입니다. 물론 시장에는 다운사이드 리스크(하락할 염려)가 있어요. 하지만 올해 상승장에서는 버블(거품)이 없는 편이었고, 일반투자자들도 쉽사리 '흥분' 하지 않을 것으로 봅니다. 이 같은 긍정적인 면으로 볼 때 급락은 없을 겁니다."

　지루한 조정장세만을 보이고 있는데 주식급락은 없단다. 그렇다면 지금이라도 투자에 새로 뛰어들어도 되는 시기냐고 되물었다.

"아쉽게도 지금은 맘 편히 주식을 살 시기는 아닌 것 같아요. 또 주가 수준이 낮다고 무턱대고 사면 안됩니다. 다시 말해 밸류에이션 투자는 무리입니다. 그래도 주식투자를 하려면 △상반기의 실적이 현재 주가 수준보다 훨씬 더 높을 것으로 예상되는 종목 또 △주가가 더 빠져서 기업의 가치를 밑돈다고 판단되는 종목 등에 투자하세요."

20년차인 그가 언제까지 펀드운용을 할지 궁금했다. "수명이 늘면서 노령인구가 증가하고 있고 이는 곧 고객도 오랫동안 투자한다는 의미 죠. 사회가 변화무쌍할수록 나이든 사람의 지혜가 필요하고 중요해질 겁니다. 언제까지라니요? 그만두랄 때까지 하고 싶죠."

치열한 운용의 전쟁터를 뒤로 하고 유유자적(悠悠自適)을 바라기보다 는 끝까지 현역을 꿈꾸는 강신우 부사장. 그에게는 펀드매니저가 천직 이었다.

| 표 2-2 | 한국투자신탁운용 주요 펀드

기준일 : 2010.3.2 | 단위 : 억 원, %

펀드명	설정일	설정액	6개월	1년	3년
한국투자한국의힘증권투자신탁 1(주식)	20060324	1,065	5.60	75.75	36.94
한국투자삼성그룹적립식증권투자신탁 2(주식)(A)	20071017	5,219	-1.59	65.70	
한국투자네비게이터증권투자신탁 1(주식)(A)	20051220	12,396	0.56	65.62	55.81
한국투자삼성그룹증권투자신탁 1(주식)(C)	20040706	1,908	-1.60	65.22	58.77
한국투자삼성그룹적립식증권투자신탁 1(주식)(A)	20041101	25,865	-1.99	65.04	56.32
한국투자골드적립식삼성그룹증권투자신탁 1(주식)(C)	20040720	1,992	-1.89	64.56	55.88
한국삼성그룹리딩플러스증권투자신탁 1(주식)(C)	20061013	2,616	3.21	63.00	42.85
한국투자삼성그룹증권투자신탁 1(주식)(A)	20060424	1,561	-1.37	62.47	60.31
한국투자골드플랜연금증권전환형투자신탁 1(주식)	20010131	1,900	-1.10	62.41	12.59
한국투자차이나베트남증권투자신탁 1(주식)(A)	20070125	1,214	-3.96	42.27	-20.21
개인연금주식 3	19940823	1,201	2.68	27.90	19.67
한국투자삼성그룹증권투자신탁 1(채권혼합)(C)	20060221	1,317	0.88	18.83	29.53
한국투자베트남적립식증권투자신탁 1(주식혼합)	20061121	4,229	-10.67	39.92	-50.45
한국월드와이드베트남혼합 2	20061130	1,242	-10.24	25.27	-49.23

설정액 1,000억 원 이상

한국투자신탁 출신 펀드매니저

강신우 한국투신운용 부사장은 대표적인 한국투자신탁(이후 '한투') 출신 펀드매니저다. 지금은 모두 사라졌지만 3투신(한국투자신탁, 대한투자신탁, 국민투자신탁)은 펀드매니저의 산실로 꼽힌다. 이중 한투출신은 자산운용사 사장과 임원을 상당수 배출했다.

사장으로는 박종규 현대인베스트먼트자산운용 사장을 비롯해 김석규 GS자산운용 사장, 이용재 한국투자밸류자산운용 사장, 장동헌 얼라이언스번스타인 사장, 권남학 K1 투자자문 사장 등이 한투 펀드매니저 출신이다.

임원급까지 올라간 경우도 많다. 강신우 한국투신우용 부사장, 김영일 한국투신운용 주식운용본부장, 오성식 프랭클린템플턴투신운용 주식운용본부장, 김기봉 유진자산운용 자산운용본부장, 이형복 동양투신운용 주식운용총괄, 류재천 현대인베스트먼트 자산운용본부장 등이다.

한투 출신은 연기금에서도 활약중이다. 이윤규 사학연금관리공단 자금운용관리단장이 대표적이다. 이 단장은 한투에서 말단 사원부터 시작했다. 애널리스트와 펀드매니저 지점장 등을 거쳐 2001년엔 최고투자책임자(CIO)격인 주식운용본부장까지 지냈다. 당시 한국투신운용은 국내 운용사 중 처음으로 최고투자책임자 체제를 갖췄으므로 이 단장이 국내 CIO 1호인 셈이다.

펀드매니저는 아니더라도 한투출신은 자산운용사의 주요 포스트에서 자리를 차지하고 있다. 최병노 유리자산운용 상무(대안투자), 배수홍 유리자산운용 상무(마케팅), 조동혁 블랙록자산운용 상무(포트폴리오 매니저), 김승길 미래에셋자산운용 상무(상품 개발) 등이 다양한 분야에서 자리를 잡고 있다.

한투의 스타펀드매니저 1호는 박종규 현대인베스트먼트 사장이다. 그는 한투의 활약 비결을 '도전'으로 꼽았다. 1990년대 초 한투는 회사존립까지 위협받는 상황이었다. 하지만 당시 주식운용역들은 펀드를 제대로 운용해보자는 마음을 모으고 있었다. 박 사장은 "그 때에는 펀드매니저라는 이름보다는 '운용역'으로 불렸습니다. 이들을 중심으로 펀드를 운용하는 데 다양한 시도를 했습니다. 5개 팀을 조직했는데 하위 20%는 탈락시키거나 업무배치를 다시 했습니다. 이런 방식으로 인력들을 재배치하면서 팀을 꾸렸습니다."

그와 그의 팀이 당시에 시도한 투자종목 분석방법은 PER(주가수익비율), PBR(주가순자산비율)이다. 1993년 낮은 PER 주식과 낮은 PBR 주식을 매수해 큰 수익률을 올렸다. 자금은 운용한 지 한 달여 만에 목표수익률인 20%를 달성하면서 승승장구했다.

한투는 1994년에 팀내에서 정부제(定副制)를 도입했다. 사수와 부사수로 체계를 나누어 운용을 결정하는 방식이었다. 이후에도 매니저가 개별로 펀드를 운용하면서 펀드에 자신의 이름을 내건 방식이나, 펀드의 성격에 따라 팀을 나누는 일명 '피델리티 마젤란펀드' 방식 등도 시도했다.

새로운 시도와 형식을 도전하면서 한투 운용팀들은 펀드의 성과를 최적화하는 데 끊임없이 노력했다. 비록 한투는 3투신과 함께 역사 속으로 사라졌지만 그들이 시도한 끝에 맺은 결실과 노하우들은 지금도 각 운용사 펀드에 적용되고 있다.

04 펀드매니저의 투자비밀
김석규

NHN 대박의 주인공
베스트 펀드매니저 **김석규**

김석규 | 1960년 대구 출생 | 서울대학교 국제경제학과 | 前 한국투자신탁 펀드매니저, 리젠트자산운용 상무이사, B&F투자자문 대표, 교보투신운용 대표이사 사장 | 現 GS자산운용 대표이사 사장

“
철저한 탐방을 바탕으로
장기적인 기업가치를 찾아라
”

"NHN의 모든 가능성을 반영해 최고 주가 전망치를 산정해보게."

2002년 한 투자자문사 대표를 맡고 있던 김석규 GS자산운용 사장은 상장을 앞둔 NHN의 분석리포트를 접하고, 연구원에게 이 같은 지시를 내렸다.

김 사장은 1990년대 말 기술주 버블 당시 시장에서 기대했던 인터넷 산업의 경제적 호황이 실현되는 시점이 도래했다고 판단했다.

당시에는 돈을 내고 인터넷 콘텐츠 서비스를 이용한다는 게 낯설던 시절이었다. 그러나 김 사장은 즐겨 찾던 바둑 홈페이지가 유료화를 선언한 후 이용자들의 대다수가 주머니를 열었다는 점에 주목했다. 직장을 다니던 아내는 인터넷쇼핑으로 장을 보기 시작했다. 이제 때가 왔다고 생각했다.

2002년 10월 29일 상장한 NHN은 첫날 공모가 2만 2,000원의 두 배인 4만 4,000원으로 시초가를 형성했다. 그는 NHN의 주가 전망에 대해 호언장담하며 물량을 담기 시작했다.

일부 증권사 애널리스트들은 기관들이 가지고 있는 NHN 보호예수 물량이 나오면서 조정받을 것을 우려해 좀더 기다렸다가 사도 늦지 않다고 조언했다.

그러나 그의 믿음은 확고했다. 당시 본인을 'NHN 전도사'라고 회고했을 만큼 주변에 추천하고 다니기도 했다.

이 같은 확신을 갖고 김 사장은 당시 운용하던 국민연금 자금 운용 펀드에서 NHN의 비중을 10%대까지 끌어올렸다. 무리한 도전으로 비춰졌지만, 결과는 '대박'이었다.

이후 NHN 주가는 잠시 주춤하며 3만 5,000원대까지 떨어졌지만 머지않아 다시 상승 탄력을 받기 시작했다. 2003년 7월에는 장중 21만 원을 넘어서는 기염을 토하기도 했다.

"NHN을 포함한 펀드 포트폴리오 구성 이후 얼마 지나지 않아 주식 운용에서 손을 뗐습니다. 그러나 이후 해당 펀드는 10만 원대에서 NHN 보유 물량을 처분했던 것으로 기억합니다. 덕분에 당시 국민연금 자금 운용 펀드 중 최고의 수익률을 낼 수 있었죠."

GS그룹 싱크탱크로

김 사장은 1988년 한국투자신탁을 통해 증권투신업계에 발을 들였다. 첫 시작은 조사부였고, 생각지 못했던 회사 발령으로 인해 1992년부터 펀드매니저를 맡게 됐다.

펀드매니저를 시작한 지 한 해만에 한국투신운용 최우수 펀드매니저로 선정됐고, 그 이후로도 같은 영예를 두 번이나 안으며 대표 펀드매니저로 이름을 날렸다.

운용을 맡았던 외국인 전용 수익증권인 SIT(Seoul International Trust) 펀드는 1999년 미국 펀드평가회사인 리퍼사로부터 최우수 펀드로 선정되기도 했다.

이후 B&F투자자문과 교보투신운용 사장을 거쳐 현재는 2008년 7월

신설된 GS자산운용을 이끌고 있다.

트랙레코드(과거 운용성과 기록)·인지도 부족 등 신생사의 어려움이 있지만 '안정적인 장기투자'의 투자철학 구현, GS그룹의 지원 등으로 이겨나가겠다는 포부다. 또한 수탁고 증가 등에 힘입어 2010사업연도에는 GS자산운용이 흑자로 돌아설 수 있을 것이라고 김 사장은 예상했다.

"2009년 3월 2,000억 원에 불과했던 수탁고가 예상보다 빨리 늘면서 2009년 12월 1조 2,000억 원을 돌파했습니다. 이는 당초 설정한 2010년 3월 말 목표치 1조 500억 원을 웃도는 수치로, 2010사업연도에는 적자에서 흑자로 전환할 전망입니다."

앞으로는 건설과 에너지 분야 등 GS그룹의 해외 프로젝트 등과 연계한 AI(대안투자) 펀드를 통해 시너지효과를 창출할 수 있을 것으로 기대하고 있다. 장기적으로는 GS그룹의 싱크탱크(think-tank) 역할을 한다는 비전도 제시했다.

"현재(2010년 2월 말 기준)는 주식·채권형 펀드만 운용할 수 있는 단종 자산운용사로 라이선스를 받아 전통 증권형 상품에 주력하고 있지만 2010년에는 종합자산운용사 라이선스를 받을 수 있을 것으로 기대하고 있습니다. 이후 AI 부문을 확대, GS그룹의 프로젝트와 연계한 상품을 본격적으로 내놓을 계획입니다. GS자산운용이 GS그룹의 금융 부문 솔루션을 제공하고 앞으로 그룹의 싱크탱크 역할을 맡을 수 있을 것으로 보고 있습니다."

장기 관점에서 상향식 80%＋하향식 20% 전략

"'장기적인 관점을 갖고 보자' 가 제 투자철학의 기본입니다"
투자철학에 대해 묻자 김 사장은 '장기투자' 를 들었다. 김 사장의 장기투자 포인트는 투자기간이 아닌 기업을 바라보는 시각에 초점을 맞춰야 한다는 것.

기업을 유기체로 봤을 때 장기적인 수익창출력을 파악, 투자에 임해야 한다는 설명이다.

"장기 관점에서 기업을 분석하면 현재 경기 상황 등의 논리에 급급하지 않고 투자할 수 있다는 장점이 있습니다. 기업 자산의 어닝 창출 능력이 어느 정도인지에 초점을 맞추면 기업의 영속성에 보다 주목할 수 있습니다. 그러면 큰 버블 혹은 혼란에도 휩쓸리지 않을 수 있는 힘이 생깁니다. 좋은 기업을 골라 투자하는 게 중요하지만, 악재 등으로 인해 주가가 떨어졌는데 그 하락 폭이 내재가치보다 지나치게 클 경우도 좋은 투자기회가 될 수 있습니다."

김 사장은 과거 펀드 운용 시 상향식(bottom up) 분석에 80, 하향식(top down) 분석에 20 수준의 가중치를 부여했다고 설명했다. 현장에서의 변화가 정부기관의 조사를 거쳐 경제지표로 발표되기까지는 시차가 발생하기 때문에 경기 변화 등 타이밍 포착의 경우 상향식 분석이 더 유리할 수 있다는 주장이다.

"예를 들면 지난주 백화점의 매출 변화는 정부의 소매매출 관련 지표보다 빠를 수밖에 없습니다. 경제지표는 집계까지 시간이 필요하기 때문입니다. 펀드매니저 피터 린치가 생활 속에서 투자 모티브를 찾으라고 조언한 것도 일부분 이와 같은 맥락입니다. 저는 미국 대형 투자회

장기 관점에서 기업을
분석하면 현재 경기 상황
등의 논리에 급급하지 않고
투자할 수 있다는 장점이
있습니다.

사인 캐피털그룹의 '마이크로를 통해 매크로를 파악한다' 는 논리에 동
의해 상향식 분석에 보다 가중치를 둡니다."

또한 그는 거시경제 지표들이 투자 시 어떤 역할을 하는지 정확히 파
악할 필요가 있다고 조언했다.

"만일 절대적으로 적용되는 거시지표 혹은 지표들의 조합이 있었다
면 주식투자자들이 이 조합을 이용해 항상 성공했어야 합니다. 그러나
증시의 선행성, 세상의 복잡성으로 인해 결국 상황에 따라 다른 결과가
나오게 됩니다."

이어 김 사장은 "거시지표가 선제적으로 알려주는 역할은 투자자들
의 기대보다 제한적일 수 있다"면서도 "지표를 통해 초기 경기흐름의

진정성을 확인할 수 있고, 시장의 구조적인 흐름의 내용과 의미 등에 대해 보다 잘 파악할 수 있게 돕는 역할을 한다"고 설명했다.

좋은 종목을 찾기 위한 비결 중 하나로 김 사장은 '정성스런 탐방'을 꼽았다. 사전 준비를 철저히 해 탐방 시 회사 임원 등과의 시간을 알차게 보낼 수 있어야 한다는 지론이다.

"적어도 회사의 과거 10년간 사업보고서·재무제표를 파악한 상태에서 탐방을 진행해 시간을 낭비하지 말아야 합니다. 실적 흐름에서 비정상적인 부분을 지적하고 담당자에게 원인을 물어 앞으로의 전망 및 전략에 반영해야 합니다. 저는 항상 탐방 소요 시간의 10배 정도의 준비시간을 가졌습니다."

중국 내수 수혜주 관심

증권업계에서 20여년 동안 기술주 버블, IMF 등 풍파를 겪은 김 사장이 관측하는 2010년 한국 증시 전망은 어떨까.

김 사장은 수급 요인과 모건스탠리캐피털인터내셔널(MSCI) 선진국 지수 편입 가능성 등을 들어 비교적 긍정적이라는 대답을 내놓았다.

2005년부터 2009년까지 외국인들이 한국 주식을 대거 순매도했다는 점에 비춰 외국인들이 아직 더 사들일 수 있는 여력이 남아 있다는 분석이다.

"외국인들은 2005년부터 2007년까지 신흥시장 주식을 사들이는 가운데서도 한국 주식은 내다팔았고, 2008년의 경우 신흥시장 주식을 순매도했습니다. 이에 따라 외국인 입장에서는 한국 주식이 과매도된 상태입니다. 반면 국내 투자자들의 경우 주식을 과매수한 상태로 이를 정리하는 중입니다."

한국거래소에 따르면 2005년부터 2008년까지 외국인들은 한국 주식시장에 대해 72조 914억 원의 매도 우위를 나타냈다. 2009년에는 32조 1,971억 원어치 주식을 순매수했다.

김 사장은 세계 경제의 성장엔진인 중국의 덕을 볼 수 있다는 점이 한국 주식시장의 장기적인 전망에 힘이 되고 있다고 설명했다.

"장기적인 시각에서 경제 패권이 미국에서 중국으로 돌아오고 있습니다. 한국은 중국과 사업 연관성이 높고 지리적으로도 가까워 중국이 패권을 차지했을 때 수혜를 입을 수 있을 전망입니다."

이에 따라 중국 관련주들에 지속적으로 관심을 가질 필요가 있다는 조언이다. 특히 중국 내수시장 성장에 주목하라고 강조했다.

"중국 수혜주들이 인프라 투자 관련 종목들을 중심으로 몇년 간 상승했지만 이제는 중국 소비와 관련된 종목에 관심을 기울일 필요가 있습니다. 예를 들면 자동차 수요가 늘어나면서 관련 업종에서 긍정적인 효과가 나타날 것입니다. 다만 수혜 업종에 대해 단편적으로 파악하기보다는 다양한 측면에서의 탐구를 통해 중국 소비시장 확대 수혜주를 찾아내야 합니다."

개인투자자들의 경우 너무 조급한 시각으로 투자하는 것은 지양해야 한다고 충고한다.

"2010년의 경우 2009년과 같이 큰 수익을 얻는 기회가 오기는 힘들 전망입니다. 만일 목표 투자기간에 대한 비전이 명확하게 보이지 않는다면 적립식펀드를 통해 주식시장에 참여하는 게 대안이 될 수 있습니다."

05. 펀드매니저의 투자비밀

워런 버핏

살아있는 펀드의 전설
오마하의 현인 **워런 버핏**

사진 : 포스코 제공

워런 버핏 | 1930년 미국 네브라스카 주 오마하 출생 | 네브라스카대학교 경제학과, 컬럼비아대학교 경영대학원 | 前 뎀스터 밀 회장 | 現 버크셔해서웨이 회장

> **"**
> 나쁜 뉴스는 투자자들에게
> 최고의 친구다
> **"**

"미국 경제는 번성할 것이다. 이번 투자는 미국 경제의 미래에 대해 올인한 것(an all-in wager on the economic future of the United States)이며, 나는 이 도박에 대해 매우 만족한다."

2009년 11월 3일 글로벌 증시가 발칵 뒤집혔다. 워런 버핏의 버크셔 해서웨이가 미국 철도회사인 '벌링턴 노던 샌터페이(BNSF)'를 부채를 포함해 440억 달러에 인수한다고 밝힌 것이다. 버핏의 투자 사상 가장 큰 금액이다.

이른바 '버핏 효과'는 막강했다. 발표 이후 BNSF 주가는 당일 30%가 급등했고, 다른 철도·운송업체들도 덩달아 상승세를 탔다. 국내 증시에서도 철도주로 꼽히는 종목들이 줄 상한가를 기록하며 버핏의 영향력을 반영했다. 사양산업이라고 생각되던 철도산업에 버핏이 버크셔 해서웨이 인수·합병 역사상 최대 투자를 한 것에 대해 격론이 오고갔다. '역시 버핏'이라며 그의 현안에 감탄하는 목소리도 있었고, 무모한 도박이라며 실패를 점치는 의견도 있었다. 하지만 얼핏 파격적이라고 생각되는 BNSF 투자에도 버핏은 사실 자신만의 투자 원칙을 철저히 지켰다. 장기적으로 판단할 것, 기술주보다는 전통주에 투자할 것, 불황을 이용할 것, 시장지배적인 기업에 투자할 것 등이다.

펀드매니저를 논하면서 워런 버핏을 빼놓을 수 없다. '오마하의 현인(Oracle of Omaha)'이라고 불리는 버핏은 이미 그 이름 자체로 가치투자의 대명사가 되었으며, 금융계의 '가장 뛰어난 브랜드'라고도 불리고 있다. 버핏의 'B' 자만 나와도 관련 종목 주가가 상한가를 칠 정도로 증시에는 압도적인 영향력을 발휘하고 있다. 버핏이 미국 쓰레기처리 관련주를 매수했다는 뉴스 하나에 전혀 관계 없는 국내의 쓰레기폐기업체들의 주가가 상한가를 칠 정도다.

그의 재산은 약 370억 달러(2009년 말 기준)로 빌 게이츠에 이어 세계에서 재산이 두 번째로 많은 사람으로 꼽힌다. 2008년에는 빌 게이츠를 제치고 1위를 차지하기도 했었다. 하지만 단순히 재산이 많기 때문에 그가 금융 역사상 전무후무한 존재로 존경받는 것은 아니다. 투자에 대한 확고한 철학, 수학적으로 뛰어난 두뇌, 다양한 주제에 대한 해박한 지식, 미래에 대한 통찰력 등 45년 이상 동안 그의 성공을 뒷받침한 능력은 버핏을 단순한 주식투자자에서 '현인'의 반열에 올려놓았다.

절대로 손해보지 마라

뉴욕 대공황 시기인 1930년에 태어난 워런 버핏은 어릴 때 아버지 하워드 버핏의 투자회사에서 잡일을 도우면서 주식을 자연스럽게 접하게 됐다. 주식뿐만 아니라 경영 전반에 폭넓은 관심을 보인 버핏은 10대에 이미 경마시스템을 개발하거나 게임기 대여사업을 하거나 중고차를 임대하는 사업 등을 하면서 사업에 탁월한 능력을 보였다.

버핏의 투자 인생을 결정적으로 바꾼 것은 바로 컬럼비아 경영대학원에서 가치투자의 창시자인 벤저민 그레이엄을 만난 것이다. 버핏은 그레이엄의 가장 뛰어난 제자였으며, 둘은 종종 활발하게 논쟁을 벌이곤 했다. 버핏은 그동안 차트와 타이밍에 근거한 기술적 분석에 집중해

왔지만, 그레이엄과의 만남은 그에게 '가치투자'라는 새로운 세계에 눈을 뜨게 했다. 그레이엄은 '회사의 내재가치에 비해 저평가된 주식에 투자한다'는 가치투자의 정석을 버핏에게 전수했다.

"절대로 손해보지 말 것과 절대로 손해보지 말아야 한다는 원칙을 절대로 잊지 말 것"이 바로 그레이엄이 물려준 중요한 투자원칙이다.

《위대한 기업에 투자하라》라는 명저를 저술한 필립 피셔는 이에 더해 버핏에게 가치 +α에 투자하는 법을 전수했다. 버핏은 피셔의 투자이론에 따라 단순히 내재가치로 기업을 판단하는 것이 아니라 질적으로 우수한 기업이라면 비싼 가격이라도 매수하는 법을 배웠다.

자산가치에 중점을 두는 그레이엄식 방식에 경영진의 능력 등 무형의 자산도 고려하는 피셔의 방식이 버핏의 기본 투자철학인 것이다.

위기? 지금은 주식을 사야 할 때

버핏은 1965년 섬유회사였던 버크셔 해서웨이를 인수해 세계에서 손꼽히는 투자회사로 키워냈다. 1965년부터 2008년까지 버크셔 해서웨이의 순자산가치가 마이너스를 기록한 것은 2001년과 2008년 단 두 차례뿐이다. 버핏의 투자 신화를 만들어낸 가장 큰 원동력은 바로 단기 주가에 연연해하지 않는 장기적 안목이다. 워런 버핏의 전 며느리인 메리 버핏은 "버핏은 최신 투자 경향에 관심이 없을 뿐 아니라 인기 있는 주식은 철저히 피한다"며 "심지어는 주가 차트를 보지도 않고 가격이 오르는 주식을 쫓아 사는 모멘텀 투자에 편승하지도 않는다"고 전했다. 오히려 그는 단기 악재로 인해 주가가 폭락할 때 싸게 사들인 후 시장

정준양 포스코 회장을 만난 버핏(포스코 제공)

워런 버핏은 포스코 지분 5.2%를 보유해(2009년 말 기준)
2009년 한해 동안 포스코로 1조 5,000억 원의 평가차익을 거뒀다.
버핏은 금융위기로 포스코가 급락했던 2008년 포스코 주식을 추가로 매수했다.

이 이성을 되찾은 뒤에 비싸게 판다.

2008년 미국발 금융위기가 전세계를 뒤덮었을 때도 버핏의 투자원칙은 변함이 없었다.

"나쁜 뉴스는 투자자들에게 최고의 친구다."

버핏은 최악의 금융위기 상황이 도래했던 2008년 9월 골드만삭스에 50억 달러를 투자했다. 리먼브라더스 등 미국의 대형 투자은행(IB)들이 줄줄이 무너지고 정부의 구제금융만을 기다리고 있던 상황이었다. 금융위기의 한가운데에서도 그는 패닉을 경계하며 "미국 주식을 사라. 나는 사고 있다(Buy American. I Am.)"라며 "지금이 주식을 살 수 있는 좋은 기회"라고 주장했다. 그의 주장은 허언이 아니었다. 투자은행들이 금융위기에서 회복하면서 버핏은 골드만삭스에 투자한 지 1년만에 65억 달러라는 평가차익을 챙겼다.

버핏이 무조건 '싼' 주식에만 투자하는 것은 아니다. 2008년 9월 버핏이 중국의 전기차업체인 BYD의 지분 10%를 인수했을 때 당시 BYD의 주가수익비율(PER)은 50배에 달했다. 하지만 버핏은 전기차 사업의 잠재력과 중국 정부의 지원 등 미래가치가 충분하다고 판단하고 과감하게 투자를 결정했다. 특히 버핏은 BYD가 미래 환경보호를 위해 필요한 핵심 기술을 갖고 있어 투자를 결정한 것으로 알려졌다. 그 후 BYD 주가는 1년 사이에 9배 가량 뛰었고, 버핏의 지분 가치도 10억 달러 이상 불어났다.

안전한 투자의 정석으로 여겨지는 분산투자를 버핏은 그다지 선호하지 않는다. "분산투자는 무지에 대한 보호책"이라고 말할 정도다. 투자종목이 많아질수록 회사의 성과를 일일이 확인하기 어렵고, 기대 이상의 수익률을 올리기도 힘들기 때문이다.

분산투자의 결과는 시장수익률 이상을 벗어나기 힘들며, 불확실성을 줄이기 위해서는 분산투자보다는 차라리 기업을 좀더 열심히 분석하는 것이 낫다는 판단이다. 기업을 제대로 알기 위해서는 재무제표 분석이 필수다. 버핏이 주식을 고르는 데 중요시하는 지표가 바로 ROE(자기자본이익률)다. ROE가 높을수록 자기자본에 비해 높은 이익을 올리는 기업이며, 이런 기업들만이 장기적으로 성장할 가능성이 있다는 판단이다. 버핏은 ROE가 높고 일관성을 유지하는 코카콜라, 질레트 등의 기업을 선호하며, 버핏이 투자한 기업들 대다수는 연평균 15% 이상의 ROE를 보인 것으로 나타났다.

수십 년 동안 주식시장에서 '현인'으로 존경받아온 워런 버핏을 단순한 펀드매니저라고 할 수는 없다. 하지만 그의 투자철학과 인생이야말로 수많은 펀드매니저들이 따르고 싶은 펀드매니저의 정도(正道)가 아닐까.

"다른 사람들이 탐욕을 부릴 때 두려워하고, 다른 사람들이 두려워할 때 탐욕을 부려야 한다"라는 버핏의 말은 수십 년 전이나 지금이나 똑같이 유효한 위대한 투자 원칙이다.

수익률 1만 4,820%의 마법
펀드운용의 해리포터 **앤서니 볼턴**

앤서니 볼턴 | 1950년생 영국 출생 | 영국 버킹엄스토우스쿨, 캠브리지대학교 공학 및 경영학 석사 | 前 카이저율만 투자애널리스트, 슐레징어인베스트먼트 매니지먼트서비스 펀드매니저, 피델리티인터내셔널 포트폴리오 매니저 | 現 피델리티인터내셔널 투자부문 대표(President)

> “
> 적어도 3년, 가능하면 5년
> 앞을 내다보고 투자하라
> ”

2001년 11월 영국의 통신기업 브리티시텔레콤 (BT)은 실적 악화를 이유로 무선 사업부문(MMO2)을 분리해 떼어냈다. MMO2 주식은 BT의 주주들에게 분배됐고 이들은 나눠받은 주식을 팔기 바빴다. MMO2는 작은 회사였기 때문에 대부분의 BT 주주들에게 적은 지분이 돌아갔고, 이들은 주식을 보유하고 있기보다는 파는 쪽을 택했다.

이렇게 시장에 나온 MMO2 주식 중 상당수를 한 펀드매니저가 쓸어 담았다. 오랜 경험과 수많은 시행착오를 통해 시류를 거슬러 투자할 수 있는 용기와 힘을 갖춘 인물이었다.

몇 년 후 MMO2는 스페인의 통신회사인 텔레포니카에 매각됐다. MMO2는 분사 이후 곧 경영 정상화를 이뤄냈고 매력적인 인수·합병 (M&A) 대상이 됐다. 물론 MMO2에 투자한 이 펀드매니저는 큰 차익을 남길 수 있었다. MMO2는 그의 펀드에서 몇 년간 가장 비중이 큰 종목 가운데 하나였다.

이 펀드매니저가 2008년 영국의 유력일간지 《더 타임스》가 선정한 역사상 최고의 투자자 10인 가운데 한 명인 앤서니 볼턴이다. 이 명단에는 워런 버핏, 벤자민 그레이엄, 존 템플턴, 필립 피셔 등 전설적인 투자자들이 이름을 올리고 있다.

볼턴은 2007년 말 펀드 운용에서 손을 떼기 전까지 30년 가까운 세월을 오롯이 피델리티의 펀드매니저로 지냈다. 그가 1979년 12월부터

28년 동안 맡아온 '피델리티 스페셜 시츄에이션펀드'는 그 이름처럼 수익률도 특별했다. 누적수익률은 무려 1만 4,820%에 이르렀고, 연평균 수익률은 19.5%에 달했다. 운용 기간 내내 시장수익률을 웃도는 놀라운 기록도 세웠다.

흔히 그를 피터 린치와 비교하곤 한다. 두 사람 모두 피델리티의 펀드매니저로 명성을 쌓았기 때문이다. 피터 린치는 1977년부터 1990년까지 13년 동안 피델리티 '마젤란펀드'를 운용하며 2,700%의 기록적인 수익률을 기록한 투자의 '귀재'이다.

하지만 볼턴과 달리 피터 린치는 운용 기간 내내 시장을 이기지는 못했다. 13년의 운용기간 중 두 해는 시장수익률을 밑돌았다. 볼턴을 피터 린치보다 높게 평가할 수 있는 대목이다.

M&A 대상이 될 만한 기업을 찾아라

볼턴은 가치투자자다. 시장에 비교적 덜 알려진 숨은 진주를 찾는 데 탁월하다. 이미 불붙기 시작한 주식은 그의 관심 밖이다. 바짝 마른 나뭇가지 더미처럼 작은 불씨에도 활활 타오를 수 있는 주식이 투자 대상이다. 그의 마법같은 수익률도 알고 보면 이 같은 투자의 연속에 따른 결과물이다.

될 성 싶은 주식을 고르는 일은 쉽지 않다. 기업의 재무상태를 분석하고, 역사적 주가 수준을 판단해야 하며, 산업 내에서 기업의 위치 또한 이해해야 한다. 여기에 경영진의 능력과 주주 간의 관계 등 겉으로 드러나지 않은 부분까지 알아야 한다. 볼턴은 이처럼 복잡한 일련의 과정을 간단하게 표현한다. 한마디로 "인수 대상이 될 만한 기업에 투자하라"는 것이다. 차익을 노린 사모펀드가 군침을 흘릴 만한 기업을 찾으라는 게 그의 조언이다.

"사모펀드가 M&A를 시도하는 것은 특정 기업의 재무적 매력을 크게 보기 때문이다. 다른 조건이 같다면 안정적이면서 예측 가능한 현금흐름이 있는 기업을 선호하라."

대체로 사모펀드에 매력적인 회사는 가치투자자들에게도 매력적이다. 따라서 가치투자의 잣대로 투자를 한다면 M&A 대상이 될 만한 기업을 미리 고르는 일이 불가능한 것만은 아니다. 여기에 대주주의 지분율까지 낮다면 금상첨화다. 지배주주가 없으면서 많은 잉여현금을 창출하는 기업은 특히 M&A 공격 대상이 되기 쉽다.

실제로 볼턴은 가치투자를 하면서 수차례 M&A 대상이 된 기업의 주식을 미리 보유할 수 있었다. 앞서 스페인의 통신사에 인수된 MMO2도 이러한 경우다. 여기에 경영진과의 소통도 성공하는 투자 비밀 가운데 하나다.

"MMO2가 BT에서 분사한 지 얼마 안 돼 MMO2의 최고경영자를 찾아 갔습니다. 몇 년 뒤 회사에 어떤 일이 일어날 것 같은지 물어봤어요. 그러자 그는 대형 통신회사 중 한 곳에 합병될 것으로 본다고 담담하게 대답했습니다."

▌경영진의 입을 통해 나오는 정보에 주목

볼턴은 전세계 투자정보를 수시로 받아본다. 피델리티의 자체 애널리스트는 물론 각 증권사, 투자정보 전문 업체 등으로부터 이메일, 음성메일, 전화 등 다양한 형태의 자료를 받는다. 그러나 가장 좋아하면서 높게 평가하는 정보는 회사 관계자나 경영진으로부터 직접 들은 애기다.

경영진과 접촉하기 이전에 그는 해당 기업에 대해 더 많이 알려고 노력한다. 미리 회사에 대해 알아둬야 시간 낭비를 줄일 수 있고, 좋은 질문을 할 수 있어서다. 볼턴은 무엇보다 주가 그래프를 살핀다. 3, 5, 10년 그래프를 보고 지금의 주가 수준이 역사적으로 어느 위치에 있는지 확인한다. 주가수익비율(PER), 주가순자산비율(PBR), 주가매출액비율(PSR), EV/EBITDA 등의 밸류에이션 지표도 중요한 정보다.

"가능하다면 20년 동안의 차트를 봐야 합니다. 적어도 업황이 한 번의 완전한 사이클을 그리는 동안의 주가 수준을 알아야 합니다. 10년 미만의 자료는 사실을 왜곡할 수도 있습니다."

회사의 주주 구성도 꼭 파악한다. 지분이 집중되어 있는지 분산되어 있는지 검토한다. 종종 좋은 기관투자자가 주요 주주로 참여하고 있을 때도 있다. 더욱 평가가 좋아지는 순간이다. 여기에 그동안의 실적 자료, 앞으로의 실적 전망 등도 참고한다. 기업 관련 정보는 되도록 원본 그대로를 보도록 노력한다. 증권사 등에서 가공한 요약본에 의존하지 않는 것이다.

경영진과 만남이 이뤄지면 볼턴은 논의할 의제를 직접 정하는 것을 좋아한다. 전략, 최근의 성과, 신규 사업 등은 물론이고 재무 관련 자료도 세밀하게 검토한다. 미리 자료를 보고, 혹은 설명 중 잘 모르는 내용이 있으면 이해할 때까지 질문한다. 뻔한 대답이 나올 만한 질문은 되

줄기나 가지를 보고 투자하는
사람이 점점 많아지고 있지만
나무나 숲을 보고 투자하는 게
훨씬 기회가 많습니다.
짧게는 몇 주, 혹은 몇 달을
내다보고 투자를 하다 보면
조급해지고 실패할 확률도
커집니다.

도록 삼간다. 어떻게 묻느냐에 따라 대답도 달라진다.

"경영진에게 '중국 사업은 잘 돌아가고 있느냐' 고 묻는다면 대답은 너무나 당연하게도 '그렇습니다' 가 됩니다. 대신 '중국에서 제조 부서를 운영하는 일이 당초 생각보다 어렵다고들 하더군요' 라고 말하면 당신은 보다 좋은 답변을 들을 수 있습니다."

그는 미팅의 마지막 몇 분을 경쟁사에 대해 얘기하는 것으로 마무리한다. 경영진이 예상과 다른 답변을 하면 그것은 중요한 정보로 간주된다. 대부분의 기업은 경쟁사에 대해 부정적인 답변을 늘어놓지만, 그 내용이 긍정적이라면 신뢰가 더욱 쌓인다.

리스크를 줄이려면 대차대조표를 보라

피터 린치는 "재무를 이해하지 않고 투자하는 행동이 가장 위험하다. 주식투자로 가장 큰 손실을 입는 경우는 대차대조표가 나쁜 기업에 투자했을 때"라고 했다. 볼턴도 이 말에 공감한다. 부실한 대차대조표를 보유한 기업에 투자했을 때 가장 결과가 안 좋았기 때문이다. 상당수 펀드매니저는 잘 나갈 주식을 고르는데 탁월하지만, 뛰어난 펀드매니저는 망할 만한 기업을 고르는 안목도 있다.

볼턴이 꼽은 최악의 투자 사례 중 하나는 영국의 소프트웨어 기업 아이소프트다. 이 회사는 작은 소프트웨어 회사로 시작했으나 이후 세계적인 IT(정보기술) 업체들과 계약을 하기도 했다. 볼턴은 장기적으로 대형 소프트웨어 업체에 아이소프트가 합병될 것으로 기대했다. 그러나 결국 악화된 대차대조표와 개발 프로그램의 지연 탓에 이 회사는 스스로 M&A 시장에 나왔다.

"부채 비중이 높은 기업에 투자하는 것은 빌린 돈으로 부채가 없는 기업을 사는 것과 다르지 않습니다. 상황이 안 좋게 되면 은행은 기업에 사업을 정리해서 돈을 갚으라고 압력을 넣을 것입니다. 궁지에 몰린 이런 매물은 투자자들과 기업이 원하는 가격 한참 아래에서 시세가 형성됩니다."

지금은 비관보다 낙관할 때

볼턴은 지수 전망이나 시장 예측을 자주 하지 않는다. 시장의 방향성을 아는 것은 대단히 어렵다고 보기 때문이다. 그러나 바닥과 꼭지를

| 그림 2-1 | 볼턴의 역사적 사이클 14단계

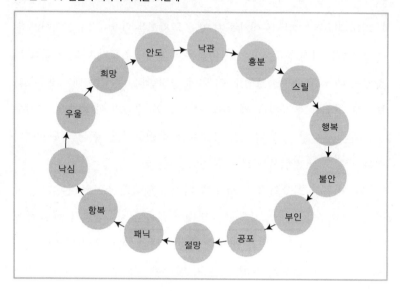

알 수 있는 몇 가지 신호들은 있다고 본다. 무엇보다 역사적 사이클이
시장의 흐름을 이해하는 데 중요한 지표라는 설명이다. 볼턴은 이 사이
클을 크게 14단계로 나눴다.

그렇다면 2009년 하반기는 이 단계 중에서 어디쯤에 있을까. 적어
도 우울 단계를 벗어나 희망과 안도 단계에는 들어섰다는 게 그의 진
단이다.

"2007년부터 2009년까지 미국 증시는 57%나 빠졌습니다. 대공황 시
기인 1929년부터 1932년 사이 86% 하락한 것을 제외하면 1900년 이후
지금까지 가장 큰 폭의 하락률을 기록했습니다. 또 하나 참조할 것은
미국 주식의 10년 단위 실질 수익률인데요, 1870년 이후부터 단 두 번
실질 수익률이 마이너스를 기록했습니다. 한 번은 1911년부터 1920년

사이이고, 또 한 번은 2001년부터 2009년까지입니다. 따라서 지금은 낙관할 때이지 비관할 때는 아닙니다."

시장 예측을 위한 또 하나의 지표로 그는 시장의 심리를 꼽았다. 시장 심리는 전문가들의 견해나 변동성, 뮤추얼펀드의 현금 보유 비중 등을 통해 알 수 있다.

"유럽 헤지펀드의 순 익스포져(노출액)가 2009년 2월 바닥을 찍고 상승하기 시작했습니다. 그러나 여전히 낮은 수준입니다. 미국 총시장가치 대비 머니마켓펀드(MMF) 자산 비율을 보면 2009년 4월 47%까지 상승했습니다. 2006년에는 이 비율이 12%였습니다. 상승장을 이끌 만한 자금이 시장에 있다는 얘깁니다. 걱정이나 두려움이 덜해지면 이 돈은 주식시장으로 흘러들어올 겁니다."

밸류에이션 측면에서 잉여현금흐름이나 지역별 잉여현금흐름 수익률을 봐도 시장은 저점을 찍었다는 진단이다.

볼턴은 마지막으로 개인투자자들이 적어도 3년, 가능하면 5년 앞을 내다보고 주식투자에 나서라고 조언했다. 적어도 3년 이내에 쓸 돈으로는 주식을 하지 말라는 얘기다.

"줄기나 가지를 보고 투자하는 사람이 점점 많아지고 있지만 나무나 숲을 보고 투자하는 게 훨씬 기회가 많습니다. 짧게는 몇 주 혹은 몇 달을 내다보고 투자를 하다 보면 조급해지고 실패할 확률도 커집니다."

벤자민 그레이엄

"투자란 철저한 분석 아래 원금의 안정성과 적절한 수익성을 보장하는 것이다."

"현명한 투자자들조차도 군중을 따라가지 않기 위해서는 상당한 의지가 필요하다."

"주가는 대부분의 경우 비이성적으로 과도하게 변동한다.

이는 대다수의 사람들이 갖고 있는 투기와 도박이라는 뿌리 깊은 성향에 기인한다."

"일반 투자자들이 시장전망을 통해 한번이라도 돈을 벌 수 있다고 생각하는 것은 터무니없는 생각이다."

| 제2장 |

떠오르는 스타 펀드매니저

The
Investment Secret
of Fund Manager

07. 펀드매니저의
투자비밀
황성택

수익률 상위 1% 펀드 대박의 비결
팀워크 운용의 달인 **황성택**

황성택 | 1966년 전북 익산 출생 | 서울대학교 경영학과 | 前 현대종합금융 선임운용역, 아이엠엠투자자문
주식운용이사 | 現 트러스톤자산운용 대표이사 사장, 기획재정부 국제금융국자문위원

"
한국을 믿고, 기업을 믿고
장기적으로 투자하세요
"

'상위 1%'라는 말이 언젠가부터 사회의 특별계층을 얘기하는 용어로 통하기 시작했다.

부(富)에 있어서의 상위 1%는 거액의 자산가를 일컫는 말이 됐다. 성적의 상위 1%는 서울대학교에 갈 만한 수준이라는 의미이며, 손님 중에 상위 1%는 상위층 고객(VIP)보다 한 수 위인 최상위층(VVIP)과도 같은 뜻으로 해석될 정도다.

그렇다면 수익률 상위 1%인 국내 주식형펀드는 어떤 특별한 펀드일까? 바로 트러스톤자산운용의 '칭기스칸주식형펀드'다.

2010년 3월 2일 기준 펀드평가사 제로인에 따르면 이 펀드의 18개월간 수익률(A클래스 기준)은 55.67%로 상위 1%를 기록하고 있다. 국내 주식형펀드의 평균수익률인 19.38%를 큰 폭으로 웃돌고 있다. 2008년 9월 2일부터의 수익률이다. 폭락장을 경험한 결과라고 하기에는 믿기지 않을 정도로 훌륭하다. 펀드 수탁고는 1,878억 원에 불과한 소규모 공모펀드지만, 높은 수익률로 순자산 규모는 2,270억 원에 달한다.

걸출한 성적을 내고 있는 트러스톤자산운용의 역사는 의외로 짧다. 2008년 6월에 설립됐으니 2년도 안 된 새내기 자산운용사다. 하지만 한번 더 들여다보면 내공이 깊은 회사임을 짐작할 수 있다. 트러스톤자산운용의 전신(前身)인 아이엠엠투자자문이 1998년에 설립됐으니 자문사까지 따지면 10년이 넘은 회사다. 자문사지만 위탁운용하고 있는 자산 규모만도 2조 원 이상이었다.

아주 특별한 수익률을 내고 있는 펀드를 이끌고 있는 주인공은 황성택 트러스톤자산운용 대표다. 그의 풍모는 자문사에서 잔뼈가 굵은 모습이 아니었다. 현란한 언변과 화려한 옷차림일 것이란 예상은 보기좋게 빗나갔다. 황 대표는 수줍음 많은 소년에 가까운 모습이었다. 황 대표는 트러스톤자산운용 지분 50%를 보유한 최대주주이자 대표이고 최고투자책임자(CIO)를 겸직하고 있다. 짧은 시간 동안 '자산운용사 설립'과 '우수한 펀드성과'라는 두 마리 토끼를 동시에 잡은 셈이다.

하나증권(현 하나대투증권) 빌딩 10층인 황 대표의 사무실에서는 여의도공원이 앞마당처럼 훤히 내려다보였다. 투자의 길도 사무실 전망처럼 꿰뚫고 있기에 상위 1% 펀드를 만들어낸 것이 아닐까? 1%의 사나이 황 대표에게 펀드의 투자비밀을 들어보았다.

믿음을 바탕으로 꾸준한 수익 추구

"돈은 많이 버는 게 아니라 어떻게 버느냐가 중요합니다. 저는 대표이자 CIO로서 감독일 뿐입니다. 펀드매니저, 애널리스트 등이 최고의 역량을 발휘하면서 뛸 수 있도록 팀을 꾸려가는 역할만 합니다."

기자가 높은 수익률의 비결을 묻자 황 대표는 '노하우'가 중요하다고 강조했다. 자신의 역할은 관리 감독에 지나지 않는다며 겸양의 자세를 보였다. 운동을 좋아한다는 황 대표는 펀드운용을 '축구'와 비교했다. 알렉스 퍼거슨 맨체스터 유나이티드 감독의 어록을 인용해 펀드운용을 설명했다.

"'팀보다 훌륭한 선수는 없다'는 말이 있습니다. 퍼거슨 감독이 한 말이죠. 저도 이 말에 전적으로 동의합니다. 명문 축구클럽들이 한두 명의 스타플레이어보다 팀워크나 색깔을 중요시합니다. 저 또한 펀드 운용에 있어서 팀워크와 색깔이 중요하다고 봅니다."

트러스톤만의 투자 스타일을 고집하고 유지하는 것이 전쟁터와 같은 자산운용 업계에서 승리의 비결이라는 얘기다. 이를 유지하도록 선수들을 관리하는 것이 황 대표의 몫이란다.

"트러스톤의 투자철학이자 스타일은 크게 3가지입니다. △믿음(trust)을 주면서 △느리게&꾸준하게(slow & steady) 운용하며 △장기적(longterm)인 판단에 근거를 두고 투자하는 겁니다. 회사명에도 있지만 운용사라면 투자자에게 믿음을 주는 것이 중요합니다. 믿음을 주려면 느리지만 꾸준한 성과를 내야 하겠죠. 이런 성과를 얻으려면 단기적인 성과에 급급하기보다는 장기적인 판단에 근거해 투자를 결정해야 합니다."

3가지 철학이 고리처럼 연결되어 있다. 그가 말하는 '장기적 판단'의 기준은 3년 이상이다. 이처럼 먼거리를 내다보고 투자하는 이유는 시장의 변동성이 예전보다 축소됐기 때문이다. 최근 시장은 역사적으로도 변동성이 줄었다는 것. 따라서 단기적인 모멘텀에 근거한 투자 기회는 점점 사라지고 있다는 분석이다.

이러한 분석을 통해서는 어떤 기업들을 고르게 될까? 황 대표도 다른 고수들과 마찬가지로 '발상의 전환'으로 기업을 고르고 있었다.

"기업을 남다른 시각으로 봐야 합니다. 우량주도 중요하지만 특출난 유전자(DNA)를 지니고 있는 기업을 고르는 눈이 있어야죠. 다음으로는

기업을 남다른 시각으로
봐야 합니다.
우량주도 중요하지만
특출난 유전자(DNA)를
지니고 있는 기업을 고르는
눈이 있어야죠.

'기업의 이익창출이 지속적으로 될 것인가' 여부입니다. 사업모델이 합리적이고 현금창출이 지속성으로 있어야겠죠. 1~2년 안에 히트상품을 만들어낼 기업보다는 시장점유율을 꾸준히 늘려가는 기업을 훨씬 선호합니다."

기업을 토끼와 거북이에 비교하자면 '거북이'가 낫다는 쪽이다. 기업의 이익이 눈에 띄게 늘어나는 '가시성'보다는 '지속가능성'에 초점을 둔다는 얘기다. 지속성이 담보되어야만 성장성도 기대할 수 있다고 황 대표는 역설했다. 대표적인 기업은 아모레퍼시픽, LG생활건강 등이다.

자동차 · 금융업종 비중 확대

황 대표는 신중하게 고르고 고른 종목과 업종에 투자해 '펀드 대박'을 일궈냈다. 1년만에 70% 이상의 수익을 돌려준 종목들을 들여다보니 올해 효자 종목은 IT(정보기술)와 자동차 업종이었다.

트러스톤자산운용은 2008년 말부터 IT 업종에 대한 '비중 확대'에 나섰다. IT의 비중 확대는 2004년 이후 4년 만이었다. 만성적인 공급과잉에 시달리고 있는 IT는 장기적인 관점에서 매력이 없다고 여기고 한동안 IT업종에 대한 투자를 늘리지 않았다. 그렇지만 2008년 금융위기를 겪으면서 판단은 달라졌다.

"회사를 출범한 지 얼마 되지 않아 리먼브라더스 파산사태로 '금융위기'가 닥쳤죠. 회사로서는 펀드자금이 모이지 않아 위기가 될 수도 있었지만, 투자에 있어서는 기회가 될 수 있다고 생각했습니다. 위기의 상황에서 시장점유율을 늘려갈 수 있는 업종은 IT라는 판단에 삼성전자, 하이닉스, LG디스플레이를 집중 매수했습니다."

비록 2009년 하반기 들어 IT의 비중을 줄이고 있지만, 시장점유율 확대를 기업의 경쟁력으로 여긴 황 대표의 분석이 적중한 사례였다. 그가 최근 몇 년간 꾸준히 비중 확대에 나선 업종은 '자동차'와 '금융'이다. 자동차업종은 적극적으로, 금융업종은 조심스럽게 투자비중을 확대하고 있다.

"승자독식(Winner takes all)이라는 말이 있죠. 이 말에 가장 어울리는 업종이 자동차입니다. 현대자동차가 대표적이겠지요. 금융업종에서는 은행과 보험이 주요 관찰 대상입니다. 2010년에는 언제가 되건 '금리인상'이라는 호재가 대기하고 있죠. 이 같은 호재는 이익 개선으로 이

고생은 했지만 후회는 하지 않습니다.
1998년 자문사를 설립할 당시의 초심으로 운좋게 한 길을 걸어
성공했으니 앞으로도 마찬가지이지 않을까요?

어지리라고 봅니다."

그는 2010년에도 적극적으로 투자에 나설 것이라고 호언장담했다.
칭기스칸펀드의 주식 비중은 95% 수준이다. 이 같은 수준을 2010년에
도 유지한다는 게 황 대표의 생각이다. 시장에 대한 전망이 긍정적이기
때문이다.

"앞으로 3년 동안은 더블딥(경기 이중하강 현상)은 없을 것으로 예상됩
니다. 금융위기의 근본적인 문제가 미국의 가계소비 문제에서 비롯됐

는데 이는 2010년이면 해결될 것 같습니다. 미국 가계 소비회복세가 예상보다 느리다고 우려하는 목소리도 있지만 당연한 현상입니다. 돈이 생기면 빚을 갚지 누가 소비를 하겠습니까? 소비가 점진적으로 회복되고 있다는 지표는 가계의 재무상태가 건전해지고 있다는 반증이기도 합니다."

미국의 가계 소비는 2010년 2분기 이후에 회복된다는 전망이다. 미국 소비가 늘어나면 세계적으로 경기회복이 본격화될 개연성이 충분하다는 논리도 덧붙였다. 국내 증시는 최근 조정을 받고 있지만 1700선은 무난히 넘길 것으로 예측했다. '강한 조정'인 동시에 '건강한 조정'이라는 견해다.

▌금융수출 꿈꾼다

낙관적인 전망을 내놓는 그에게 자산운용사를 설립한 후의 희로애락이 무엇인지 물었다. 자문사에서 자산운용사로의 변신이 쉽지는 않았을 터다. 자문사 시절 국민연금, 우정사업본부 등 굵직한 공적자금과 사모자금들을 끌어모으면서 승승장구했으니 말이다.

"'쉽지 않았다'는 말이 가장 적절하겠네요. 그래도 속은 시원합니다." 껄껄껄 웃어보이는 황 대표. 수줍어하던 첫 인상은 자취를 감췄다. 시원한 너털웃음이었다.

"공적자금을 제아무리 훌륭하게 운용해도 어디에 내세울 곳이 없었어요. '어떻게 운용했다'나 '수익률이 얼마다' 등의 얘기를 할 수 없었으니까요. 이제는 공모펀드니까 운용철학이건 수익률이건 마음껏 자랑

할 수 있죠. 물론 이런 자유를 얻은 만큼 책임도 커졌습니다. 컴플라이언스나 리스크 관리 부문에서죠. 자문사만 꾸려오다보니 시행착오도 있었습니다. 새로 뽑은 직원들보다 자문사부터 함께해온 직원들이 많다보니 같이 헤맸던 것 같아요."

황 대표는 정기적인 교육은 물론 회사 자체의 프로그램도 만들어 직원들과 잠재적인 리스크관리까지 나섰다. 지금은 직원들과 책을 지정해 읽고 토론하는 것이 습관이 됐다. 최근에는 펀드매니저의 전설이라 불리는 앤서니 볼턴의 책을 읽고 직원들과 토론했다.

"고생은 했지만 후회는 하지 않습니다. 자산운용사를 설립할 때 주위에서 '왜 그런 힘든 일을 하느냐'고 만류했었죠. 1998년 자문사를 차릴 당시 초심을 가지면 된다고 생각했죠. 10년 동안 초심을 가지면서 운좋게 한 길을 걸어 성공했으니 앞으로도 마찬가지이지 않을까요?"

황 대표는 지금도 운발(?)을 받고 있다. 자식같은 칭기스칸펀드가 활약하면서 '낭중지추(囊中之錐)'의 면모를 보이고 있기 때문이다. 2009년 초 300억 원도 안 됐던 이 펀드의 수탁고가 하반기 들어 1,000억 원을 넘었으니 말이다. 증시 회복으로 국내 주식형펀드에서 환매가 몰렸던 것과는 대조적이다. 칭기스칸펀드에는 지금도 개인고객을 중심으로 돈이 꾸준히 몰리고 있다. 여세를 몰아 새로운 사업도 펼칠 예정이다.

"지금 저희(트러스톤자산운용)가 가장 잘할 수 있는 분야는 국내 주식형펀드예요. 이를 토대로 사업을 확장할 겁니다. 채권운용을 시작해보려고 합니다. 언제나 그랬듯이 일임운용부터 차근차근 해나갈 계획입니다. 중국에 있는 사무소도 제대로 된 지점으로 키우려고 합니다. 중국인들이 우리나라에 투자하도록 유도할 예정입니다. 금융을 수출하는

| 그림 2-2 | 트러스톤칭기스칸증권투자신탁 [주식] A클래스 수익률

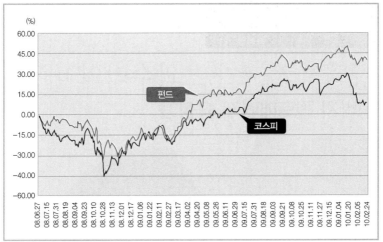

출처 : 제로인

것이죠."

황 대표는 '금융수출'이라는 말을 좋아한다. 해외자금을 받아 국내 투자를 유도하겠다는 게 그의 포부다. 이러한 자신감 역시도 믿음에서 비롯됐다는 게 황 대표의 설명이다.

"우리나라 기업에 감사하다는 말을 꼭 하고 싶습니다. 한국 기업들이 세계적인만큼 우리 주식시장과 자산운용시장도 크고 강한 시장이 될 수 있으니까요. 펀드매니저로서 좋은 기업들이 많아서 고를 수 있다는 것은 고마움이고 행복입니다."

투자자들에 대한 당부도 잊지 않았다. "우리가 사는 한국을 믿고, 내가 다니는 기업을 믿고 투자하세요. 공포와 탐욕을 거스르는 지혜와 용기를 가지라고 조언하고 싶습니다."

창의적 사고가 초과수익의 비결
청바지 펀드매니저 **송성엽**

송성엽 | 1966년 전북 전주 출생 | 서울대학교 신문학과 | 前 동부증권, 대신투신운용, PCA투자신탁운용 |
現 KB자산운용 주식운용본부장(상무)

> **66**
> ## 장기 성장성과
> ## 주주가치가 중요하다
> **99**

하얀 목 폴라 스웨터, 편안한 청바지, 대학생처럼 자유로운 옷차림….

2009년 12월 4일 서울 여의도 신한금융투자빌딩 25층에 있는 KB자산운용 사무실에서 만난 송성엽 주식운용 본부장은 옷차림부터 남달랐다. 보통의 말끔한 정장 차림의 펀드매니저들과는 거리가 먼 모습이었다.

"펀드매니저는 생각이 자유로와야 하는 직업입니다. 창의적인 사고를 많이 해야 하는 직업이기 때문에 정해진 틀에서 벗어나야 합니다."

요즘에는 많은 금융회사들이 자유복장을 권하고 있지만 송 본부장은 이미 10년 전부터 클라이언트와의 미팅이나 컨퍼런스 참석 등 특별한 일정이 없으면 넥타이를 잘 매지 않았고, 금요일에는 편안한 복장을 즐겼다고 한다.

"상장기업들이 모든 사람에게 아주 공정하게 노출돼 있거든요. 누구나 다 어느 한 기업을 봤을 때 다른 사람들이 보는 똑같은 시각이 아니고 다른 시각에서 바라보지 않으면 똑같게 되는 거죠. 남이 좋다고 하면 좋은 게 되는 것이고, 나쁘다고 하면 나쁜 게 되는 건데, 그래도 창의적인 사람이면 좀 다르게 볼 수 있잖아요."

송 본부장은 인터뷰 직전 내온 물과 종이컵을 보면서 예를 들어 설명했다.

"이를테면 누구에게 이 종이컵을 줬을 때 어떤 이는 물을 따라 마시고 어떤 이는 재떨이로 쓸 수도 있고 누군가는 뭉쳐서 팩차기를 할 수도 있잖아요. 아니면 세 가지 모두 할 수도 있고요. 그런 것처럼 생각이 자유로운 사람들, 생각의 폭이 넓은 사람들은 남들이 보지 못한 면을 봐서 주식을 살 수도 있고 팔 수도 있어요. 상대적으로 초과수익을 올릴 수 있는 기회가 많은 거죠."

KB자산운용은 펀드매니저 한 사람의 창의적 사고가 편견이 되지 않고 운용에 도움이 되도록 주식운용본부 차원의 논의를 거친다.

"혼자 운용할 경우에는 창의적 사고가 하나의 편견으로 작용할 수 있어 운용에 독이 될 수 있습니다. 하지만 전체적인 팀워크를 통해서 그 사람의 판단이 한번 걸러지게 됩니다. 창의적인 아이디어를 검증할 수 있는 회사의 시스템이 분명히 있어야 하는 것이죠. 우리는 매니저보다는 본부 전체의 의견을 모아 운용에 반영하는 편입니다."

이 같은 송 본부장의 신념은 KB자산운용 주식운용본부의 업무 스타일에도 반영되고 있다. 이 회사는 자유로운 가운데 창의력을 발휘할 수 있도록 회의 형태를 정형화하지 않고 있다. 대부분의 다른 운용회사들이 매일 아침에 하는 모닝미팅을 거의 하지 않고 있는 것이다.

"다른 곳은 모닝미팅을 매일 한다고 하는데 우리는 모닝미팅이 없습니다. 포멀(형식적인)한 회의가 아니더라도 자유롭게 커뮤니케이션이 많이 이뤄지고 있다는 얘기고요. 본인들이 중요하다고 생각하면 다른 운용역이나 팀장 또는 저한테 따로 얘기하고 커뮤니케이션을 갖습니다. 매일매일 미팅해서 의사결정을 해야 할 만큼 포트폴리오를 쉽게 변화시키는 것은 잘못된 것이라고 생각하고요. 그만큼 중요한 정보는 굳이 모닝미팅이 아니더라도 언제든지 들어옵니다."

KB자산운용 주식운용본부는 모닝미팅 대신 일주일에 2회 정도 공식적인 회의를 갖는다.

"포멀한 회의를 일주일에 두 번하면 애널리스트나 펀드매니저들이 그것에 집중해서 자료도 만들고 심각하게 고민하게 됩니다. 원래 일이 많으면 분산돼서 집중하기 어렵잖아요."

장기 성장성과 주주가치가 중요

송 본부장의 창의적 사고는 KB자산운용의 운용 스타일에도 묻어난다. 그가 투자를 결정할 때 가장 중요하게 여기는 것은 '장기적인 성장성'과 '주주가치' 다.

"될 수 있으면 분기단위 이익변동에 크게 흔들리지 않으려고 합니다. 좀더 길게 보고 결국 이 회사가 1년 뒤 또는 2~3년 뒤 어떻게 될 것인가를 중요하게 여기는 것이죠. 그런 종목을 찾아내기가 쉽지는 않습니다. 성장성이 있는 회사라도 현재 현금흐름이 뒷받침되지 않으면 꿈을 쫓다 망할 수도 있거든요. 이런 종목으로 포커스를 맞추다보니 종목 수가 적습니다."

또 다른 운용사들보다 좀더 소액주주 가치를 중시 여긴다고 한다.

"회사가 돈을 많이 버는 것도 중요하고 그걸 어떻게 주주한테 돌려주는가도 중요합니다. 성장의 기회가 많은 회사라면 배당이나 자사주 매입을 통해 돌려주지 않아도 관계가 없습니다. 성장을 위해 재투자해야 하니까요. 하지만 성장의 기회가 많지 않은 기업임에도 불구하고 현금을 계속 기업에 쌓아둔다는 것은 회사의 ROE(자기자본이익률)를 계속 떨

생각이 자유로운 사람들,
생각의 폭이 넓은 사람들은
남들이 보지 못한 면을 봐서
주식을 살 수도 있고
팔 수도 있어요.
상대적으로 초과수익을 올릴 수
있는 기회가 많이 생깁니다.

어뜨리는 역할밖에 안 되는 거죠. 결국 주주가치 손상이고요."

송 본부장이 주주가치를 중요하게 여기는 것은 최근 효성 매매에서 잘 나타난다. KB자산운용은 효성이 하이닉스 인수에 나서기로 했을 때 효성 주식을 손절매했다. 효성이 하이닉스 인수에 나서는 것 자체가 주주가치를 심하게 훼손하는 것이라고 판단했기 때문이다.

송 본부장은 효성이 하이닉스 인수를 포기했을 때 효성 주가가 예전 수준까지는 안 되더라도 많이 반등할 것이라고 예상했지만 효성을 다시 매입하지 않았다.

"효성이 옛날 주가까지는 못 가더라도 많이 올라오긴 하겠죠. 하지만 다시 들어가진 않았습니다. 대주주의 독단적인 판단에 의해 리스크에

| 그림 2-3 | KB코리아스타증권투자신탁(주식) 클래스A의 수익률

출처 : 제로인

노출될 가능성이 있기 때문이죠. 만일 효성이 소액주주 반대가 심해서
포기했다면 다시 들어갔을텐데, 정치적 부담 때문에 포기했다고 하니
까요. 주주를 위해 안 한 게 아니고 마지 못해서 안 했다고 하니까 다시
안 들어가는 거죠.”

송 본부장의 창의적인 사고 덕분에 KB 코리아스타펀드는 2010년 2월
말 기준으로, 설정액은 7,400억 원이며 설정일인 2006년 1월 31일 이후
48.45958%의 수익률을 기록하고 있다. 1년 수익률은 72.01%에 달한다.

주식 투자시 살펴봐야 할 지표는?

송 본부장은 각종 경제지표를 빠짐없이 꼼꼼히 살핀다. 투자판단에
반드시 필요하기 때문이다.

"매크로 지표들은 상당히 많습니다. 그냥 휙 보면 그 수치가 아무것도 아닐 수 있지만 거기서 아이디어를 찾아내는 게 저희들이 해야 할 일이고 그걸 잘 찾는 사람이 운용을 잘할 것입니다."

　송본부장은 하지만 경제 상황 별로 특별히 더욱 신경써야 할 지표는 있다며 어느 국면에서는 환율, 어느 국면에서는 원자재 가격, 실업률 등등, 각기 중요한 때가 다르다고 설명했다.

　"이런 시기에는 뭐가 중요하다는 상황이 생기게 됩니다. 실업률이 굉장히 중요한 시기에 물가만 보고 있다면 의미가 없는 것이죠. 지금 이머징 국가에서는 경기선행지수가 언제 고점을 치는지, 중국은 PMI(구매관리자지수), 미국은 실업률 데이터와 주택가격 등이 중요한 지표라고 봅니다."

운용업계의 선덕여왕
여성 본부장 1호 **김유경**

김유경 | 1968년 서울 출생 | 이화여자대학교, 미국 하트포트대학교 | 前 교보투신운용 주식운용역, 알리안츠글로벌인베스터스자산운용 국민연금운용팀장 | 現 알리안츠GI 주식운용본부장

> " 남들이 가지 않는 길만
> 걷다보니…여기까지 왔네요 "

국내에서 여성으로선 처음으로 자산운용회사 주식운용본부장이 된 김유경 알리안츠글로벌인베스터스(알리안츠GI) 자산운용 이사는 성공 비결을 묻는 기자의 질문에 "남들이 가지 않은 가시밭길을 선택하고 그 길을 꾸준히 걸어온 결과"라고 말했다.

알리안츠GI는 독일 최대의 금융그룹인 알리안츠그룹의 자산운용사다. 깐깐하기로 유명한 이 독일계 회사는 2009년 10월 입사 2년을 갓 넘긴 김 이사를 주식운용본부장으로 임명했다. 국내에 여성이 처음으로 자산운용사 주식운용본부장이 된 것이다.

주식운용을 주로 하는 자산운용사에서 주식운용본부장은 펀드매니저의 왕이나 다름없다. 김 이사가 처음으로 여왕이 됐으니 선덕여왕과도 비교될 만하다. 김 이사는 알리안츠GI에서 그동안 국민연금이 위탁한 자금만 운용했다. 겉으로 알려지지 않았을 뿐 그는 자산운용업계에서 '흙 속의 진주'라는 별명으로 통했다. 종목을 선택하는 감각이 뛰어나 시장을 웃도는 운용 성과를 내왔다.

덕분에 알리안츠GI는 매년 국민연금 위탁운용 자산운용사로 선정되고 있다. 그런 그가 주식운용본부장이 되면서 국민연금 위탁운용자금과 일임매매 등을 포함해 총 1조 1,600억 원(2009년 10월 말 기준)을 운용하는 큰손이 됐다.

평범한 식품영양과 학생,
회계통(通)으로 그리고 펀드매니저로

이화여자대학교에서 식품영양학을 전공한 그는 유학길부터 '가시밭 길'을 선택했다. 식품영양학을 마다하고 미국 코네티컷주 하트포트대학에서 경영학석사(MBA) 과정을 공부했다. 학위를 받아 국내에서 취직할 요량이었다. 그러나 미국에서 김 이사의 눈에 들어온 분야는 따로 있었다. 바로 '회계학'이었다. 현지 학생들이 회계에 어려움을 느끼면서 회계 공부를 회피하는 것을 보고 '저 공부를 해야겠다'고 결심했다.

"한국 학생들이 쉽게 암산할 수 있는 계산도 외국 학생들은 어려워하더라고요. 한국 사람들은 계산이나 어려운 문제도 끈기 있게 붙잡고 끝까지 풀어 나가잖아요. 그래서 도전해야겠다 싶어 회계학 과정으로 옮겼습니다. 남들이 어려워하는 분야를 선택한다면 그만큼 경쟁력도 지닐 수 있게 되니까요."

공인회계사(CPA) 자격증을 딴 김 이사는 귀국 후인 1996년 교보투자신탁운용(현재 교보악사자산운용)의 채용공고를 접하게 됐다. 원서를 내고 합격하면서 펀드매니저의 길을 걷게 됐다. 입사 초기에는 서치 업무를 주로 했다. 하지만 경력이 쌓이면서 규모가 작지만 펀드운용을 맡기 시작했다.

"그때는 경력이 쌓이지 않아서 그런지 지금으로 보면 '자투리 펀드'들을 주로 운용했습니다. 그런데 펀드 수가 많아지다보니 운용 이외에 신경 쓸 부분들이 많아지더라구요. 10억 원짜리 펀드를 10개 맡는 것보다 100억 원 펀드 1개를 운용하는 것이 훨씬 낫다고 생각했습니다."

1998년 김 이사는 주로 작은 규모의 사모펀드를 운용했다. 운용하는 펀드 수가 28개에 달한 적도 있었다. 당시 기관들은 사모펀드 유치에 매달렸던 시기였다. 펀드매니저들은 큰 펀드보다는 수많은 작은 펀드들을 감당해야 했다. 김 이사가 남들과는 다른 길을 걷게 된 것도 이 무렵이다.

"당시에 펀드매니저들이 업계는 물론 일반인의 주목을 받기 시작할 때였어요. 애널리스트들도 그랬구요. 더군다나 여성이다보니 여기저기서 '인터뷰를 해서 언론에 나서보라'라는 얘기도 많이 들었습니다. 아무래도 얼굴 알려지면 일이 더 수월해지는 건 사실이었으니까요. 하지만 그런 점(여성이라는 점)이 부각되다보면 오히려 실력이 가려질 수 있다고 생각했습니다. 실력으로 나를 보여줘야겠다는 마음으로 나서지 않았어요."

김 이사는 화려한 조명을 받고 대중의 관심을 받는 여성 펀드매니저나 애널리스트들이 전혀 부럽지 않았다. 쉽게 갈 수 있는 길도 마다했다. 포장된 겉모습이 실력의 거품이 될 수 있다고 믿었다. 당시 다른 펀드매니저들은 얼굴을 알리고 연봉을 높여가며 회사를 옮겨 다녔다. 그러나 김 이사는 자신의 자리를 지켰다. 동시에 그만의 독특한 운용철학도 서서히 자리잡게 됐다. 쉬운 길이 아닌 또다른 가시밭길을 선택한 셈이다.

"기업들을 분석하다보니 '두 가지 원칙'이 생겼습니다. 첫 번째는 영업이익의 양과 질을 따져봐야 한다는 것입니다. 나머지는 사람들의 관심이 없는 종목을 주의깊게 살펴야 한다는 점입니다. 쉽게 표현하면 요즘 광고 문구 중에 'See the Unseen(보이지 않는 것을 보라)'라는 말이 있죠? 그것과 비슷하다고 보면 되겠네요."

기업 내용을 단순화하기 위해
1장짜리 리포트에
기업의 경영현황, 경영전략,
전망 등을 담아 정리해놓죠.
핵심 사항을 정리한 요약
리포트를 저만의
판단지표로 삼습니다.

매출액이나 이익이 늘고 있는지 여부 등 기업의 외형도 중요하지만 그 속내용도 꼼꼼히 살피라는 것이다. 그는 심지어 경영진의 경영전략이나 직원에 대한 대우 등까지도 주요 사항으로 점검한다. 회사가 미래를 위해 어떤 투자를 하는지, 임직원이 어떤 잠재력을 지니고 있는지도 중요하다. 그렇지만 이 잠재력을 파악하는 기준은 절대 비밀이다.

"자세히 설명할 수 없지만 숨겨진 성장주에 투자한다고 보시면 됩니다. 구체적인 종목은 얘기할 수 없습니다. 시장 상황에 따라 포트폴리오를 조정합니다. 기업에 대한 투자 여부를 결정할 때에는 기업의 핵심 내용을 최대한 '단순화'한 뒤 판단합니다."

김 이사는 기업 내용을 단순화하기 위해 1장 짜리 리포트에 기업의 경영현황, 경영전략, 전망 등을 담아 정리해놓는다. 핵심 사항을 정리한 요약 리포트를 자신만의 판단지표로 삼는다.

"펀드매니저를 하다보면 주위에는 정말 수많은 정보와 얘기들이 넘쳐납니다. 하지만 다른 사람들의 생각을 너무 많이 접하면 오히려 판단력이 흐려집니다. 저는 한가롭게 다른 사람의 여러 생각들을 종합하지 않습니다. 그럴 시간에 이 회사의 1년 뒤, 3년 뒤의 모습을 전망하고 핵심 경쟁력을 따져봅니다. 그런 점에서 저는 오랫동안 숙고(熟考)하는 편입니다."

똘똘한 2등을 골라라

김 이사가 종목을 고를 때 주위에 꼭 강조하는 말이 있다. '주식시장은 미인(美人)대회가 아니다' 라는 것이다. 내가 보기에 미인은 남들이 보기에도 미인이기 마련이다. 이러한 미인들을 골라담다 보면 결국 남들과 같은 수익을 낼 수밖에 없다는 주장이다.

초과수익을 거둘 수 있는, 이른바 전략종목을 고를 때에는 '미인대회의 심사위원' 이 되기보다는 '연예기획사의 캐스팅 담당자' 가 되라고 강조한다. 처음부터 캐스팅할 수 있는 눈을 가지기 어렵다면 '똘똘한 2등' 에 투자하는 것도 방법이라고 김 이사는 덧붙였다.

이같은 방법으로 주식을 운용한 결과 교보투신운용에 근무하는 동안 수익률 면에서 두각을 보이기 시작했다. 나서기를 싫어하는 성격까지 더해지면서 공모펀드보다는 사모펀드, 개인자금보다 법인자금과 연기금을 주로 맡았고 괄목할 만한 성과도 냈다. 2007년 8월, 김 이사는 12

년간 일했던 교보를 그만두고 알리안츠GI로 자리를 옮겼다. 당시엔 주식운용본부에서 연금운용팀장을 맡았다.

김 이사가 이끄는 연금운용팀은 국민연금이 각 운용사에 위탁하는 자금을 꾸준히 끌어모았다. 알리안츠GI는 2007년 국민연금으로부터 사회책임투자형 자금을 위탁받았고 올해도 이 자금을 운용하고 있다. 그만큼 운용성과 등 모든 부문에서 국민연금의 신뢰를 받고 있는 셈이다. 국민연금은 2008년부터 위탁 자산운용사를 교체하거나 자산배분 차원에서 주식형 펀드에 위탁하는 자금의 비중을 줄였다. 그렇지만 알리안츠GI가 맡고 있는 위탁운용 규모는 크게 줄어들지 않았다. 2009년에도 일부 운용사들의 자금이 회수됐지만 알리안츠GI는 오히려 장기투자형 운용사로 새로 선정됐다.

국내 주식시장의 큰손인 국민연금으로부터 이처럼 신뢰를 받고 있는 비결이 뭔지, 해당 펀드의 투자처와 수익률이 궁금했다. 어디에 투자했는지 구체적인 수익률이 어떤지 몇 번이고 질문했지만 대답은 '노코멘트'였다.

"국민연금의 위탁 자산운용사는 포트폴리오를 공개해서는 안 됩니다. 수익률도 마찬가집니다. 최근 몇 년간 대형사를 제외하고는 알리안츠GI가 꾸준히 선정되고 위탁받고 있어요. 이 점을 잘한다는 증거로 삼아주세요."

곤란해 하는 김 이사에게 더 이상 물을 수도 없는 노릇이었다. 다만 주변 취재를 통해 김 이사가 운용하는 주식형펀드가 2008년 국민연금 내 주식형펀드에서 월등한 성과를 거뒀고, 이로 인해 2009년에도 위탁운용을 계속하고 있다는 점 정도를 알 수 있었다.

한국법인인 알리안츠GI는 전직원 46명 중 17명(약 37%)이 여성이다 (2010년 2월 현재). 여성의 비율이 높은 편이다. 한국뿐만 아니다. 알리안츠GI는 세계적으로 성별과 인종의 다양성과 다문화를 추구하고 있다. 타이완 법인의 경우 최고경영자(CEO)인 리타 후(Rita Hou), 최고마케팅책임자(CMO) 비비안 투안(Vivian Tuan) 역시 여성이다.

그렇다면 국내 여성 주식운용본부장 1호로서 그가 보는 2010년 주식 시장 전망은 어떨까?

"지금은 여러 가지 가능성이 엇갈리는 시기입니다. 그래도 상승 여력은 20~30% 남아 있다고 생각해요. 다음 상승장이 올 때 치고 올라갈 종목들을 살펴봐야겠죠. 그런 회사는 지금 연구개발(R&D) 비율이 높은 회사입니다. 2009년까지 투자를 통해 준비한 기업들은 2010년에 이익이 급증할 것으로 보입니다. 이런 기업은 업종을 막론하고 다양하게 있습니다. 저는 정보기술(IT)이나 자동차 관련 업종을 주목하고 있습니다."

후배들이여, 나를 넘어서라

펀드운용과 시장에 대해 얘기하다보니 문득 개인사가 궁금해졌다. '일이 애인이냐'는 질문에 싱글인 김 이사는 손사래를 쳤다. 연애도 결혼도 하고 싶지만 시간이 없는 게 문제다. 이제는 운용뿐만 아니라 관리업무까지 하게 됐으니 없는 시간도 쪼개야 할 판이다.

"독신주의는 아니예요. 저도 애인이 있으면 좋겠습니다. 여우같은 사람과 곰같은 사람으로 분류한다면 전 곰과가 더 좋아요. 이상형을 든다면 외모는 영화배우 정우성쯤으로 해둘까요?"

유쾌한 웃음 뒤에 그는 후배들을 향한 대담한 충고도 잊지 않았다. 김 이사는 후배들에게 공존이나 공생을 하자는 동료애보다는, 자신을 밟고(?) 일어서라고 조언했다.

"후배들에게 저를 넘어서고 올라서라고 충고하고 싶습니다. 저는 '여성 최초'를 위해서 일하지는 않는데, 이 타이틀을 달게 되어 부담스러운 게 사실입니다. 동시에 '왜 내가 처음이 됐을까?' 라고 자문도 하게 되더군요. 후배들이 실력을 키우면서 포기하지 않고 커나갔으면 좋겠습니다. 펀드매니저든 본부장이든 여성이라는 존재가 더 이상 뉴스가 되지 않을 정도로요."

그는 투자자들에게 당부도 잊지 않았다.

"투자는 반드시 자기 자신의 생각과 판단으로 하세요. 남의 권유나 추천에 의해서 혹은 무조건 추종하는 방식의 투자는 지양해야 합니다."

김 이사는 더 이상 '여성 1호'라는 것이 뉴스가 되지 않았으면 좋겠다는 말을 남기고 자리로 돌아갔다. 널찍한 본부장 자리를 놔두고 입사 이후 지켰던 자리에 앉았다. 언제 인터뷰를 했냐는 듯 주식운용본부장으로서 펀드매니저들을 다스리는 그는 매우 다부진 모습이었다. 시장을 살피고 다른 매니저들과 수시로 소통했다. 허례허식을 마다하는 그의 모습은 '최초'보다 '최고'라는 수식어가 어울렸다.

네비게이터 펀드의 쾌속 항해
떠오르는 스타 **박현준**

박현준 | 1974년 서울 출생 | 서강대학교 정치외교학과 | CFA(국제재무분석사)취득 | 前 KB자산운용 채권운용본부 주식운용본부 | 現 한국투신운용 주식운용 3팀장

"'원칙'과 '일관성'이
성공투자의 키워드입니다"

'고수익 펀드의 안전 항해사(Navigator)'

최근 우리나라 자산운용 업계에서 새로운 스타 펀드매니저로 떠오르고 있는 박현준 한국투자신탁운용 주식운용본부 운용3팀장. 그를 압축적으로 설명하는 말이다.

박 팀장은 최근 3년 동안 국내 전체 주식형펀드 가운데 수익률 1위를 굳건히 지키고 있는 한국투신운용의 간판 펀드 '한국투자네비게이터펀드'를 전담, 운영하고 있다.

그는 2006년 말부터 한국투자네비게이터펀드를 3년 내내 수익률 선두권에 올려놓으면서 업계가 주목하는 신예 펀드매니저로 부상했다.

당시 '한국부자아빠성장주식펀드'였던 이름도 특색이 없다는 판단에서 네비게이터펀드로 바꿨다. '고객을 모시고 유망한 종목을 좇는 항해사(Navigator)가 되겠다'는 뜻에서다.

실제 성적표가 이 같은 평가를 뒷받침하고 있다.

2005년 12월 출시된 이 펀드는 기업 펀더멘털 분석을 토대로 성장성 높은 종목에 투자하는 성장형 펀드다. 2010년 2월 기준으로 최근 3년 수익률이 51.30%로 국내 주식형펀드 중 1위다.

2010년 주요 선진국의 출구전략 우려와 남유럽발(發) 재정위기로 국내증시가 조정을 받으면서 소폭의 수익률 하락 추세에도 불구하고 2월 중순까지 2,012억 원의 신규 자금이 유입되는 등 그 인기도 식을 줄 모른다.

같은 기간 국내와 해외 주식형펀드에서 각각 3,062억 원과 7,697억 원의 자금이 유출됐는데도 네비게이터펀드에는 자금 유입이 끊이지 않고 있다. 특히 설정액 1조 원 이상 펀드들 중에서 자금이 유의미하게 유입된 펀드는 네비게이터펀드가 유일하다는 것이 한국투신운용 측의 설명이다.

| 표 2-3 | 한국투자 네비게이터 펀드 성과

구 분	기간 성과	BM	BM 초과율	유형 평균
3개월	-2.47	-2.37	-0.1	-2.26
6개월	3.34	1.18	2.16	0.54
9개월	19.15	14.78	4.37	11.08
1년	66.04	50.89	15.15	49.3
2년	10.67	-3.55	14.22	-4.75
3년	51.05	11.07	39.98	22.74

출처 : 2010.2.22 기준 제로인, 단위 : %, BM(KOSPI 1200)

| 그림 2-4 | 성과차트

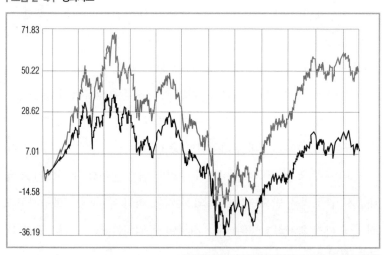

※BM(벤치마크) : KOSPI200(36개월 : 2007.02.26~2010.02.26)

성공투자의 비결은 '원칙과 일관성'

여의도의 원칙주의자 강신우 한국투신운용 부사장이 '멘토'라는 그답게 '원칙과 일관성'을 자신의 최대 강점이자 성공투자의 핵심 키워드라로 말한다.

펀드를 안정적으로 운용하기 위한 나름의 원칙을 가지고 있고, 그것을 칼같이 지키고 있다는 얘기다.

"특별한 것은 아니지만 투자 원칙을 일관성 있게 지키려고 노력하고 있습니다. 종목을 볼때 장기적 관점에서 봅니다. 시장이나 산업을 보더라도 장기적 관점에서 보려는 시각을 지켜나가고 있죠. 재료에 의해서 매매를 하는 것이 아니라 충분히 저평가돼 있다고 판단되면 당장 모멘텀(계기)이 없더라도 선제적으로 삽니다."

종목과 리서치(분석), 장기투자 이 3가지 원칙이 그가 금과옥조처럼 지키는 '원칙'이다. 한국투신운용은 기업 탐방을 가장 많이 하는 운용사로 정평이 나 있다. 1년에 3,000번 이상 기업 현장을 찾아가는 것으로 알려져 있다. 이는 종목 중심, 리서치 중심의 원칙을 박 팀장뿐만 아니라 운용사 전체가 실천하고 있다는 반증이기도 하다.

"운용본부 소속 10명의 베테랑 애널리스트들이 업계 최고의 기업분석 자료를 내놓습니다. 펀드매니저들 역시 탐방을 소홀히 하지 않고 기업설명회 등을 절대 놓치지 않습니다. 탄탄한 종목분석이 기반이 되면 불확실성에서 벗어날 수 있고 장기투자도 가능하기 때문이죠."

기업 탐방에서는 다른 펀드매니저들과 특별히 다른 것은 없다.

"업종 대표주들을 투자 대상으로 삼는 만큼 생경한 기업들은 거의 없습니다. 평소 그 회사에 대해 갖고 있는 생각이나 시각들을 확인하는

투자에 대한 기본 개념이 있고, 본인이 많은 시간을 들여 노력한다면
일반투자자들도 성공 투자가 가능하다고 생각합니다.
주식투자는 분명 매력이 있습니다.

것이 탐방의 주요 목적입니다. 저희가 가지고 있는 기업에 대한 생각들
을 내부 정보와 함께 검증하는 시간이기도 합니다."

분석 역시 철저한 종목 중심이다. 매크로 지표는 해당 기업이 속한
산업의 장기 추세를 보는 정도에서 그친다.

"해당 종목의 가치를 분석해내는 것이 성공 투자의 핵심이라는 것은
투자의 역사에서 이미 검증된 사안입니다. 투자를 통해 돈을 벌 수 있
는 가장 확실한 방법이기도 합니다. 장기투자라면 기업가치 분석이 기

본이자 전부인 셈이죠."

단기적으로 경기사이클을 분석하는 것보다 장기적 추세를 읽어내는 안목이 무엇보다 중요하다고 강조한다. 분석 기업의 성장성이 어디에 있는지, 또 관련 산업과의 역학관계 내에서 장기적으로 추세적 성장을 이어갈 수 있는지를 먼저 챙겨본다.

거칠 것 없이 성공가도만 달렸을 것 같은 박 팀장에게도 기억하고 싶지 않은 시절이 있다. 글로벌 금융위기로 코스피지수 1,000이 붕괴되던 2008년이 바로 그때다.

"펀드매니저란 직업 자체에 회의가 느껴질 정도로 힘든 시기였습니다. 수익률도 수익률이었지만 2007년 '펀드 붐'을 타고 이른바 묻지마 투자 시기에 들어온 투자자들이 불과 몇 개월 사이에 납득하기 어려운 손실을 봤기 때문입니다. 기업들의 펀더멘털과 무관한 믿기 힘든 주가 폭락 사태에서 운용역으로서 무기력함도 느꼈습니다."

하지만 종목과 분석, 장기투자에 대한 원칙을 포기할 수 없었다고 한다. 그 대가는 2009년 증시가 저점을 찍고 본격적인 반등을 시작하면서 현실로 입증됐다.

이러한 원칙에서 가장 빛을 본 종목이 바로 LG화학이다.

"LG화학은 탄탄한 실적구조와 성장성에 대한 분석을 바탕으로 꾸준히 편입했던 종목입니다. 그런데 2008년 금융위기 때 수급과 외부 '쇼크'로 주가가 급락해버렸죠. 실적이나 펀더멘털(기초체력)은 좋아지고 있는데 외부 요인으로 직격탄을 맞은 겁니다. 주위에서도 경기민감주는 비중을 줄여야 하는 것 아니냐고 할 때입니다. 하지만 자체 분석을 신뢰하며 오히려 비중을 더욱 늘렸고 결국 2차전지 등 성장성이 부각되며 훌륭한 수익률을 안겨줬습니다."

평소에 종목 분석이 제대로 안 돼 있었다면 절대 불가능한 판단이었다. 종목을 선정할 때 단기적 이익 전망보다는 기업 고유의 경쟁력에 초점을 맞춘다는 확고한 신념이 빛을 발하는 순간이었다.

노력하는 자세가 성공투자의 첩경

유치원생 자녀 한 명을 둔 평범한 가장이기도 한 박 팀장은 가정적인 측면에서는 낙제점 수준이다. 주말이나 휴일에 가족과 시간을 보내는 순간에도 투자한 종목 생각이 머리에서 떠나지 않기 때문이다. 아내와 대화를 할 때도 순간순간 주식 생각을 하다 '왜 딴 생각을 하느냐' 는 핀잔을 듣기 일쑤다.

"집에서 아내와 대화를 할 때도 어느 순간 주식 생각이 나기 시작합니다. '내가 현재 유지하고 있는 시장에 대한 관점이 맞는 것일까?' 하는 생각들이 머리를 가득 채우기 십상이죠. 그럴 때면 아내가 서운함을 비치기도 합니다. 하지만 불확실성 속에서 투자를 해야 하니 여러 팩터에 대해 늘 고민하지 않을 수 없지요."

그만큼 돈을 벌기 위해 맡긴 고객들의 투자금으로 반드시 수익을 내야 한다는 강박관념에서 벗어나기가 쉽지 않다는 말이다.

펀드매니저라는 직업이 창조적이고 전략적이라는 측면에서 자신의 성격에 딱 맞는 직업이기는 하지만 화려하기보다는 연속적이고 끊임없이 일을 해야 하는 만큼 긴장의 끈을 절대 놓을 수 없다고 말한다. 새로운 정보에 주가는 계속 변하고, 시장은 매일 열리기 때문이다.

"스트레스에 대처하는 여러 유형이 있지만 저는 있는 그대로 받아들이는 순응형에 가깝습니다. 능력은 충분한데 스트레스에 맞서 싸우다 버티지 못하고 단명하는 펀드매니저들을 주위에서 너무 많이 봐왔기 때문이죠."

하지만 그는 시장은 절대 거짓말을 하지 않는다고 말한다. 그만큼 노력하면 성취할 수 있는 매력이 있다는 것이다.

"투자에 대한 기본 개념이 있고, 본인이 많은 시간을 들여 노력한다면 일반투자자들도 성공 투자가 가능하다고 생각합니다. 주식투자는 분명 매력이 있습니다. 다만 분할 매수와 장기투자 원칙을 반드시 지켜야지요. 직장생활 등으로 그렇게 하지 못한다면 믿을 수 있는 운용사와 펀드를 골라 투자하는 것도 유리할 수 있습니다."

3년 연속 주식형펀드 수익률 선두 자리를 내놓지 않고 꾸준히 성장하고 있는 박 팀장의 이러한 노력이 언제까지 이어질 수 있을지 업계가 주목하고 있다.

이름 바꿔 히트 친 펀드

2009년에는 이름을 바꾸면서 인생이 역전된 펀드들이 속출했다. 어떤 펀드는 설정액이 100억 원도 안 됐지만, 이름을 바꾼 후 1,000억 원이 넘는 펀드로 성장했다. 또다른 펀드는 부진했던 수익률이 상위 1%로 뛰어오르면서 시장의 주목을 받았다. 이는 펀드들이 단순히 이름표만 바꿔 단 것이 아니었기 때문이다. 개명을 하고 운용성과가 빛을 발했고 투자자들도 관심을 보이면서 펀드의 규모도 커졌다. 운용사들은 공산품을 찍어내듯이 새로운 펀드를 마냥 찍어내던 시절에서 벗어나고 있다. 비슷비슷하게 시장에 나온 새로운 펀드는 자투리 펀드로 전락하기 십상이다.

펀드 규모가 작다보니 펀드매니저는 여러 개의 자투리 펀드를 맡을 수밖에 없다. 결국 펀드마다의 운용철학이나 스타일은 무시당한 채 운용되고, 부진한 성과를 거두는 등 악순환이 적지 않았다. 이러한 병폐가 지적되면서 운용사들은 새로운 펀드를 만들어내기보다는 기존의 펀드를 리모델링하는 추세로 변화하고 있다. 자투리펀드를 청산하기보다는 기존의 펀드를 살리면 투자자도 유지할 수 있고 청산·신규등록 등의 비용을 아낄 수 있다.

대표적인 예가 '삼성스트라이크펀드' 다. 이 펀드는 2000년 1월에 설정된 '삼성밀레니엄드래곤승천펀드' 가 2009년 8월 이름을 바꾼 것이다. 이 펀드는 10년 동안 운용된 장수 펀드지만 순자산이 100억 원에 못 미치는 등 관심을 받지 못했다. 이름도 좋은 평가를 받지 못했다. '밀레니엄(2000년대)' 이 시작된 지 10년이 넘어가면서 오래된 느낌을 주고 '드래곤승천' 에서는 중국색이 묻어난다는 지적이 계속됐다. 삼성투신운용은 펀드명을 바꾸고 마케팅 활동을 강화했다. 운용성과가 좋았던 이 펀드는 마케팅이 강화되면서 고객들의 관심이 몰리기 시작했다. 4곳 뿐이었던 판매사도 9곳으로 두 배 이상 늘었다. 개명하고 판매한 지 두 달 반만에 설정액이 1,000억 원을 돌파했다. 이 펀드를 운용하고 있는 펀드매니저는 권상훈 주식운용3본부장이다. 펀드매니저 경력이 19년에 이르는 그는 2004년부터 이 펀드를 운용했다. 6년째 매니저 교체 없이 꾸준한 성과를 기록했다. 이처럼 적은 규모에도 펀드 스타일을 지속적으로 유지한 끝에 이름을 바꾸자 '대박'이 난 것이다.

2009년 9월에는 '동부차이나 진주찾기펀드'가 '동부그레이터차이나중소형주'로 변경됐다. 동부자산운용은 이 펀드의 해외 위탁운용사와 계약을 해지하고 직접 운용에 나서면서 이름을 변경했다. '차이나'는 중국에만 투자하는 느낌이어서 '그레이터차이나'를 썼다. 이는 홍콩, 중국, 대만, 싱가포르 등 중화권 지역을 표현한 것으로 실제 투자범위를 넓혀가겠다는 의지를 표현했다.

송성엽 KB자산운용 주식운용본부장과 박현준 한국투신운용 주식운용본부 네비게이터 팀장도 이름을 변경한 펀드를 운용하고 있다. KB자산운용은 2009년 12월 15일 대표 주식형 펀드인 'KB신광개토펀드'의 이름을 'KB코리아스타펀드'로 바꿨다. 성장주에 주로 투자하는 'KB스타레드성장펀드'는 'KB그로스포커스펀드'로, 'KB광개토일석이조펀드'는 KB그로스&밸류펀드'로 각각 이름을 변경했다.

'한국투자네비게이터펀드'는 2006년 말 기존의 '한국부자아빠성장'에서 일찌감치 이름을 바꿨다. 한국운용은 이 펀드가 히트를 치면서 중국 본토에 투자하는 '한국투자 네비게이터 중국본토펀드'를 내놓는 등 시리즈를 선보이고 있다.

| 그림 2-5 | 동부차이나진주찾기증권투자신탁1 [주식] ClassA

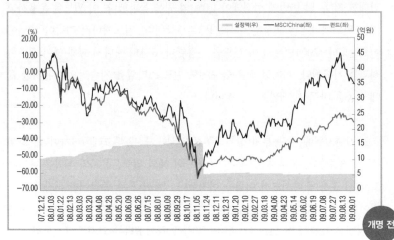

| 그림 2-6 | 동부그레이터차이나중소형주증권투자신탁 1 [주식] Class A

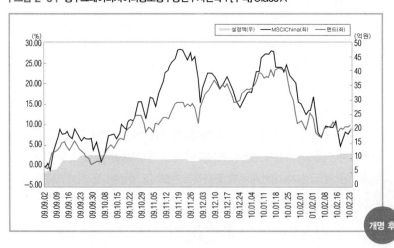

| 그림 2-7 | 삼성밀레니엄드래곤승천증권투자신탁 1(C)

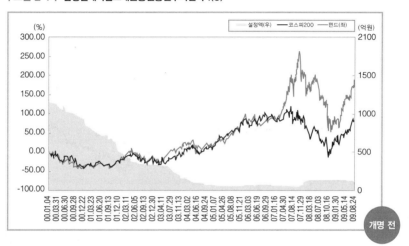

개명 전

| 그림 2-8 | 삼성스트라이크증권투자신탁 1[주식](C)

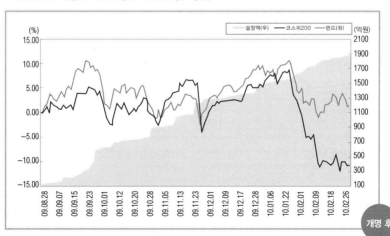

개명 후

| 그림 2-9 | KB新 광개토증권투자신탁(주식) 클래스 A

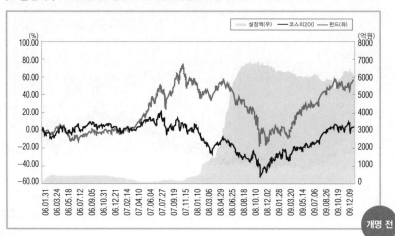

개명 전

| 그림 2-10 | KB코리아스타증권투자신탁(주식) 클래스 A

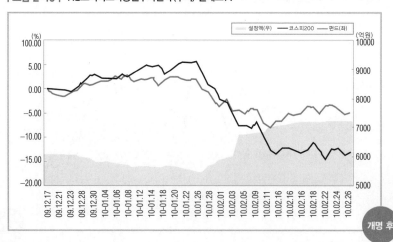

개명 후

| 제3장 |

가치투자 및
명품브랜드 펀드매니저

The
Investment Secret
of Fund Manager

11 펀드매니저의 투자비밀
이채원

롯데칠성으로 400% 수익 낸
가치투자 전도사 **이채원**

이채원 | 1964년 서울 출생 | 중앙대학교 경영학과 | 前 동원투자신탁운용, 한국투자증권 자산운용본부장 |
現 한국투자밸류자산운용 부사장 및 최고운용책임자(CIO)

> " 나에게 맞는 투자방법을 찾아라 "

주식시장에서 그의 이름 석 자는 가치투자의 명품 브랜드다. 어떤 이들은 그를 '가치투자의 전도사', '한국의 워런 버핏'으로 부르기도 한다. 그 주인공은 한국투자밸류자산운용(이하 한국밸류운용)의 CIO(최고투자책임자)를 맡고 있는 이채원 부사장이다.

이상형은 피터 린치, 이상적인 종목은 아모레퍼시픽

이 부사장은 '철새'가 많은 증권가에서는 드물게 20년이 넘도록 같은 그룹 계열에 계속 몸담고 있다. 중앙대학교 경영학과를 졸업하고 1988년 동원증권(한국투자증권과 합병)의 전신인 한신증권 공채 13기로 증권시장에 발을 들인 후 한국투자증권 자산운용본부장 등을 거쳐 지금의 자리에 올랐다.

1998년 국내 최초의 가치투자 펀드인 '밸류이채원펀드'를 출시했고, 2000년 동원증권의 고유 계정 운용을 맡아 2006년 초까지 누적수익률 435%를 거뒀다. 2006년 한국투자증권은 한국밸류운용을 설립, 그의 지휘 아래 10년 장기투자를 표방한 '한국밸류10년투자펀드(이하 10년펀드)'를 만들었다. 이에 그는 종종 가치투자의 대명사인 워런 버핏에 비유되기도 한다. 그러나 정작 그는 손사래를 친다.

"워런 버핏은 위대한 성과를 거둔 투자자지만 펀드매니저가 아닌 사업가입니다. 가장 닮고 싶은 펀드매니저를 들자면 마젤란펀드를 운용한 피터 린치입니다. 제 스승은 '가치투자의 아버지'인 벤저민 그레이엄입니다."

그의 이상형인 피터 린치가 주식에 빠져 살았듯, 이 부사장의 관심사도 주식에 집중돼 있다.

"처음 증권업계에 들어와 영업점에서 일을 시작하던 때엔 주식에 미쳐 있었습니다. 당시 《상장기업편람》에 실린 600여 개 종목의 모든 코드를 다 외우고 있었죠."

지금도 이 부사장은 하루의 대부분을 주식에 쏟는다. 그는 독서 외에 별다른 취미를 갖고 있지 않다. 이제는 사회생활을 위해 필수적인 운동이 되어버린 골프도 치지 않고 심지어 운전도 하지 않는다. 회사에서 차를 제공하지 않던 시절에는 택시를 타고 다니며 그 시간을 명상하는 시간으로 삼았다. 이 부사장 본인을 주식으로 치면 어떤 종목에 해당할까. 이 질문에 다소 난처한 기색을 보이던 그는 '이상형'을 대답했다.

"아모레퍼시픽 같은 인물이 되고 싶습니다. 구조조정이라는 역경을 극복하고 한 길을 줄곧 걸어온 훌륭한 기업입니다."

가치투자, 싸게 사서 이 악물고 기다려라

이 부사장은 자신이 가치투자를 할 수밖에 없었다고 말한다. 소심하고 겁 많은 그가 시장에서 살아남아 '잃지 않는 투자'를 하기 위해서는 가치투자만한 방법이 없었다는 게 이 부사장의 설명이다.

그가 처음부터 가치투자로 승승장구했던 것만은 아니다. 1998년 12월 선보인 밸류이채원펀드는 1년도 되지 않아 127%의 수익률을 달성했으나 1999년께 시작된 기술주 버블을 겪으며 수익률이 하락했다. 투자자들의 항의가 빗발쳤다. 회사 안팎의 압박으로 극심한 스트레스를 받은 이 부사장이 회사를 떠날까 고민할 정도였다.

이 부사장은 그때의 경험을 바탕으로 가치투자는 장기투자가 아니면 시작하지도 말아야 한다는 교훈을 얻었다. 이에 10년펀드에는 3년이라는 환매 제한기간을 설정했다. 이 기간은 일반적인 주식형펀드의 운용기간에 맞먹는 수준이다. 가치투자의 특성 때문에 환매제한 기간을 가능한 한 길게 둬야 한다고 이 부사장은 설명한다.

"가치투자는 가치와 가격의 차이를 취하는 투자방법입니다. 주가가 저평가됐을 때 사서 내재가치에 접근하면 제값을 받고 파는 단순한 전략이지요. 이를 실행하기 위해서는 무엇보다 중요한 게 투자 환경입니다."

투자 환경이 받쳐주지 않으면 가치투자를 할 수 없다고 그는 말한다. 한국 시장에서는 10년 뒤에 10배 오를 가치주를 보유하고 있어도 단기 수익률이 시장을 따라가지 못하면 펀드매니저가 고객들의 항의와 회사의 압박에 시달려 투자철학을 바꿀 수밖에 없다고 지적하기도 했다.

"투자 환경의 가장 중요한 요소는 경영진과 고객입니다. 이미 한국밸류운용은 가치투자를 제대로 이해하고 있는 경영진을 갖췄습니다. 또한 국내 최대 환매 제한기간을 설정, 고객들이 사전에 이해할 수 있도록 만들었습니다."

10년펀드의 벤치마크(펀드수익률을 비교평가하는 지표)는 코스피지수가 아닌 '금리'다. 벤치마크는 CD(양도성예금증서) 금리와 코스피200지수 등을 섞어 만들었다.

"10년투자펀드는 한국 주식시장에서 코스피 지수를 추종하지 않는 유일한 펀드입니다. 금리+α의 형태로 목표수익을 설정했는데, 국고채 3년물 금리의 두 배 가량이 목표입니다. 10년을 기준으로 했을 때 연복리 8~10% 정도의 수익률이라고 보면 됩니다."

그는 끊임없이 투자자들과 소통하면서 보다 나은 가치투자 환경을 만들기 위해 노력하고 있다. 2008년 11월에는 자산운용보고서를 통해 "낮은 수익률로 심려를 끼쳐드려 죄송하다"고 사과하기도 했다. 자산운용보고서는 운용 기간 동안의 성과와 사고판 종목 나열에 그치지 않고, 편입 종목 하나하나에 대한 정보와 전망을 담고 있다.

"펀드매니저들은 운용보고서 외에는 투자자들을 직접 만날 수 있는 길이 없습니다. 2009년 4월 운용 성과를 보고하는 운용보고대회를 개최한 이유도 투자자들을 직접 만나기 위해서였습니다."

당시 서울 서초동 센트럴시티에서 열린 운용보고대회에는 1,000여 명의 투자자들이 참석해 성황을 이뤘다. 본인을 소심하다고 자평한 이 부사장은 특유의 뚝심으로 한국 가치투자 트렌드의 새 장을 열고 있다.

진흙 속에서도 진주만 골라낸다

이 부장이 펀드매니저가 된 지도 10여년이 흘렀다. 특별히 기억에 남는 종목은 무엇일까. 이 부사장은 자신이 실패와 성공을 함께 겪은 종목으로 롯데칠성을 떠올렸다. '밸류이채원펀드'를 운용하던 이 부사장(당시 동원투자신탁 주식운용본부장)은 1998년부터 롯데칠성을 8만 원대에

가치투자는 가치와 가격의
차이를 취하는 투자방법입니다.
주가가 저평가됐을 때 사서
내재가치에 접근하면 제값을
받고 파는 단순한 전략이지요.
이를 실행하기 위해서는
무엇보다 중요한 게
투자 환경입니다.

서 사들이기 시작했다. 그러나 IT(정보기술)주 버블이 일어나면서 롯데
칠성은 5만 원대까지 떨어졌고, IT주를 매입하라는 투자자들의 항의와
스트레스로 인해 결국 그는 자리에서 물러나게 됐다. 회사 측의 배려로
동원증권 고유계정 운용을 맡게 된 후 다시 롯데칠성을 사들이기 시작
했다. 최대주주인 신격호 회장의 당시 지분 17.4%보다 많은 18.4%에
이르는 지분율을 기록, 회사로부터 주식 매입 목적에 대한 문의를 받기
도 했다. 시간이 흐르면서 이 부사장의 믿음대로 저평가됐던 롯데칠성
주가가 제자리를 찾아가기 시작했다. 결국 그는 롯데칠성으로 총 400%
의 수익률을 거뒀다. 이후 롯데칠성 주가는 100만 원을 훌쩍 넘겨 2007
년 160만 원대까지 치솟기도 했다.

이 부사장은 펀드 투자 종목을 고를 때 철저한 상향식(bottom up) 분석을 통해 종목을 선정한다. 분기 혹은 1년에 한 번씩 저PER(주가수익비율), 저PBR(주가순자산비율) 상위 100종목 등을 뽑아 검토하는 것 외에는 하향식(top down) 분석은 채택하지 않는다.

"하향식 분석이 적중하기 위해서는 국제 유가, 환율 등 전세계의 거시경제 흐름을 꿰뚫어야 하는데, 이는 사실상 불가능하다고 봅니다. 다만 펀드의 벤치마크가 '금리'이기 때문에 금리는 중요하게 다룹니다. 상향식 분석으로 기업의 '안정성+수익성+성장성'인 내재가치를 정확하게 파악한 후 이와 비교해 보다 싼 종목을 고르는 데 더 집중합니다. 사실 세상의 모든 투자는 가치투자입니다. 미래에셋증권 역시 가치투자를 하고 있습니다. 이 경우는 성장성에 보다 중점을 두는 '성장 가치투자'라고 말할 수 있습니다."

내재가치 구성 요인인 안정성·수익성·성장성 가운데 이 부사장이 보다 가중치를 두는 요인은 안정성과 수익성이다. 철저한 펀더멘털(기초체력) 분석을 통해 비즈니스 모델과 사업의 질을 진단한다. 본업의 경쟁력 덕이 아닌 환율 변동과 일시적인 업황 호조 등으로 인해 올린 깜짝 실적은 회사의 경쟁력이 될 수 없다는 게 이 부사장의 지적이다. 아울러 이미 시장에 잘 알려진 종목들은 가격이 비싸기 때문에 상대적으로 주목을 덜 받는, 소외 종목을 찾아내는 데 주안점을 두고 있다.

한국밸류운용은 펀드매니저가 업종별 리서치(종목 분석) 담당을 겸하고 있다. 이들은 저평가된 종목을 찾아내기 위해 매일 전국의 회사들을 찾아다닌다. 일주일에 한 번씩 여는 회의에 펀드매니저 총 인원의 절반도 참석하지 못할 정도다.

이 부사장이 기업을 탐방할 때 중요하게 보는 포인트는 무엇일까. 그는 회사의 사무실 분위기 등 단편적인 사실들은 기업평가에 크게 반영하지 않는다. 책임자를 만나 듣는 사업 관련 사항이 가장 중요하다는 설명이다.

"탐방 시 직원들의 표정, 화장실 등 눈에 보이는 사항을 중요하게 생각하지는 않습니다. 사소한 사항에 치중하다 보면 더 중요한 것을 지나칠 수 있기 때문입니다. 또한 30년 된 철제책상을 아직까지 쓰는 회사도 있지만, 이 같이 검소한 것이 장점이 아닌 단점이 될 수도 있습니다. CEO(최고경영자) 등 사업에 대해 잘 아는 사람을 만나 궁금한 사항에 대해 직접 묻고 평가합니다. 담당자가 거짓말을 할 수도 있습니다. 그러나 저희 펀드의 경우 한 종목당 3년 가량을 지켜보기 때문에 거짓말을 하면 곧 들통나기 마련입니다."

이 부사장은 손절매는 없다고 단언했다.

"보유종목 매도는 해당 종목의 주가가 내재가치에 가까이 다다랐을 때, 혹은 기업가치에 중대한 변고가 생겼을 때 등에만 고려합니다. 한 종목당 10년간 편입을 원칙으로 삼고 그에 걸맞은 종목을 골라 운용합니다."

이 부사장은 가치투자가 어렵기 때문에 영원히 '마이너'일 수밖에 없다고 토로하면서도 가치투자의 미래는 밝다고 강조했다.

"가치투자는 인간의 본성에 반하는 행동을 취하기 때문에 너무나 고통스럽고 지루한 게임입니다. 저는 절대로 가치투자를 권하지 않습니다. 인간의 '심리' 때문에라도 가치투자가 널리 퍼지기는 힘들 것입니다. 하지만 그렇기 때문에 살아남겠지요. 가치투자는 끊임없이 진화했

| 그림 2-11 | 한국밸류10년투자증권투자신탁 1 [주식] 수익률

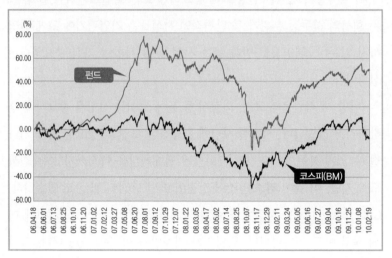

출처 : 제로인

습니다. 1974년 벤저민 그레이엄의 '증권분석'에서 시작된 전통적인 가치투자는 밸류에이션(실적 대비 주가수준)이 낮은 종목이 중심이었지만, 1980년대 워런 버핏이 등장하면서 '프랜차이즈 밸류(독점판매권)'가 핵심으로 자리잡은 신가치투자가 등장했습니다."

2008년 한국밸류운용의 신입 펀드매니저를 뽑을 때도 1순위 요건을 '가치투자에 맞는 사람인가'에 뒀다고 이 부사장은 귀띔했다. 실제로 그는 대학 가치투자 동아리 출신을 중심으로 신입 펀드매니저를 영입했다.

2009년 12월 기준으로 이 부사장과 펀드매니저 13인이 운용하는 10년펀드의 보유종목 수는 100개가 훌쩍 넘는다. 이 같이 많은 종목들의 관리는 펀드매니저 1인당 맡고 있는 운용펀드 수가 적기에 가능했다.

금융감독원에 따르면 2009년 8월 말 기준 68개 자산운용사의 펀드매니저들이 1인당 관리하고 있는 펀드 수는 평균 6.6개다. 그러나 한국밸류운용의 경우 1인당 0.3개에 불과하다.

10년펀드는 가치주 펀드인 만큼 장기투자 시에 진가를 발휘했다. 펀드평가사 제로인에 따르면 2010년 2월 말 기준 기준 이 펀드의 설정 이후 수익률은 47.66%를 기록했다. 2009년 상반기 대형주 중심의 장세로 인해 상대적으로 수익률이 밀렸음에도 불구하고, 같은 기간 벤치마크 수익률(-7.62%)을 크게 웃돌았다.

나에게 맞는 투자방법을 골라라

이채원 부사장이 그동안의 경험을 바탕으로 개인투자자들에게 해줄 조언은 '개인의 강점을 살려 자신에게 맞는 투자방법을 골라야 한다'는 것이다.

"개인들은 고유의 강점을 살려야 하는 데도 불구하고 질 수밖에 없는 싸움만 하는 경우가 많습니다. 기관투자자와 외국인은 규모의 경제, 분석력 측면에서 개인투자자들보다 월등합니다. 개인들의 강점은 여유자금을 이용해 주식투자를 할 수 있다는 점입니다. 기관들은 고객의 환매 요구가 나오면 바로 주식을 팔아야 하지만 개인들은 여유자금을 굴릴 수 있어 시간 측면에서 유리합니다. 또한 종목선택의 자유도 갖추고 있습니다."

무엇보다 자신에게 맞는 투자를 해야 한다고 이 부사장은 조언했다. 투자자 본인의 성향을 파악하고 가치투자, 모멘텀 투자 등의 투자 방식을 선택해야 한다는 설명이다. 충분한 공부와 분석을 통해 시장에 휘둘리지 않을 수 있을 정도의 자신감을 키워야 한다고 강조했다.

최근 시장의 변동성이 커져 투자자들의 불안이 높아지고 있는데 이런 때일수록 분석을 통해 종목의 가치를 정확히 산정, 장세에 흔들리지 않는 확신을 가질 수 있어야 한다는 것이다.

"이 세상에 누구에게나 맞는 완벽한 투자 기법은 없습니다. 자신이 어떤 강점을 갖고 있는지 알아야 합니다. 본인이 IT업체에 근무한다면 자신이 알고 있는 IT 관련 지식을 활용해 종목을 고르면 됩니다. 개인들이 자기가 갖고 있는 장점을 버리고 자꾸만 잘못된 정보에 현혹되는 경향이 있는데, 주의해야 합니다."

펀드매니저라는 청운의 꿈을 품은 청년들에게도 선배로서 조언을 아끼지 않았다.

"최근 펀드매니저의 인기가 높지만 많은 사람들이 무턱대고 자산운용업에 뛰어들려고 하는 경향이 있지 않나 우려됩니다. 우선 본인의 적성이 맞는지 혹은 자질을 갖췄는지 생각해보세요. 반드시 한 가지는 갖추고 있어야만 합니다. 펀드매니저를 할 결심이 섰다면, 눈높이를 낮춰서라도 업계에 들어오는 게 중요합니다. 제도권에서 활약하는 펀드매니저는 400여 명에 불과해요. 일을 배울 수 있고, 열심히 일할 수 있는 곳이라면 일단 들어가십시오. 그 다음에는 열심히 하면 돋보이게 되어 있어요."

이 부사장이 32세에 펀드매니저라는 꿈을 찾은 지도 벌써 10여 년이 흘렀다. 남은 목표는 무엇일까.

"당초 펀드를 설정할 때 고객들에게 10년의 시간을 약속했습니다.

3년여의 시간이 지났으니 남은 기간 동안 약속한 수익을 달성해야 합니다. 그리고 주식운용을 가능한 한 오래 하고 싶습니다. 60세가 될 때까지는 운용하는 자리에 있어야 하지 않겠습니까."

엔씨소프트로 5배 챙긴 비결

콤비 펀드매니저 **김해동 · 김영기**

김해동(사진 왼쪽) | 1960년 대구 출생 | 경북대학교 회계학과, 경북대학교 경영대학원 경영학전공 | 前 대한투자신탁 주식형펀드매니저, 한화투자신탁운용 주식운용팀장, 플러스자산운용 주식운용본부장, SH자산운용 주식운용본부장 | 現 신한BNP파리바자산운용 리서치본부장

김영기 | 1969년 전주 출생 | 서울대학교 경제학과 | 前 대한투자신탁증권, 대한투자신탁운용 매니저 | 現 신한BNP파리바자산운용 성장형 운용팀장

“좋은 종목 고르려면 리서치는 필수”

"글로벌금융위기로 주가가 많이 빠진 바로 지금 은행주를 사야 합니다. 은행주 주가를 결정하는 가장 중요한 요인인 경기가 이제 회복 조짐을 보이고 있어요. 지금이 가장 쌀 때입니다. 이제 은행주가 치고 올라갈 거예요."

"그렇지 않습니다. 글로벌 위기를 불러온 것이 금융주 아닙니까. 아직 금융위기를 극복했다는 증거도 없는데 지금 투자한다는 건 모험이 아닐까요?"

리먼브라더스 파산의 충격을 벗어나 주가가 고개를 들기 시작했던 2009년 3월. 서울 여의도동 신한금융투자빌딩 19층에 있는 신한BNP파리바자산운용(이하 신한BNPP자산운용) 회의실에서는 갑론을박이 끊이지 않았다.

매일 아침 열리는 리서치 회의가 논쟁의 장이었다. 이 회의에는 종목·업종분석을 담당하는 신한BNPP자산운용 리서치본부의 애널리스트만 참석한 게 아니었다. 실제 펀드를 운용하는 주식운용본부 소속 펀드매니저까지 모두 30여 명이 모여 토론을 벌였다. 이 자리에서 은행주에 대한 비중 확대 여부가 격렬하게 논의됐다. 금융위기로 다른 업종보다 큰 낙폭을 보이며 지수 하락을 주도했던 은행주를 이제 적극적으로 사들여야 한다는 것이 리서치본부의 의견이었다.

리서치본부는 거시경제 예측을 발판으로 경기가 바닥을 찍고 상승할 것이라는 점, 금융권의 추가적인 부실 규모가 감소할 것이라는 점, 은

행의 조달비용 하락을 통한 순이자마진 개선 효과가 나타나고 있다는 점 등을 매수 이유로 들었다.

펀드매니저들로 이루어진 주식운용본부는 장고 끝에 과감하게 리서치본부의 의견을 받아들이기로 했다. 그때부터 펀드의 은행주 비중을 늘려 가기로 한 것이다. 당시 다른 어떤 자산운용사보다 발빠른 매집이었다.

예측은 적중했다. 코스피지수 금융업종지수는 3월 초 바닥을 찍고 급등해 11월까지 80% 이상 상승했다. 같은 기간 코스피지수 대비 30%p 이상 높은 상승률이었다.

이것이 신한BNPP자산운용이 운용하는 펀드들의 수익률 개선에 크게 도움이 된 것은 두말할 것도 없다.

통합 후 운용 · 리서치 인력 강화

신한BNPP자산운용은 2009년 1월 2일 합작회사인 신한BNP파리바투신과 신한금융그룹 계열 SH자산운용이 합병해 출범한 회사다. 합병 전에 수탁고 기준으로 시장점유율 6위와 9위인 두 회사는 합병 후 수탁고가 27조 원에 달했다. 미래에셋자산운용과 삼성투신운용의 뒤를 잇는 업계 3위 거대 자산운용사의 출범이었다.

미국 증시가 10여년 만에 최저치로 떨어지고, 대형은행 파산을 막기 위해 막대한 미국 정부의 구제자금이 수혈되던 시기, 누구도 통합자산운용사의 미래를 자신하지 못했다.

하지만 신한BNPP자산운용은 합병 이후 조직 개편과 운용 강화, 프랑스 BNP파리바의 선진운용 기법 도입을 통해 역량 강화에 나섰다.

김해동 리서치본부장과 김영기 성장형운용팀은 통합 신한BNPP자산운용 변화의 중심에 있는 사람이라고 해도 과언이 아니다.

김해동 본부장은 합병 전 SH자산운용에서 주식운용본부장으로 주식운용 및 리서치를 총괄하며 'SH 탑스밸류(현 신한BNPP 탑스밸류)펀드'를 국내 가치주 대표 펀드의 하나로 키운 인물이다. 탑스밸류펀드는 2007년 초만 해도 100억 원에 불과했으나 현재는 꾸준한 성과에 힘입어 7,000억 원 규모에 육박하고 있다. 김 본부장은 1988년 대한투자신탁에 입사해 자산운용업계에 발을 디딘 이래 펀드운용과 리서치 경력만 21년이 넘는다. 합병 후에는 신설된 리서치본부로 자리를 옮겨 17명의 리서치본부 인력을 총괄하며 일임계좌를 포함해 3조 5,000억 원이 넘는 국내 주식형펀드의 운용 지원에 힘쓰고 있다.

김영기 팀장은 1996년 대한투자신탁에서 주식투자전략 애널리스트

대형주 위주로 투자할 땐
거시경제와 제반 지표 변수들을
무시할 수 없습니다.
대형주 등락에는 기업 자체의
가치 못지 않게 글로벌 경기이
슈, 환율, 경쟁자 상황도 중요한
변수로 작용하기 때문이죠.

로서 첫 걸음을 내딛은 뒤 주식운용을 맡게 됐다. 그 역시 13년 경력의 고
참 펀드매니저다. 신한BNPP자산운용의 대표 성장형 펀드라고 할 수
있는 '신한BNPP 미래든적립식펀드'를 맡아 운용하고 있다. 특히 합병
후 리서치본부 강화에 따른 시너지효과를 통해 펀드 수익률을 크게 개
선시켰다.

'신한BNPP 미래든적립식펀드'는 2010년 3월 기준 코스피지수 대비
11.6%p대의 초과수익을 실현했고, 1년 기준으로는 국내 주식형 펀드
수익률 상위 10%대에 올라와 있다. 이 펀드는 규모가 3,000억 원대로
신한BNPP자산운용을 대표하는 성장형 펀드로 발돋움했다.

김 팀장은 "신한BNPP투신운용과 SH자산운용의 합병으로 대형화되면서 회사의 성장과 함께 리서치 능력이 제고됐고, 덕분에 수익률이 크게 좋아졌다"고 설명했다.

"통합과 함께 주식운용본부와 리서치본부 총인원이 10명 중반에서 30명 수준으로 증가하면서 심도 있는 분석을 적절한 타이밍에 내놓을 수 있게 됐습니다. 현재 매일 아침 7시 45분에 운용본부와 리서치본부가 모여 리서치회의를 하고 있으며, 이 시간에 종목 분석 및 투자전략까지 결정하고 있습니다."

합병 후 신한BNPP자산운용은 주식운용본부 내에 있던 리서치팀을 리서치본부로 격상시켜 10명에서 17명으로 인원을 늘렸다. 주식운용본부 운용인력도 6명에서 12명으로 키웠다.

김해동 본부장은 "천 개가 넘는 상장종목 중 투자할 만한 종목을 골라 300개 가까이 모은 유니버스를 기초로 구성한 모델포트폴리오를 리서치본부에서 관리하며, 실제 펀드의 종목 편입은 이 모델포트폴리오를 참고해 펀드매니저가 한다"고 설명했다.

리서치 지원 뒷받침된 톱다운 방식도 중요

대부분의 펀드매니저가 보텀업(bottom-up : 시장보다 개별 종목 가치에 중심)을 중요하게 생각하는 추세지만, 김영기 팀장의 의견은 톱다운(top-down : 거시적인 시장전망을 통해 종목 선정) 역시 그만큼 중요하게 살펴야 한다는 것이다.

"대형주 위주로 투자할 때는 거시경제와 제반 지표 변수들을 무시할 수 없습니다. 대형주 등락에는 기업 자체의 가치 못지 않게 글로벌 경

| 그림 2-12 | 신한BNPP Tops Value증권투자신탁 1 [주식] (종류C) 수익률

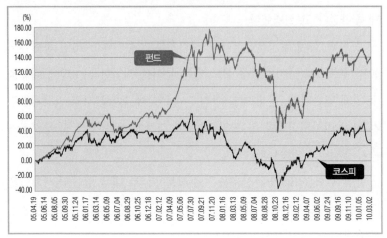

출처 : 제로인

기이슈, 환율, 경쟁자 상황도 중요한 변수로 작용하기 때문이죠."

김 팀장은 "최근 주가 흐름을 보면 원화가 절상되면서 수출주들이 조정을 받고 부진했던 내수주들이 선방한 상태"라며 "항상 거시경제 변수를 고려해야 실수를 줄일 수 있다"고 강조했다.

앞서 밝힌 은행주에 대한 투자 성공이 대표적인 케이스다.

그래서 중요한 게 리서치 능력이다. 펀드매니저 개인의 능력으로 모든 경제흐름과 개별 기업의 기초체력을 전망하기에는 한계가 있다. 탄탄한 리서치의 지원시스템이 필수다.

김해동 본부장 역시 20년 넘게 펀드를 운용한 경험자로서 이에 동의한다. 그는 실제로 SH자산운용에서 탑스밸류펀드 운용 당시 리서치파트를 강화하면서 달성한 성과로 수탁고 100억 원짜리 펀드를 8,000억 원까지 늘린 바 있다.

| 그림 2-13 | 신한BNPP미래든적립식증권투자신탁 1 [주식] (종류C) 수익률

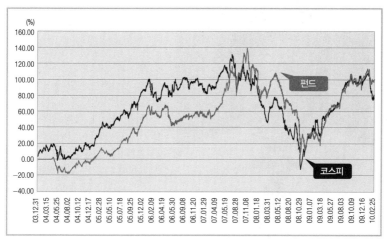

출처 : 제로인

김 본부장은 "기업의 가치를 제대로 파악하고 변화를 놓치지 않게 체크하려면 리서치를 깊게 해야 한다"고 강조했다.

그의 투자철학에 공감한 김 팀장은 리서치에 입각한 기업가치 분석 덕분에 성공한 종목으로 '엔씨소프트'를 꼽았다. 2008년 말 엔씨소프트의 주가가 3만 원 밑으로 떨어질 당시 엔씨소프트를 눈여겨보다 대량 매수하기 시작한 것이다.

"이때 이 회사의 시가총액이 보유 현금 및 건물 가치 이하로까지 떨어진 적이 있었어요. 반면 '아이온'이라는 온라인게임의 성공 가능성을 감안했을 때 주가 바닥은 탄탄하다고 봤죠. 앞으로 상승 여력이 크다고 보고 매수에 나섰습니다."

김 팀장은 엔씨소프트를 4만 원 수준에 사들이기 시작해 3% 비중까지 보유량을 늘렸다. 엔씨소프트 주가가 고점인 20만 원 가까이 왔을

펀드매니저는 매일 자신이 갖고 있는 펀드를 가지고 시험을 봅니다. 특정 종목을 살 건지 팔 건지 아니면 그대로 가지고 있을 것인지 하루하루 매 순간 결정을 내려야 합니다.

때 일부 매도해 수익을 확정지었지만, 나머지 물량은 주가가 재차 상승할 때까지 꾸준히 보유할 계획이라고 했다.

펀드매니저는 매일 시험보는 직업

펀드매니저 개인의 주식매매 감각보다는 체계화된 분석과 잘 갖춘 시스템에 따라 수익률이 향상되는 경우가 늘어나면서 펀드매니저의 '덕목'도 과거와는 달라졌다. 특히 최근에는 금융위기를 겪고 국내 금융시장이 점차 선진화되면서 리턴(수익률)과 함께 리스크(위험) 관리도 중요시하는 추세다.

김 팀장은 "과거에는 수익률을 몇 퍼센트 올렸는지가 성과의 잣대였다면, 최근에는 리스크 대비 리턴까지 평가하는 추세"라고 전했다.

단순히 높은 수익을 올리는 것뿐만이 아니라 수익률 변동성이 크지 않은지, 펀드 유동성이 제대로 관리되고 있는지 등도 제대로 살펴야 한다는 것이다.

그는 "프랑스 BNP파리바그룹의 본사도 방문하는 등 선진국 운용의 시스템을 도입해 적용하는 중"이라며 "앞으로 리스크 관리의 중요성은 다른 국내 자산운용사에도 점차 강조될 것"이라고 내다봤다.

그렇다면 예전이나 지금이나 통하는 '좋은 펀드매니저의 조건'도 있을 법하다.

김해동 본부장은 펀드매니저에 대해 '매일 시험을 보는 직업, 그것도 학과 공부와 달리 미리 정해진 정답이 없는 시험'이라고 정의한다. 따라서 스트레스를 이겨낼 수 있는 정신력은 필수다.

"사람들은 시험 보는 걸 제일 싫어하잖아요. 하지만 펀드매니저는 매일 자신이 갖고 있는 펀드를 가지고 시험을 치른다고 봐요. 특정 종목을 살 건지 팔 건지 아니면 그대로 가지고 있을 건지 등등 하루하루 매 순간 결정을 내려야 하지요. 시험 결과는 다음날 바로 전산에 냉정하게 숫자로 표시되고요."

유능한 펀드매니저를 꿈꾸며 입사했다가 버티지 못하고 그만둔 사람도 부지기수다. 스트레스로 신경쇠약에 걸리거나 과로사까지 하는 경우도 봤다.

김 본부장은 또 "머리는 좋은데 제대로 결정을 못 내리는 젊은이들이 많다"며 "의사결정을 할 때 모든 것을 완벽하게 고려한 다음 결정을 내

김해동 리서치본부장(왼쪽)이 종목에 대해 팀원과 상의하고 있다.

리기보다는 경중을 따져 중요한 것을 보고 과감히 결단하는 능력이 필요하다"고 조언했다.

김영기 팀장은 펀드매니저의 자질로 '성실'을 첫째로 꼽았다.

김 팀장은 "경력 10년이 넘어가는 펀드매니저들은 삼성전자 같은 종목을 10년째 보고 있는데, 말하자면 재수, 3수를 넘어 10수를 하는 셈"이라며 "게을러지고 관성에 빠질 수 있기 때문에 종목에 대한 성실성을 유지하는 게 가장 중요하다"고 강조했다.

김해동 본부장과 김영기 팀장 모두 대학을 졸업한 직후 주식시장에 매료돼 펀드매니저의 세계로 뛰어들었다. 당시 국내 단 3개만 존재하던 '3투신' 중 하나인 대한투자신탁에 입사해 경력을 쌓기 시작한 점도 비슷하다.

그래서 그런지 두 사람이 생각하는 펀드매니저의 성공 조건도 크게 다르지 않다. 바로 '균형과 조화에 대한 감각'이다.

　"강세장일 때만 잘하거나, 약세장일 때만 잘하는 매니저를 많이 보아 왔는데 그렇게 해서는 이 바닥에서 오래 살아남지 못합니다. 탐욕과 공포가 만연하는 변화무쌍한 주식시장에서 이를 극복하고 시장을 거슬러 외롭게 결정을 내릴 수 있어야 '롱런' 하는 펀드매니저가 될 수 있죠. 바로 균형 감각이 중요한 이유입니다."

수익률 1만 5,500% 신화
펀드 직접판매의 고수 **강방천**

강방천 | 1960년 전남 신안 출생 | 한국외국어대학교 경영정보학과 | 前 SK증권, 쌍용투자증권(현 신한금융투자), 동부증권, 이강파이낸셜서비스 대표 | 現 에셋플러스자산운용 회장

" 경쟁력 있는 1등 기업에 투자하라 "

1억 원을 156억 원으로 불린 사나이, 국내에서 처음으로 펀드를 직접 판매하는 자산운용사의 대표, 펀드손실이 나면 보수를 안 받겠다는 펀드매니저….

강방천 에셋플러스자산운용 회장을 이야기할 때 따라다니는 대표적인 수식어들이다. 그는 156억 원의 대박으로 남은 인생을 유유자적하면서 살 수도 있었다. 하지만 그는 투자자문사를 차리고 이를 자산운용사로 키우면서 (자신의 말처럼) 고생길을 걷고 있다. 이 와중에 고된 출장길도 있었다. 강 회장은 2009년 7월 말부터 한 달여간 중국 출장을 다녀왔다. 에셋플러스자산운용이 2009년 7월께 창립 1주년을 맞았다. 이와 함께 가진 여러 행사들을 끝내고 중국을 다녀온 것이다.

"중국에서 강행군을 했어요. 그래도 이번 출장으로 성과들이 꽤 있었습니다. 기대해도 좋습니다."

서울 역삼동 강남파이낸스센터 에셋플러스자산운용 본사에서 만난 강 회장은 다소 피곤해보였다. 그렇지만 얘기를 하는 내내 선물보따리를 풀어 놓듯이 투자 이야기를 꺼내놓았다. 안경 너머로 자신감이 가득한 눈빛을 번뜩였다. 그는 중국에 갔던 이유부터 차근차근 설명했다.

"중국인들이 한국 자본시장에 투자하는 방법을 살펴보고 왔습니다. 물론 에셋플러스자산운용을 통해서죠. 또 중국의 그린산업의 현황을 보러 갔습니다. 특히 전기자동차 산업의 현황을 직접 체크하고 싶었습니다."

최근 그에게 발상의 전환을
이끈 요인은 무엇일까?
바로 녹색성장산업을 일컫는
'그린혁명'이다. 그린혁명을
그만의 방식으로 해석해야만
가치투자에 나설 수 있다.

중국기관의 한국투자 추진

2008년 6월 중국 금융당국으로부터 적격기관투자자(QDII)로 인정받은 기관은 한국 자본시장 투자가 가능해졌다. 중국 금융당국은 은행, 증권, 보험사 등 기관투자자 중에서 적절한 자격을 갖춘 금융사를 QDII로 정해 해외 자본시장에 투자할 수 있도록 허용하고 있다.

현재 QDII 허가를 받은 중국 금융회사는 은행 24개, 보험 22개, 증권·기금·신탁 41개 등 총 77곳으로 알려졌다. QDII 허가를 받은 자산운용사는 29개인데 강 회장은 이 중에 21개의 자산운용사 관계자들을 만났다.

강 회장은 중국 예찬론자다. 평소에도 △중국에 투자하라는 말과 △중국에 밀접하게 뿌리내린 기업을 주목하라는 조언을 입에 달고 산다. 그런 그가 우리 돈을 중국에 투자하는 동시에 중국인들의 돈을 끌어와 한국에 투자하겠다고 한다. 국내 자산운용사들이 중국 정부로부터 해외적격기관투자자(QFII) 자격을 받고 국내 돈을 중국에 쏟아붓는 것과는 대조적이다.

이렇게 남들과는 다른 강 회장식의 사고방식은 투자에도 고스란히 묻어난다. 그가 말하는 투자는 '발상의 전환'에 가깝다. 음주운전 집중단속 소식에는 보험주를 산다. 사고가 줄어 보험사들의 이익이 늘어난다는 논리다. 아파트 공급이 많아지면 건설주가 아닌 도시가스 공급회사의 주식을 사는 등의 방식은 일찌기 알려졌다.

최근 그에게 발상의 전환을 이끈 요인은 무엇일까? 바로 녹색성장산업을 일컫는 '그린혁명'이다. 그는 녹색산업들의 성장을 '산업혁명'에 빗대어 '그린혁명'이라고 불렀다. 사회현상을 그린혁명의 관점에서 다양한 해석이 가능하다.

이 중 그의 방식(그는 '에셋플러스의 방식'이라고 불렀다)을 통해 해석해야만 가치투자에 나설 수 있다고 강조했다.

"그린혁명을 산업부문으로 나누면 △태양력이나 풍력과 같은 대체에너지 △발광다이오드(LED) 등과 같은 에너지절감 △전기자동차 등으로 요약됩니다. 이 중에 대체에너지나 에너지절감 산업은 화석연료에 종속되고 있습니다. 유가가 바닥이면 경쟁력이 없죠. 저는 그래서 전기자동차 산업을 주목했습니다."

전기자동차가 상용화되면 자동차 회사가 수혜를 입을 것이 뻔하다.

전기배터리를 개발하는 관련 자동차 부품회사나 배터리 업체들의 수혜도 시장에 일찍이 알려져 있다. 그런데 이런 정보들을 놔두고 중국 현지 탐방이라니. 이해가 가지 않았다. 강 회장은 중국에 대체 무엇을 보러 간 것일까?

"전기자동차가 언제부터 상용화가 될까? 배터리는 리튬이온일까, 수소전지일까? 이런 등등의 생각은 과학자가 연구할 일이죠. 저는 전기자동차가 과연 어떤 산업과 기업들에게 영향을 미칠까 현황을 알아보러 간 것입니다."

그는 얘기를 이어갔다.

"전기자동차는 어떤 에너지로 달릴까요? 전기 에너지겠죠? 전기 에너지로 바퀴가 굴러가려면 분명히 모터가 필요할 겁니다. 모터 속에는 구리가 있을 겁니다. 저는 그 구리가 모터 속에 정말 들어가 있나 살펴봤습니다. 중국에는 BYD라는 전기자동차 부품회사를 보러갔습니다."

BYD는 1995년 세워진 세계 2위의 휴대폰 전지업체다. 전기차용 전지의 핵심 기술을 보유하고 개발하고 전기자동차 상용화를 추진하고 있다. 세계적인 투자대가인 워런 버핏이 계열사를 통해 10% 가량의 지분을 보유하고 있는 회사이기도 하다. 하지만 그의 궁금증은 BYD에 가기도 전에 해결됐다.

중국 상하이에서 길을 지나가던 중 전기자전거를 목격했기 때문이다. 강 회장은 중국인 전기자전거 주인에게 모터를 한번 뜯어보자고 제안했다. 자전거 주인은 당연히(?) 거절했고, 강 회장은 그 자리에서 자전거를 샀다. 그리곤 자전거의 모터를 뜯었다. 역시 모터 안에는 구리가 들어 있었다.

"이제 '구리'라는 원자재 자체의 가격도 올라갈 것이고 이를 이용한 기술을 가진 기업들이 경쟁력을 갖게 될 겁니다. 언제가 될지는 모르겠지만 분명히 그때가 온다고 생각하고 적당한 투자처를 빨리 찾아봐야죠."

강 회장은 BYD를 방문하고 '자동차 기술의 시대가 한 세기를 넘어간다'는 느낌을 받았다. 기계의 시대는 가고 전기·전자의 시대가 될 것이며, 차에 엔진이 사라지고 모터가 들어가면서 엔진과 관련된 업체들은 위기를 맞을 수 있다는 얘기다.

이렇게 남다른 안목을 가진 강 회장도 처음에는 평범한 증권맨이었다. 조금 다른 점이 있다면 '회계학'을 좋아하는 점 정도였다. 증권회사 재직시절 회계적 논리에 근거해 기업들을 분석했고 이로 인해 높은 수익도 거둘 수 있었다. 그렇지만 회계학만으로는 기업들의 가치를 모두 투영해볼 수는 없었다. 회계학의 한계를 극복하기 위해 '가치투자'의 방법을 생각해내게 됐다.

그는 회사를 그만두고 직접투자로 '대박'을 터뜨리면서 투자자문사의 사장으로 자산운용사의 회장으로 승승장구하게 됐다. 물론 적잖은 고비도 있었다. 그에게도 '쪽박'과 '백수'의 기억은 있으니 말이다. 지금과 같은 가치투자를 발굴하기까지의 남다른 노력도 숨겨져 있었다.

대박 뒤에 찾아온 쪽박

"글쎄요. 제가 왜 그랬을까요? 156억 원 중에 40억 원은 프리코스닥에 투자했다가 날렸습니다. 20억 원은 자문사 설립할 때 투자했어요. 나머지는 개인 자산으로 묻어뒀습니다."

강 회장은 1960년생으로 전남 신안에서 태어났다. 한국외국어대학교 경영정보학과를 졸업하고 쌍용투자증권(현재 신한금융투자), 동부증권에서 펀드매니저로 근무했다. 1995년에는 3명의 동료들과 의기투합해 '이강파이낸셜서비스' 라는 투자자문사를 설립했다. 하지만 자본금은 넉넉하지 못했다. 5,000만 원 정도만 손에 들고 있을 뿐이었다. 그때 눈에 들어온 종목이 대성자원(현재 대성산업). 당시 대성자원의 보통주 주가는 2만 원 안팎이었고 시가총액은 18억 원에 불과했다. 강 회장은 대성자원의 재무제표를 들여다보고 무릎을 쳤다.

"대성자원은 탄광자원개발 회사였어요. 대구도시가스나 다른 건실한 회사들의 지분을 20~30%씩 보유하고 있기도 했습니다. 당시에 탄광을 없애면 국고보조금을 줬습니다. 그런데 현금흐름표를 보니 이 돈이 '이익' 이 아닌 '자본' 으로 잡히더라구요. 주가가 뜰 수밖에 없는 구조였습니다."

분석을 마친 그는 6개월 동안 돈이 생기는 대로 대성자원을 샀다. 2만 원대였던 주가는 20만 원으로 뛰어올랐다. 순식간에 돈은 불어났고 자문사도 여유가 생겼다. 그러나 처음부터 대박을 낸 탓일까? 그의 다음 투자 결과는 시원치 않았고 투자 의욕마저 잃게 됐다.

"주식투자 파트 외에 대안투자나 채권투자 쪽에서 돈을 벌어 월급을 받았었죠. 하는 일도 없이 월급만 받는 것 같아 자존심이 상했습니다.

위기는 극복하게 되어 있어요.
그래서 외환위기 당시에
투자를 했고, 엄청난 수익을
얻게 된 겁니다.
하지만 앞으로는 이렇게까지
벌 기회가 없을 겁니다.

결국엔 회사를 그만두고 경기도 구리의 집에서 백수로 지냈습니다."

1997년 회사를 그만둔 강 회장은 가진 돈 3,800만 원을 털어 달러로 입금했다. 외환위기로 달러가치가 올라가면서 3,800만 원은 6,000만 원까지 불어났다. 여기에 전세금을 빼서 1억 원으로 주식에 뛰어들었다. 이때 산 종목이 대덕GDS, 영원무역이다.

"'달러가 오르면 수출 비중이 높은 기업에 투자한다'. 이제는 당연한 투자원칙이지만 당시에는 외환위기 때문에 주식투자 자체가 뜸했습니다. 그렇지만 시간이 지나니까 이들 종목의 주가는 치솟았죠."

외환위기 당시 4,000원대에서 거래됐던 대덕GDS 주가는 이듬해인 2~3월에는 9,000원대까지 치솟았다. 1,500원 이하로 거래됐던 영원무역 또한 1998년 3월에는 3,000원까지 상승했다. 반 년만에 자산을 두 배 가량으로 불린 강 회장은 '우선주'에 주목했다.

우선주는 저평가의 매력을 지녔으면서도 배당 매력까지 갖췄다는 평가다. 우선주 중에서 고르고 고른 종목이 바로 부국증권 우선주였다. 1998년 7~8월께 600~700원을 맴돌던 부국증권 우선주를 600원대에 담았다. 그해 11~12월께 이 주식은 1만 4,000~1만 5,000원으로 급등하면서 강 회장도 '대박'을 터뜨리게 됐다. 최저가와 최고가를 비교하면 약 2,400%의 수익률을 기록했다. 엄청난 수익률을 다 따라잡지는 못했지만, 강 회장의 1억 원 주식투자는 156억 원으로 불어나면서 주식투자의 신화가 됐다. 이에 대해 정작 본인은 '시기가 좋았을 뿐'이라며 슈퍼개미는 아니라고 단언했다.

"위기는 극복하게 되어 있어요. 그래서 외환위기 당시에 투자를 했고, 엄청난 수익을 얻게 된 겁니다. 하지만 앞으로는 이렇게까지 벌 기회가 없을 겁니다. 이번 금융위기 때 보셔서 아시겠지만 이미 경험(외환위기)을 한 탓에 예전만큼 많이 떨어지지도 않았고 그만큼 오름폭도 적습니다. 당시에는 제가 잘해서가 아니라 시기적으로 잘 맞아서 수익률이 높았어요. 슈퍼개미라고 할 수 없습니다."

한사코 '슈퍼개미'라는 호칭을 거부하는 그에게 '작위'를 내릴 수도 없는 노릇이다. 그래도 '복덩이 아빠'라는 호칭은 줄 수 있을 것 같다. 주식 대박과 함께 강 회장은 1997년에 늦둥이 딸까지 보게 됐다. 집에서는 이 딸을 '복덩이'라고 부른다.

여기저기 투자해 달라는 코스닥 회사들에게 40억 원을 퍼줬다. 그는 40억 원으로 코스닥 회사 49개에 투자했다. 이렇게 투자한 회사 중에 지금까지 코스닥 시장에 남아 있는 회사는 하나뿐이다. 100%의 성공 비결을 물어보러 왔는데 강 회장은 100%에 가까운 실패담을 얘기했다. 계속 듣고 있어야 하는지 엉덩이가 들썩여진다.

"돈을 벌었다고 얘기가 나오니까 여기저기서 투자해 달라고 손을 뻗쳐왔습니다. 몇 백만 원에서 1억~2억 원까지 투자금액도 다양했죠. 투자금액의 크기를 떠나 이제는 모두 날린 돈이지만요."

쉽게 벌었기에 쉽게 써버린 것은 아닐까? 강 회장은 손사래를 쳤다. 그래도 투자의 지침으로 여길 만한 교훈은 얻었다고 강조했다. 바로 강 회장의 가치투자 원칙인 '1등 기업에 투자한다'는 것이다.

"투자에 실패를 하고 얻은 교훈은 바로 1등 기업에 투자하자는 것입니다. 경쟁력 있는 1등 기업은 망하지 않거든요. 그렇다고 회사가 망할 것을 염두에 두고 청산가치를 따지는 것은 아닙니다. 회사의 미래가치를 내다보고 투자합니다."

그리고 그의 숙원인 자산운용사 설립을 위해 한 걸음을 떼게 됐다. 20억 원을 떼내고 지인들을 모아 투자자문사를 설립했다.

돈 못 벌면 보수 안 받겠다

1999년 7월 어느 날 서울 광장동 워커힐호텔. 강 회장은 에셋플러스 투자자문주식회사 창립식에서 파격적인 선언을 했다.

"고객자산에 대한 운용보수는 1% 받겠습니다. 또 성과보수에 대해서는 20%의 보수를 받겠습니다. 그렇지만 수익이 나지 않으면 성과보수를 일체 받지 않겠습니다."

| 표 2-4 | 에셋플러스 코리아리치투게더 운용현황 (설정일 2008. 7. 7)

펀드명	설정액	순자산	수익률			일반 주식형펀드 %순위	
			6개월	1년	설정 후	6개월	1년
에셋플러스코리아리치투게더	412	525	12.85%	79.05%	39.03%	1%	1%

일명 '무수익, 무보수' 선언을 한 것이다. 강 회장은 1억 원 이상의 자산을 일임계약 시에 까다로운 조건(?)을 내걸었다. 위탁 성과보수가 있는 장기계약만 체결했다. 기준수익을 초과한 수익에 대해서는 20%의 보수를 받았다.

이렇게 9년 동안 고객들의 자산을 관리했고 손실을 본 해는 두 해뿐이었다. 가치주 발굴로 높은 수익률을 안겨준다는 소문이 나면서 에셋플러스는 2002년 3월에는 국민연금 위탁운용사로 선정됐다. 이후 군인공제회, 정보통신부, 사학연금관리공단, 교직원공제회 등 기관들의 자금을 안정적으로 운용했다.

자문사의 덩치를 키우면서 신뢰도 쌓았다. 2008년 6월에는 자산운용사를 설립했다. 국내 자산운용사로는 처음으로 '직접투자'를 내걸었다. '펀드'만 파는 데 그치지 않고 가치투자 철학과 장기투자의 원칙까지 전파하겠다는 의지였다. 고객들의 소중한 자산을 불완전판매 등으로 헛되이 하지 않기 위해서였다. 하지만 '무수익, 무보수' 원칙은 이어갈 수 없었다. 이런 수수료 구조의 공모펀드는 법적으로 허용되지 않기 때문이다.

"운용보수 내에서 수수료를 가급적 인하할 계획입니다. 장기투자를 우대하고 성과가 안 나면 수수료를 받지 않는 다른 방법을 꾸준히 모색하고 있어요. 2008년에는 직접판매를 고수하는 과정에서 47억 원의 적자가 났어요. 앞으로 4년 정도 적자가 나도 버틸 수 있습니다. 다행히도 올해는 시장이 살아난 덕분에 적자는 면할 것 같습니다."

에셋플러스는 앞으로 1인 점포 등 다양한 판매 형태를 취해 국내 판매망을 넓혀간다는 계획이다. 2009년 10월에는 미국 로스엔젤레스에 현지 사무소를 열었다. 교포 자금을 끌어들일 예정이다. 그는 가치투자 철학을 태평양 건너까지 전파하고 있다. 그의 투자철학이 중국과 미국에서 어떤 결실을 맺을지 주목된다.

2년만에 수익률 두 배
가치투자의 고수 **김민국·최준철**

김민국(사진 왼쪽) | 1976년 광주 출생 | 서울대학교 경제학부 | 前 SMIC(현 서울대 주식투자연구회) | 現 VIP
투자자문 대표이사
최준철 | 1976년 부산 출생 | 서울대학교 경영학과 | 前 SMIC(현 서울대 주식투자연구회) | 現 VIP투자자문
대표이사

아무도 기대하지 않는
종목일수록 수익률이 높다

"저보고 2,000억 원을 주고 새롬기술과 같은 회사를 만들라고 한다면 지금 당장에라도 1년 안에 그 정도 회사는 만들어낼 수 있습니다. 그러나 저에게 그 돈으로 신도리코를 하나 더 만들어보라고 하면 저는 조용히 그 돈을 돌려주고 다시는 그런 제안을 하지 말라고 말해줄 겁니다."

IT(정보기술) 버블 붕괴로 주식판이 뒤숭숭하던 2001년. 서울대학교 경영학과에 재학중이던 최준철씨는 가치투자 인터넷사이트 뉴아이에서 '낭중지추K'라는 회원의 신도리코 분석 글을 읽었다. 21세기 들어 주식시장에서 '인터넷'이나 '네트워크'라는 수식어가 들어가지 않으면 대접받지 못하던 시기였다. 하지만 낭중지추K는 전통적인 제조업체로 아무도 들여다보지 않는 복사기 제조업체 신도리코에 대해 '흙 속의 진주'라며 순이익 연 30% 성장이 기대되는 데다 배당률도 8%에 달해 "절대로 빼앗기지 말아야 할 주식"이라고 평가했다.

평소 워런 버핏이나 피터 린치 같은 세계적인 가치투자자들에 대한 책을 읽으며 독학으로 가치투자를 연구하고 있던 최씨는 당장 그 글에 흥미가 생겼다. 최씨 역시 '엔젤'이라는 필명으로 가치투자 사이트에서 활약하던 회원 중 한 명이었다. 온라인 채팅을 통해 대화를 나누던 두 사람은 가치투자에 대한 서로의 철학이 잘 맞고 보유 종목까지 비슷하다는 것을 알고 금세 의기투합했다. 그러다 아예 직접 만나자며 '번개팅' 약속까지 잡았다. 그런데 우연히도 두 사람 모두 서울대학교에 다니고 있었던 데다가 1976년생으로 나이도 같은 게 아닌가. 게다가 당시 서울대 경제학부 교수였던 이창용 교수(現 금융위원회 부위원장)의 수업을 함께 듣고 있던 사이이기도 했다.

국내 최초의 가치투자 전문서인 《한국형 가치투자 전략》을 출간해 '가치투자의 전도사'로 떠오른 VIP투자자문 공동대표 '엔젤' 최준철 대표와 '낭중지추K' 김민국 대표의 첫 만남이었다.

지금이 가치투자 적기

같은 사무실에서 일하고 있지만 출근 전후를 제외하고는 두 사람이 한 자리에 모이기가 쉽지 않다. 하루 종일 기업탐방이나 미팅에 정신 없이 뛰어다니는 탓이다. 최근에는 변동성이 큰 증시 흐름에 대응하느라 특히 바쁘다.

"2009년은 가치투자자들이 뚝심을 지키기가 참 힘들었던 시기였어요. 1, 2분기에는 테마주 위주로 강세장이 형성돼 중소형주들이 급등했고, 3분기에는 IT와 자동차주가 주도주가 되면서 지수를 끌어올렸죠."

반면 이들이 중점적으로 투자하고 있는 음식료, 유통, 섬유, 정유 등 전통적인 내수주들은 상대적으로 부진했다. 하지만 다른 측면에서 생각하면 이런 시기야말로 가치투자가 빛을 발하는 때라고 할 수 있다. 주도주를 제외한 소외주 중에서는 아직 '먹을 만하고 오를 만한' 종목이 많기 때문이다.

최 대표는 "음식료 업종의 경우 IT나 자동차주에 비해 밸류에이션(실적대비 주가수준)이 절반도 안 되는 이런 시기는 기업 가치에 비해 싼 주식을 선호하는 가치투자자들이 사기에는 적기"라고 설명했다.

　VIP투자자문은 최근 최소 투자 유치금액을 1인당 5억 원에서 2억 원으로 대폭 낮췄다. 가치투자하기 좋은 시기에 보다 많은 사람들이 접근할 수 있도록 하기 위해서다. 이는 지수가 2,000선을 달리던 2007년과 비교된다. 당시 VIP투자자문은 아예 투자자들의 가입을 받지 않았다.

　"증시가 워낙 호황이라 투자자들의 문의가 굉장히 많았는데요. 냉정하게 생각해볼 때 지금은 들어갈 적기가 아니라고 생각했고, 가치투자의 입장에서 살펴봐도 살 만한 종목이 많지 않았습니다. 조금 기다려달라고 하면서 가입을 거의 받지 않았죠. 그때 투자자들을 많이 받아들였더라면 운용자금은 크게 늘어났겠지만, 수익률 관리는 제대로 되지 않았을 겁니다."

설립 이후 매년 시장 수익률 웃돌아

　두 사람은 27세 되던 2003년 VIP투자자문을 설립했다. 일임매매를 통해 굴리는 펀드의 운용 규모는 3,000억 원에 달하고, 가입자 수도 220명을 넘어섰다.

　가입시에는 투자자들과 직접 1 : 1 상담을 통해 일일이 가치투자에 대한 이해를 구한다. 상승장에서 다른 성장형펀드에 비해 수익률이 부진할 수도 있다는 점과 3년 이상 장기투자를 필요로 하는 펀드 성격 때문이다.

　고객들 중에도 설립 당시부터 함께 해온 5~6년된 투자자들이 많다. 이들은 "단기 수익률에 일희일비하는 것보다는 길게 봤을 때 수익률 상

위권을 유지하는 펀드가 목표"라고 강조했다.

설립과 동시에 설정된 대표 펀드인 'VIP사모주식형펀드'의 수익률은 212%. 같은 기간 코스피 지수가 117% 상승한 것에 비하면 두 배 가까이 높은 수익률을 올린 것이다.

연 수익률로 봐도 적게는 3%p에서 많게는 40%p 가까이 줄곧 코스피지수 상승률을 앞질러왔다. 특히 2007년과 같은 강세장이나 2008년 급락장에서도 변함없이 시장대비 초과 수익률을 올리고 있어 눈에 띈다.

수익률의 비결은 철저한 가치투자다.

일반 주식형 공모펀드의 경우 삼성전자나 포스코 등 시가총액이 큰 대형주를 기본적으로 시가총액 비중에 준할 정도로 편입하고, 전망에 따라 작거나 많게 조정하는 것이 기본이다.

하지만 'VIP사모주식형펀드'를 포함해 VIP투자자문에서 운용중인 펀드에는 삼성전자가 단 1주도 포함돼 있지 않다. 삼성전자뿐만 아니라 한국을 대표한다고 하는 다른 대형 IT주들도 거의 편입하지 않았다.

김 대표는 대형주는 시장에 효율적으로 움직이며 실적 전망이 좋거나 나쁘면 주가도 함께 빠르게 움직인다고 설명했다. 특히 업황 변화가 심한 IT주의 경우 변수가 많아, 아무리 기초체력이 좋은 종목이라도 외풍에 자유로울 수 없다.

김 대표는 부동산으로 따지면 모멘텀을 추구하는 성장투자자들은 '분양권 전매투자자'이고, 가치투자자들은 '경매투자자'라고 비유한다.

분양권 전매투자는 프리미엄을 노리는 게임이다. 사람들의 관심이 쏠리고 있는 인기 물건을 사서 프리미엄을 받고 재빨리 수익을 챙긴다. 반면 경매투자자는 가격이 계속 떨어지고 있는 물건을 할인해서 싸게 산다. 이들이 선호하는 곳은 북적북적한 '떴다방'이 아닌 썰렁한 법원이다.

"기술적 분석에 근거한 성장투자자들은 기업을 보는 것이 아니라 참여자의 행동을 보려고 합니다. 하락중인 종목에 대해서는 '이유가 있어서 사람들이 파는 거겠지'라고 생각하면서 할인되는 값에 사려고 하지 않습니다."

가치투자자들은 하락할 때 주식을 산다. 각종 차트 대신 전자공시를 들여다보며 종목을 고르며, 주로 소비주기가 빨라 수요가 끊임없이 창출되는 품목에서 시장지배력과 가격결정력이 있는 회사들을 선호한다.

최 대표와 김 대표가 꾸준히 관심을 갖고 있는 종목은 동서, 롯데삼강, 웅진코웨이, 아모레퍼시픽처럼 안정적으로 기반을 다져온 대표 내수주들이 대부분이다.

얼핏 보면 시장에서 별로 관심이 없고, 거래량도 많지 않은 영 '심심한' 종목들이다. 하지만 이들은 "단기간에 높은 수익은 내지 못해도 3~4년마다 한 번씩 가치주가 재평가되는 시기가 있다"면서 "아무도 기대하지 않는 종목일수록 수익률이 높다"고 강조했다.

예를 들면 동서의 경우 최대주주의 지분율이 70%에 달하기 때문에 유통 물량이 적고 하루 거래량도 1만 주가 안 될 정도로 미미하다. 주가도 급락이나 급등 없이 완만하게 움직이는 편이다. 남들 오른 만큼 올라주지 않으니 답답하기도 하다.

그런데 이 동서의 주가는 시나브로 상승해 2003년 액면분할 이후 8,000원대에서 2010년 3월 3만 1,000원대까지 4배 가까이 상승했다. 같은 기간 삼성전자는 30만 원대에서 70만 원대로 2.5배 상승에 불과했다.

VIP 펀드

최 대표와 김 대표는 증권사나 자산운용사 같은 제도권에서 근무한 경력이 없다. 이들의 투자 스승은 워런 버핏 같은 세계적인 투자자의 기법을 다룬 책이었다. 여기에 전공을 살려 기업분석에 응용했다.

이들이 증시에 이름을 날리게 된 것은 2001년 6월 수련삼아 시작한 'VIP펀드' 덕분이었다. 온라인에서 인연을 맺은 두 사람이 함께 SMIC(현 서울대투자연구회)에서 운용한 이 펀드는 2003년 설정된 'VIP사모주식형펀드'의 전신이라고도 할 수 있다.

"당시 IT 버블을 계기로 주식시장에 투자하는 사람은 많았지만 가치투자는 '마이너'로 취급받던 상황이었어요. 차트를 통한 기술적 분석이 인기를 끌었지만 일일이 기업들의 재무재표를 분석해가며 투자하는 사람은 거의 없었고요. '가치투자라는 게 미국에서나 가능하지 한국에서는 안 통한다'는 선입견이 있었죠."

두 사람은 한국에서도 가치투자로 성공할 수 있다는 것을 증명하기 위해 'VIP펀드'를 공개펀드로 운용하기로 했다. 매달 편입종목 아이디어와 매매 상황, 수익률, 회의 내용, 분석 리포트 등의 내용을 낱낱이 공개하기로 한 것이다.

투자동호회 회원들과 지인들의 자금을 모집해 마련한 천여만 원으로 시작한 VIP펀드는 그 후 2년 동안 117%의 수익률을 올리며 증권가에 화제를 불러일으켰다.

최 대표는 "가치투자로 짧은 기간에 높은 수익률을 올리기는 쉽지 않지만 운좋게도 9.11 사태 때 폭락한 주식들을 쓸어담은 것이 수익률 상승에 일조를 했다"고 밝혔다.

두 사람은 펀드 운용과 함께 그동안 모아온 자료를 바탕으로 가치투자에 대한 책을 출간하기로 결심했다.

국내 실정에 맞는 가치투자 서적이 없었던 상황에서 초보 투자자들에게 가치투자를 쉽게 알려주기 위한 것이었다. 전문적인 용어는 배제하고 누구나 이해할 수 있도록 풀어쓰는 것이 목표였다.

책 집필을 위해 선릉역 근처에 있는 학교 선배의 벤처회사 사무실 한 켠을 빌렸다. 게임 개발자들과 어울려 햄버거와 라면으로 끼니를 때우고 날밤을 새가면서 방학기간 3개월 정도를 꼬박 집필에 투자했다.

"기초 편집까지 다 된 상태로 모양새가 만들어진 책을 들고 출판사들을 돌아다녔어요. 그런데 학생에 불과한 우리가 쓴 책을 출간해주겠다는 데가 없더군요."

여러 출판사들의 문턱을 들락거린 끝에 간신히 한 출판사에서 출간이 결정됐다. 이렇게 나온 책이 《한국형 가치투자 전략》으로, 국내 최초로 '가치투자'라는 제목을 달고 나온 책이었다.

두 사람은 이 책의 2004년 개정판 서문에서 "《한국형 가치투자 전략》은 저자인 저희 자신도 놀랄 정도로 폭발적인 반응을 몰고 왔습니다. 주식이 대박을 노리는 복권이 아니라 기업의 일부이고, 주식투자자는 단순한 트레이더가 아니라 사업가라는 개념에 대해 많은 분들이 신선한 충격이었다고 이야기하시면서 공감해주셨습니다"라고 밝힌다. 이들은 책 출간에 그치지 않고 가치투자 전문지인 《대학투자저널》과 웹사이트 '아이투자'를 만드는 등 전방위로 활동 영역을 넓혀나갔다. 성과는 달게 나타났다. 이들의 투자철학에 공감하는 팬들이 생기기 시작하면서 아예 "돈을 맡길테니 굴려달라"는 문의도 수없이 들어왔다.

최 대표와 김 대표는 장고 끝에 투자자문사를 설립하기로 결정한다. 이렇게 탄생한 것이 국내 최초의 학생금융벤처 'VIP투자자문'이다. 2003년 운용을 시작한 'VIP사모주식형펀드'는 100억 원이라는 자금을 가지고 설정을 시작했다. 일반 공모주식형 펀드들도 웬만큼 인지도를 쌓지 않으면 설정액 100억 원 돌파가 쉽지 않다는 것을 볼 때 이들에 대한 투자자들의 신뢰를 짐작할 수 있다. 젊은 나이에 동업을 시작한 만큼 주위에서는 우려도 많았다고 한다. 하지만 둘은 '종목에 대한 의견 다툼' 외에는 큰 충돌이 없었다.

"가치투자라는 투자철학을 공유하면서도 관심 업종이 서로 조금씩 달랐던 것이 오히려 강점이 됐던 것 같습니다. 젊은 나이에 시작해 주식시장에서 10년 동안 안정적으로 성장할 수 있었던 것도 계속 토론하면서 서로가 서로의 생각을 검증해준 덕분이라고 생각합니다."

　두 사람은 "만약 투자자문을 설립하지 않았더라도 주식과 관련된 일을 했을 것"이라고 단언한다. 그만큼 주식투자가 적성에 맞고 보람을 느낀다는 뜻일 것이다. 사실 그동안 증권사 스카웃도 많이 받았지만, 기관에 소속된다면 자신들의 방식으로 가치투자를 지켜나가기가 쉽지 않을 것이라는 생각에 고사했다고 한다.

　"지금처럼 우리를 믿어주는 투자자들과 함께 투자 신념을 지켜나가면서 한국 증시에서 가치투자가 진정 '가치있는' 투자라는 것을 입증하고 싶다"는 것이 젊은 두 사람의 포부다.

피터 린치

"연구하지 않고 투자하는 것은 포커를 하면서 카드를 전혀 보지 않는 것과 같다."
"투자할 때는 최소한 새 냉장고를 고를 때 만큼의 시간과 노력을 기울여라."

| 제4장 |

채권과 파생상품,
무형자산 펀드의 대가

The
Investment Secret
of Fund Manager

나까마 비용 줄여라
ETF 맹신자 **배재규**

배재규 | 1961년 경남 산청 출생 | 연세대학교 경제학과 | 前 한국종합금융 주식운용, SK증권 운용총괄, 삼성투신운용 ETF운용팀장 | 現 삼성투신운용 인덱스운용2본부장(상무)

66
보수비용 줄여 장기투자하라
99

'따르릉~'

주가가 하향 곡선을 그리던 2001년 1월, 배재규 삼성투신운용 상무 (당시 코스닥운용팀장)는 전화벨 소리에 가슴이 덜컥 내려앉았다. 최고경영진의 전화 호출이었다. 시장 급락에 '밥값'도 못하고 있다는 생각에 괴로워하고 있던 터라 임원실로 가는 발걸음은 천근만근이었다.

삼성투신운용은 1999년 말 280(현 지수로 환산하면 2,800)까지 올랐던 코스닥지수가 2000년 초 200(2,000)선까지 하락하자, 코스닥 시장에 주력하는 팀을 구성했다. 이때 SK증권에 근무하던 배 상무는 팀원 3명을 데리고 삼성투신운용으로 옮겨와 코스닥운용팀장을 맡았다.

코스닥지수는 2,900선까지 잠시 반등하긴 했지만 벤처 버블이 꺼진 탓에 끊임없는 하락세를 나타냈고 2000년 말에는 500선으로 급락했다. 이 같은 급락에 배 팀장을 비롯한 4명이 운용하는 자산은 채 500억 원에도 미치지 못했다. 회사 수익에 전혀 도움이 되지 않았던 것이다.

"시장도 뒤숭숭한데, 이 책 한번 번역해보게."

최고경영진은 자신이 우연한 기회에 접하게 된 책이라며 배 상무에게 두꺼운 책을 건네줬다. 그 책은 세계 최대 인덱스펀드인 뱅가드펀드(Vanguard fund)의 설립자 존 보글(John C. Bogle)이 쓴 《뮤추얼펀드에 관한 일반상식(Common sense on mutual funds)》이었다. 존 보글은 프린스턴대학 시절 인덱스펀드에 관한 박사학위 논문을 썼고 졸업 후 이를 사업으로 실천해 세계 최대 뮤추얼펀드를 만들어낸 인물이다.

ETF(Exchange Traded Fund : 상장지수펀드)를 국내 시장에 처음으로 도입한 배 상무는 ETF와 처음으로 연을 맺게 된 계기를 이렇게 떠올렸다. 인덱스펀드의 대가가 저술한 책을 접하면서 코스닥펀드 등 액티브펀드(시장 대비 초과수익률을 목표로 하는 적극적인 펀드)의 위험성을 알게 되었다. 그 대신 인덱스펀드나 ETF처럼 지수를 따라가면서 안정적인 수익을 낼 수 있도록 설계된 패시브펀드에 본격적인 관심을 갖게 됐다.

ETF란 코스피200과 같은 특정 지수 및 특정자산의 가격 움직임과 수익률이 연동되도록 설계된 펀드다. 거래소에 상장돼 주식처럼 거래할 수 있어 매매 편의성이 높고 분산투자와 낮은 거래비용 등 인덱스펀드의 장점도 갖췄다. 특히 운용보수는 약 0.5%로, 액티브펀드(2~3%)에 비해 낮다.

액티브펀드를 운용하고 있던 배 상무는 존 보글의 책을 읽은 후 패시브펀드에 매력을 느끼고 있었다. 그러던 중 직원(서정두 現 한국투신운용 글로벌운용본부장)이 해외 연수에서 ETF에 대해 배워와 ETF에 대해 보다 자세하게 알게 됐고, ETF의 상품구조를 완벽하게 이해하면서 이를 국내에 확산시켜야겠다는 결심을 하게 됐다.

"투자자들이 얻는 실질 수익은 시장에서 발생하는 총수익에서 중간 매개체가 가져가는 비용을 뺀 것입니다. 이게 많을수록 투자자의 이익은 줄어드는 것이죠. 이 비용을 줄여서 투자자의 이익을 증가시켜보자는 게 인덱스펀드의 논리입니다. 결국 보수를 싸게 하자는 거죠. 논리적으로 맞는 얘기고 비즈니스상으로도 장기적으로 성공할 수밖에 없다는 결론을 내리게 됐습니다."

ETF의 성공 가능성을 확신한 배 상무는 당장 사장에게 보고하고 금융감독원, 재정경제부(현 기획재정부) 등을 찾아다니면서 설득 작업에 나섰다. 법안을 개정해야 ETF를 도입할 수 있었기 때문이다.

설득 작업은 쉽지 않았다. 당국자들을 일일이 만나 ETF상품과 그 효과에 대해 설명하고 법안 도입의 필요성도 역설했다. 그러던 중 일본에서 ETF를 먼저 상장시키면서 국내에서도 ETF 도입 작업이 급물살을 타게 됐다. 배 상무의 노력이 결실을 얻은 것은 2002년 10월 14일이었다. 코스피200지수를 추종하는 KODEX200이 처음으로 증권거래소에 상장됐다.

❙ 'ETF 마켓 플레이스'를 꿈꾼다

국내 ETF 시장은 도입 초기에는 성장세가 부진했지만 2005년 6개 ETF, 8,000억 원 규모에서 2010년 2월 말 ETF 54개, 4조 4,469억 원의 규모로 빠른 성장을 보이고 있다. 삼성투신운용은 국내 시장에 ETF의 도입을 이끈 배 상무 덕분에 최근 들어 높은 성장세를 보이는 ETF시장에서 부동의 1위 자리를 지키고 있다. 주식형 ETF의 경우 삼성투신운용의 시장점유율은 2010년 2월 말 기준으로 65.67%에 달한다. 국내 주식형 ETF 41개 가운데 17개가 삼성투신운용의 상품이다.

KODEX 반도체(반도체 업종에 투자하는 ETF)와 KODEX 자동차(자동차 업종에 투자하는 ETF)는 2009년 이후 2010년 2월까지 117.28%와 130.47% 급등했다. 펀드 자산이 두 배 이상 불어난 것이다.

"ETF만으로 투자자들의 모든 투자욕구를 충족시켜주는 'ETF 마켓

매달 투자하는 적립식 방법이
최고라고 생각합니다.
자기 소득의 일정 부분을
마켓 타이밍하지 않고
매달 사는 것이죠.
자본주의가 망하지 않는 한
주식시장은 앞을 향해 갑니다.

플레이스'를 만들자는 게 삼성투신이 추구하는 목표입니다. 중국, 인도, 미국 등 지금 잘 나가고 있는 나라들 역시 주요 인덱스를 만들려고 합니다. 다양한 상품이 충분하게 나와야 ETF시장이 더욱 커질 수 있습니다."

　그러나 2010년 7월 개정될 소득세법 시행령이 ETF의 다양한 상품 출시에 걸림돌이 되고 있다. 이 법이 시행되면 해외 지수를 활용하는 ETF도 해외 펀드처럼 세금(배당소득세)을 내야 하기 때문이다.

　"해외펀드에는 세금을 부과하되 ETF는 비과세해야 한다는 게 우리의 주장입니다. 왜냐하면 세금을 낼 방법이 없거든요. 펀드는 판매사가 판매기록을 다 갖고 있지만 ETF는 거래 건수가 너무 많아 해외지수를 활용한 사례를 하나하나 다 찾으려면 수작업을 해야 합니다. 만약 지금 캐피탈 게인 택스(capital gain tax) 시스템이 있으면 ETF를 거기에 넣으면 되지만 ETF만을 위한 시스템을 만들라고 하면 증권사들은 이 작업을 안 하고 말 것입니다. 그러면 매매할 곳이 없어지게 되는 것이죠."

ETF에 과세를 하게 되면 운용사들의 수익 감소뿐 아니라 투자자들의 다양한 투자 욕구를 채워줄 상품 개발이 줄어들면서 궁극적으로 투자자들이 피해를 입게 되는 셈이다. 국내 ETF는 주식으로 봐서 거래세(2012년까지 면제)를 부과하고 해외 ETF는 펀드로 봐서 세금을 매기는 것은 같은 상품에 이중 잣대를 적용하는 것이어서 바람직하지 않다는 주장이다.

배 상무는 이 때문에 백방으로 뛰어다니며 노력했다. 그는 "정부가 세금 부과가 시장에 주는 파장을 잘 이해하지 못하고 있는 것 같다"며 안타까움을 나타냈다. 그러나 투자자들의 다양한 취향을 맞추기 위해 소득세법과 상관없이 지수 1일 수익률의 2배를 추구하는 레버리지(leverage) ETF를 2010년 2월에 내놨고 다른 상품도 준비하고 있다. 머지 않아 폭발적으로 성장할 국내 ETF 시장을 장악하기 위한 전략이다.

ETF의 운용보수가 액티브펀드보다 낮아 '규모의 경제'가 아니면 수익을 낼 수 없다. 업계 수위를 달리고 있는 삼성투신운용도 지금까지는 ETF 운용으로 남는 게 없을 정도다.

"3~5년 정도 지나면 ETF의 위력이 급격히 커질 것입니다. 시장이 커지더라도 옛날 바이코리아, 인사이트펀드처럼 후유증이 있을 게 없습니다. 투자자들에게 지나친 낙관을 불어넣어주면 실망을 안겨주게 되지만 ETF는 시장을 그대로 따라가기 때문에 절대로 과욕을 불러일으키지 않거든요. 그래서 팔기가 어렵긴 하지만 그 대신 한번 투자해본 사람들은 ETF에 친숙해지게 되고 실망을 하지 않기 때문에 또 찾게 될 겁니다."

수익 극대화하려면 나까마 비용을 줄여라

배재규 상무는 ETF 맹신자답게 현금이 생기는 족족 ETF에 투자한다. ETF가 가장 합리적인 투자에 적합한 상품이라고 여기기 때문이다. 그는 "펀드 매니저도 ETF는 펀드이기 때문에 사고 팔아도 되고 별도의 신고도 필요없다"며 "뭐든지 팔아서 돈이 생기면 집어넣는 등 전체 자산에서 현금은 모두 ETF에 투자한다"고 말했다.

"매달 투자하는 적립식 방법이 최고라고 생각합니다. 자기 소득의 일정 부분을 마켓 타이밍하지 않고 매달 사는 것이죠. 자본주의가 망하지 않는 한 주식시장은 앞을 향해 갑니다. 10년, 20년, 40년 후를 생각하고 투자를 하다보면 9.11사태나 서브프라임 등은 큰 파동 중에 작은 파동에 불과할 것입니다."

투자기간을 길게 하면 길게 할수록 큰 사건들조차도 작게 보인다는 것. 그래서 투자기간을 길게 보고 부를 축적하는 수단으로 주식시장을 보라는 조언이다.

"현금 50억 원을 가지고 있는 사람은 삼성전자를 사지만 돈이 없는 사람은 잡주를 사지요. 잡주를 산 100명 중 한두 명은 대박을 내지만 평균수익률을 보면 우량주를 산 부자들의 수익률이 잡주를 매수한 돈 없는 사람들의 수익률을 웃돕니다. 잡주의 유혹이 있지만 운이 좋은 사람이 아니라면 투자수익률은 떨어지게 마련이죠. 지수에 들어가고 삼성 그룹주에 들어가는 편이 훨씬 안정적입니다."

시장에 대한 예측은 정확하게 맞을 수 없고 예측이 잘못됐을 경우 손해가 너무 크기 때문이라는 설명이다. 배 상무는 "주식시장에서 욕심을 부릴수록 성공할 가능성은 낮아진다"며 "합리적인 기대수준과 합리적인 투자를 해야 한다"고 조언했다.

그는 "이를 위해 지수에 투자하고 운용회사들한테 쓸데없이 돈을 많이 지불하지 말아야 한다"며 "시장에서 발생한 수익률을 투자자들이 가져가는데 나까마(중간상인의 속칭)가 적게 떼어갈수록 내 수익은 극대화된다"고 설명했다.

이어 ETF 상품 가운데 우량기업으로 구성돼 있는 KODEX 삼성그룹과 장기 성장이 가능할 것으로 전망되는 KODEX China H에 관심을 가지라고 덧붙였다.

은퇴 후 연봉 1억은 채권으로

채권시장의 선도자 **김기현**

김기현 | 1967년생 서울 출생 | 서강대학교 경제학과, 서강대학교 대학원 경제학과 박사과정 수료 | 前 한화경제연구원 증권금융팀, 삼성증권 리서치센터 채권분석팀, 삼성투신운용 채권운용팀, 하나알리안츠투신운용 채권운용팀 | 現 우리자산운용 채권운용본부장(이사)

> **66**
> ## 채권투자가 고령화·저성장 시대를
> ## 극복하는 유일한 대안이다
> **99**

2009년 9월 10일 오전 11시. 서울 남대문로 한국은행 본부 15층에 있는 금융통화위원회 회의실. 금통위는 이 자리에서 기준금리 동결 여부 등 통화정책 방향을 발표했다. 기준금리를 올릴 가능성이 있다는 언급만 나와도 채권가격은 순식간에 급락할 태세였다.

같은 시각 서울 여의도동에 있는 KT빌딩 17층 우리자산운용 채권운용본부에도 긴장감이 감돌았다. 펀드매니저 등 관계자들이 오전 11시 30분에 공개될 금통위의 통화정책 발표문을 기다리고 있었다. 이어 금통위는 '다음 통화정책 방향 결정시까지 기준금리를 현수준(2.00%)에서 유지한다' 고 발표했다.

채권시장 관계자들은 안도의 한숨을 내쉬었다. 2008년 금융위기 이후 기준금리가 줄곧 하향 조정됐기 때문에 금리가 인상될 가능성이 높다고 우려하고 있던 터였다. 한은의 정책결정기구인 금통위가 만일 기준금리를 인상했더라면 채권가격의 급락은 불보듯 뻔한 일이었다.

그런데 우리자산운용 채권운용본부는 여전히 긴장을 풀지 않고 있었다. 오히려 김기현 본부장을 비롯한 채권운용 펀드매니저들은 발표문 공개 직후 단기채권(6개월, 1년, 1년 6개월 만기)을 시장에 내다팔았다. 동시에 새로운 투자 포지션을 잡았다. 금리인상을 염두에 둔 전략이었다.

우리자산운용의 시장분석은 보기좋게 적중했다. 발표문이 공개된 직후 이성태 한국은행 총재가 기자회견을 열었다. 이 총재가 통화정책 발표문을 재해석(금리인상 가능성 시사)하는 발언을 내놨고 채권시장은 요동쳤다.

채권시장에서도 1분 1초를 앞다퉈 단기수익을 노리는 순간이 있다. 바로 금통위가 열리는 날이다. 하지만 김 본부장은 절대 서두르는 법이 없다. 늘 차분하다. "장기적인 관점에서 채권시장을 미리 분석해 단기적으로 대처하는 방법을 이미 간파하고 있기 때문"이라고 그는 자신있게 말했다.

"채권시장에서는 파도보다 조류를 봐야 합니다. 바로 눈앞에서 움직이는 파도의 높낮이를 파악하기 위해 시간을 낭비해서는 안 됩니다. 이 파도가 밀물인지 썰물인지를 먼저 파악하는 능력이 있어야 그 어떤 긴급한 순간에도 흔들리지 않고 시장을 압도해나갈 수 있습니다."

채권시장 선도자

김 본부장은 1995년 한화경제연구소에 입사해 채권시장 분석과 금리전망 업무를 맡으면서 채권과 처음으로 인연을 맺었다. 그는 당시 '본드 브리프'라는 시장분석 보고서로 자신의 이름을 알리기 시작했다. 업계에서 그의 보고서가 '채권시장 교과서'라고 불릴 정도였다.

3년 뒤인 1998년 김 본부장은 삼성증권으로부터 첫 스카우트 제의를 받았다. 금융업계는 이미 외환위기(IMF)를 겪은 터라 금리 및 채권분석가의 몸값이 높아지고 있었다. 삼성증권 리서치센터로 자리를 옮긴 김 본부장은 7년 동안 채권분석팀 애널리스트로 활약했다. 주로 채권조사 업무를 맡았으며, 채권운용에는 직접 관여하지 않았다.

이 시기에 김 본부장이 쌓은 업적은 대단했다. 《한경 비즈니스》 등

경제전문지가 선정한 '2002년 채권분석 베스트 애널리스트' 부문에서 잇달아 1, 2위를 차지했다. 2002년에는 한국은행으로부터 '한국은행 총재상'을 수상했다. 이 상은 채권시장 발전에 기여한 공로를 인정하는 것이다.

베스트 애널리스트로 명성을 떨치던 김 본부장에게 두 번째 스카우트 제의를 한 곳은 계열사인 삼성투신운용이었다.

"애널리스트로 일하면서 채권운용을 직접 해보고 싶다는 생각이 들었습니다. 제 주위의 친한 동료들에게 채권운용을 해보고 싶다고 간간이 말했는데 그 뒤부터 업계에서 근거 없는 루머가 돌았어요. 제가 몇몇 자산운용사들로부터 스카우트 제의를 받아 곧 이직할 것이라는 소문이었죠. 그러자 삼성투신운용에서 찾아왔습니다. 다른 회사로 이직하려는 이유가 채권운용을 해보기 위해서라면 계열사인 삼성투신에서 채권운용을 맡아달라는 권유를 받게 된 것이죠. 루머로 인해 손쉽게 채권운용에 뛰어들 수 있었던 해프닝을 겪은 것이죠."

그렇게 채권운용 펀드매니저로 첫발을 내딛던 그는 2002년 1월 하나알리안츠투신운용으로부터 세 번째 스카우트 제의를 받은 데 이어 2005년 10월에 우리자산운용으로부터 네 번째 스카우트 제의를 받았다. 그이후 지금까지 우리자산운용사 채권운용본부에서 채권운용을 책임지고 있다. 당시 우리자산운용은 펀드매니저였던 김 본부장에게 채권운용 책임자(부본부장) 자리를 내걸었다.

이처럼 잇단 스카우트 제안을 받으며 김 본부장이 채권시장에서 인정받은 이유는 그의 전략가적 기질 때문이다. 그는 채권시장 불황기에도 아랑곳하지 않고 항상 신(新)시장을 개척해 채권시장을 통째로 이끌어내는 선도자로 평가받고 있다. 그의 진가는 우리자산운용에서 제대로 발휘됐다.

'복리의 마술' 채권상품

김 본부장은 평소 주위 사람들에게 '은퇴 후 1억 연봉자로 살고 싶다면 채권에 투자하라' 라는 말을 자주 한다. 10년 또는 20년 이상 매년 최소 5% 이상의 고정수익을 올릴 수 있을 뿐 아니라 복리의 마술까지 기대할 수 있는 곳이 바로 채권시장이기 때문이다.

"단적으로 비교해도 10년 또는 20년 동안 시중은행 금리를 초과하며 매년 5% 이상 꾸준히 수익을 낼 수 있는 투자상품을 찾아내기란 정말 어렵습니다. 가령 장기적으로 우량기업의 주식을 사서 보유한다고 해도 그 우량기업이 10년 내지 20년 동안 매년 5% 이상의 수익을 고정적으로 낼 수 있을까요?"

국공채 등 채권은 국가가 사라지기 전까지 매년 5% 이상의 고정수익을 보장해주고, 이자가 붙어 재투자하는 효과까지 누릴 수 있어 장기투자하면 그 수익은 눈덩이처럼 불어난다는 설명이다. 채권상품의 특징인 복리의 마술이 투자 매력을 높인다는 이야기다.

그는 특히 고령화·저성장 시대로 진입한 현 상황에서 은퇴 이후 보안자산으로서 채권형 상품의 가치는 갈수록 더 커질 것이라고 강조한다. 지금부터 투자자산의 일부를 채권시장에 분산투자하는 유연한 대처가 필요하다는 얘기다.

"채권시장이 호황기를 맞이하는 시기는 기준금리가 4% 수준까지 회복한 뒤부터입니다. 한국경제의 최근 성장세와 물가상승률 등을 감안

채권시장이 호황기를 맞이하는
시기는 기준금리가 4%
수준까지 회복한 뒤부터입니다.
한국경제의 성장세와
물가상승률을 감안하면
4~5%대의 기준금리가
정상적인 수준이죠.
채권투자의 적기가 바로
이때입니다.

하면 4~5%대 기준금리가 정상적인 금리 수준으로 분석되고 있습니다.
채권투자의 적기는 바로 이때부터입니다."

최근 채권시장 주변의 상황도 긍정적이다. 우선 2011년부터 본격화될
퇴직연금제도가 채권상품에 대한 수요를 증가시킬 것으로 김 본부장은
기대하고 있다. 국내 채권시장의 국제화도 가시화될 전망이다. 한국의
국채시장이 세계채권지수(World Global Bond Index)에 편입될 것으로 예
상되는데 이 지수에 편입되면 아시아 지역통화에 대한 논의도 동시에 진
행되면서 해외투자자들의 투자도 가능해질 수 있을 것이란 설명이다.

"기준금리가 정상적인 수준에 도달할 때까지 채권시장이 호황을 맞
기는 어려워 보입니다. 하지만 퇴직연금 및 세계채권지수 편입 등 채권

시장 활성화를 위한 시장 주변 상황이 좋아지고 있습니다. 채권을 사려는 수요자가 앞으로 더 늘어날 수 있다는 뜻입니다."

그는 지금이라도 장기적인 투자자(최소 10년 이상)라면 바로 채권형 상품으로 눈을 돌리라고 조언한다. 단기투자자라도 위험자산인 주식 비중을 일부 줄여나가는 동시에 채권형펀드에 분산투자하는 것이 최선의 투자전략이라고 제시한다. 채권이 투자리스크를 줄이는 분산투자 기회를 제공하는 것이기 때문이다.

레포(REPO)거래와 채권ETF 펀드 설정

자산운용사들끼리 환매조건부채권(RP)을 사고파는 거래가 있다. 이를 레포(REPO) 거래라고 한다. 이 시장은 현재 한 달 평균 50조 원이 넘는 돈이 거래되고 있는 거대한 채권 유통시장이다. 2007년에 업계 최초로 도입됐으니 4년 만에 급성장한 것이다. 기관 간 레포 거래를 자산운용업계 최초로 도입한 주인공이 바로 김 본부장이다.

"기관 간 레포 거래는 간단히 말해서 채권형펀드에서도 레버리지(leverage) 효과를 누릴 수 있도록 보완한 채권상품입니다. 환급성이 떨어지는 채권의 단점을 극복한 겁니다. 한 자산운용사가 레포 거래를 할 경우 보유 중인 채권을 담보로 다른 자산운용사로부터 돈을 빌릴 수 있습니다. 채권을 담보로 돈을 빌린 자산운용사는 이 돈을 다른 곳에 재투자해 수익을 내는 구조입니다."

정책금리의 대세 상승기로 보는 '채권시장의 불황기(2004~2007년)'를 극복하기 위한 대안으로 그는 기관 간 레포 거래를 제시했다. 불황기에서 벗어나려면 기존의 업무 분야에서 벗어나 새로운 시장을 만들어 활성화시켜야 한다는 것이다.

"기관들끼리 RP 거래를 하는 레포 거래를 2007년 자산운용업계 최초로 우리자산운용이 도입했습니다. 이 거래를 도입해 발전시키기까지 정말 많은 노력을 했습니다."

그는 당시 한국은행 관계자를 비롯해 한국예탁결제원, 한국증권금융, 각 자산운용사 운용본부장에 이르기까지 관련 책임자들을 대부분 만나 대화를 나눴다. 시간이 갈수록 성장하지 못하고 반대로 줄어들고 있는 채권시장을 활성화시키기 위해 꼭 필요한 게 레포 거래였다고 확신했다. 그 결과 이제는 자산운용사 대부분이 참여하는 거대한 규모의 채권시장이 됐다.

2009년 업계 최초로 도입된 채권ETF(상장지수펀드)도 김 본부장이 우리자산운용 동료들과 함께 거둔 값진 결과물이다. 이 상품은 도입된 지 7개월 만에 설정 규모가 1조 원을 넘어서고 있다. 관련 펀드의 설정액까지 합하면 2조 원 이상이다. 이 중 우리자산운용의 설정액은 3,500억 원 정도로, 업계에서 최대 규모를 자랑한다.

"채권ETF 업계 도입을 위해서는 우리자산운용보다 KB자산운용, 삼성투신운용이 먼저 뛰었습니다. 이들이 정부와 직·간접적으로 접촉해 관련 규정도 정비했어요. 우리자산운용은 후발주자인 셈이죠. 하지만 우리자산운용은 다른 자산운용사와 달리 채권운용본부가 직접 채권 ETF 시장을 분석했고, 미래 성장성에 보다 적극적으로 투자한다는 방침을 정했습니다. 그 결과 국고채ETF를 업계 최초로 상장한 데 이어 펀드설정액 규모도 급성장할 수 있었습니다. 거래량과 수익률도 KB자

국가든 개인이든
퇴직 이후의 생활에 대해서
심각하게 고민해야 합니다.
은퇴 이후 보유자산을
가장 안전하게 맡길 수 있는
곳이 채권시장입니다.

산운용과 삼성투신운용에 비해 우위를 보이고 있습니다."

채권ETF는 장외시장에서 거래되는 채권시장을 주식시장에 상장시켜 주식처럼 거래하게 만든 것이다. 장외기업이 기업공개(IPO)를 한 뒤 주식시장에 상장하는 것과 같은 경우다. 또 채권지수는 신용등급과 평균만기를 조합해 다양하게 산출된다.

아직까지 국고채ETF만 상장되어 있지만 통안채ETF도 곧 상장될 예정이다. 업계는 채권ETF 시장의 성장 가능성을 높게 보고 있다. 채권시장 규모가 날로 성장하고 있어서다. 2008년 말 기준으로 채권시장의 발행잔액은 864조 4,000억 원이며, 이는 주식시장의 시가총액 623조 원과 비교할 때 규모 면에서 대등한 수준이다.

기준금리 대세 상승기가 가장 힘들었던 순간

채권시장에 발을 내딛던 뒤 실패를 모르고 승승장구하던 김 본부장도 업계를 떠나고 싶을 정도로 어려운 순간이 있었다. 기준금리의 대세 상승기로 불리던 2004년부터 2007년 말까지 4년간이다. 기준금리는 이미 시중금리에 막대한 영향을 주고 있던 시기라 금리가 오를 때마다 채권 가격은 급락했다. 채권은 투자처로서 아무런 매력이 없던 때였다.

채권시장을 바라보던 시장 참여자들의 시선도 싸늘해져만 갔다. 채권운용본부는 급기야 '골칫덩어리' 부서로 전락해버렸다. 기존의 채권 상품 투자자들도 주식, 파생상품펀드, 해외펀드, 부동산펀드 등 잇단 대체상품으로 갈아타고 있었다.

"2004년부터 2007년까지 기준금리가 계속 올랐어요. 반면 채권상품 수탁액은 꾸준히 줄어들었죠. 2004년 이전까지만 해도 채권운용본부가 한 자산운용사가 1년 동안 번 전체 수익 중 3분의 1 가량을 벌어들였는데 이 기간 동안 N분의 1 수준까지 떨어졌습니다. 당연히 채권운용본부의 입지도 갈수록 좁아졌습니다. 이 시기에 많은 업계 동료와 선·후배들이 채권시장을 떠나갔어요. 저에게도 이때가 가장 힘들었던 시기입니다."

채권시장의 극심한 불황기에도 김 본부장이 이 시장을 떠나지 않고 꿋꿋이 자리를 지키고 있는 이유는 분명하다. 한국사회가 고령화사회로 접어들면서 채권시장의 호황기가 곧 다가올 것이란 예상 때문이다.

"한국도 고령화사회가 급속히 진행되어가고 있어요. 게다가 경제성장도 점차 고성장의 시대에서 저성장의 시대로 바뀌어가고 있습니다. 이는 사회적으로도 커다란 골칫거리가 되고 있죠."

국가든 개인이든 퇴직 이후의 생활에 대해 심각하게 고민하지 않고 있다고 그는 지적했다. 고령화·저성장 시대를 이겨낼 수 있는 유일한 보안자산으로 채권투자가 대안이라는 게 그의 지론이다. 은퇴 이후 보유자산을 안전하게 믿고 맡길 수 있는 투자처로 채권시장만큼 좋은 시장은 어느 곳에도 없다는 이야기다.

채권시장 발전을 위해 '스크린집중제' 도입 시급

국내 채권시장의 발전을 위해서도 김 본부장은 쓴소리를 아끼지 않았다. 그는 장외시장에서 채권거래가 보다 투명하게 이뤄지기 위해서는 매수·매도 호가를 한곳에서 볼 수 있는 '스크린집중제'를 하루빨리 도입해야 한다고 주장한다. 아울러 100억 원 단위의 현 거래규모를 10억 원 단위로 낮춰 보다 많은 투자자가 참여할 수 있도록 시장이 유도해 나가야 한다고 지적했다.

현재 장외시장인 채권매매가 이뤄지는 곳은 인터넷 메신저이다. 브로커리지 업무를 담당하는 각 증권회사 직원들이 각 채권의 매수호가와 매도호가를 일일이 찾아내 거래를 성사시켜주는 방식이다. 또 중개업자가 메신저 안에서 채팅방을 개설해 이곳에서 거래가 진행되기도 한다.

과거에는 중개업자가 전화를 걸어 매수 및 매도호가를 알아내야만 했다. 이때와 비교하면 메신저를 이용하는 거래방식은 진일보한 것이다. 하지만 김 본부장은 매매시스템이 더욱 진보돼야 한다고 말한다.

"메신저라서 한계가 있어요. 채권의 정보와 가격 등이 과장되거나 왜곡될 수 있는 것입니다. 주식거래에서 투자자가 허수거래를 넣어 주가

상승 또는 주가하락을 유도하는 것과 비슷한 경우입니다."

실제로 이러한 유통구조의 폐쇄적인 구조로 인해 대부분 자산운용사들은 발행시장을 이용해 주로 채권을 사고 있다고 김 본부장은 귀띔했다.

그는 매수·매도 호가가 한곳에 모일 수 있는 쪽으로 채권시장의 유통구조를 바꿔나가야 한다고 주장한다. 채권시장 참여자들이 한곳에 모여서 사고팔아야 가격이 제대로 형성되고 거래가 투명하게 이뤄질 수 있다는 이야기다.

국내 채권시장의 유통구조는 글로벌 기준으로 많이 미흡한 것은 사실이지만 채권시장에서 하루 평균 거래되는 액수도 15조 원 가까이 될 정도로 시장규모가 커지고 있다. 그는 이런 상황에서 매매거래시스템이 체계적으로 발전해나가지 못한다면 한국의 채권시장은 결국 쇠퇴할 수 밖에 없다고 우려했다.

"100억 원에 이르는 무거운 거래단위도 해결해야 할 문제입니다. 100억 원 단위로 거래되는 채권을 매수할 수 있는 수요자는 극소수에 불과하기 때문이죠. 채권 수요를 근본적으로 차단하는 주 요인입니다. 참고로 미국, 유럽, 일본, 호주, 홍콩 등 선진국들의 채권매매 단위는 모두 10억 원입니다."

김 본부장은 채권시장에서 애널리스트를 거쳐 펀드매니저로 활동하고 있는 '옴니버스 채권맨'이다. 시장 발전에 남다른 애착을 갖고 있는 그의 목소리가 더욱 커지게 느껴지는 대목이다.

17 펀드매니저의 투자비밀
한진규

금융공학의 힘을 믿어라
인덱스펀드의 대가 **한진규**

한진규 | 1969년 서울 출생 | KAIST 학부 경영과학과, KAIST 대학원 경영공학 전공 | 前 한국투자신탁 투자공학팀 | 現 유리자산운용 인덱스운용본부장

> "
> 오래된 100억 이상 펀드에
> 투자하라
> "

2009년 5월 1일 미국 네브라스카주 오마하.

인구 30만 명의 소도시인 이곳에 세계 각국 언론을 비롯한 3만 5,000여 명의 인파가 구름같이 몰려들었다. 이들은 단 한 사람의 말을 듣기 위해 버크셔 해서웨이 주주총회장을 찾았다. 그가 바로 '오마하의 현인', '투자의 귀재'로 알려진 워런 버핏 버크셔 해서웨이 회장이다. 버핏은 주총이 끝난 후 CNN과의 인터뷰에서 이런 말을 했다.

"다양한 우량기업 주식을 꾸준히 매입해 분산된 포트폴리오를 보유하고, 매매비용이나 운용비용을 줄인다면 30~40년 후에는 좋은 결과를 거둘 수 있습니다."

그는 정보가 부족한 개인투자자들은 장기투자를 해야 한다고 조언한다. 시장수익률보다 지나치게 높은 이익을 추구하면 실패하기 마련이라고 역설한다. 장기적으로 시장수익률만큼 이익을 실현하도록 설계한 인덱스펀드가 가장 우수한 금융상품이라는 게 버핏의 지론이다. 한진규 유리자산운용 상무는 이 같은 버핏의 지적이 매우 타당한 것이라고 확신하며 인덱스펀드만 10년 이상 운용하고 있는 펀드매니저다.

"제 운용 스타일은 패시브(passive : 소극적, 수동적) 운용입니다. 시장을 이기려고 하는 것이 아니라 시장의 흐름을 따라가는 것이죠."

한진규 상무는 자신은 수동적이고 소극적으로 펀드를 운용하고 있다고 했다. 고객의 자금, 즉 남의 돈을 맡고 있는 펀드매니저의 입에서 나온 말이라고는 쉽게 이해가 가지 않는 말이었다. 그럼에도 불구하도 한 상무는 자신의 고객은 다른 펀드매니저에게 돈을 맡긴 사람들보다 더 안정적인 수익을 얻고 있다고 자신했다.

가장 우수한 금융상품 '인덱스펀드'

"제가 운용하는 펀드는 장기적으로 볼 때 액티브펀드보다 수익률이 좋습니다."

한 상무는 유리자산운용에서 인덱스운용본부장을 맡고 있다. 액티브 펀드는 사람들이 일반적으로 생각하는 주식형펀드로 일부 종목에 집중 투자해 시장의 상승률보다 높은 수익률을 추구하는 펀드를 말한다.

반면 인덱스펀드는 코스피200지수와 같은 주가지수의 움직임을 따라가도록 설계한 펀드다. 때문에 추종하는 지수의 상승률만큼의 수익을 추구한다. 기준 주가지수의 상승률이 곧 해당 인덱스펀드의 수익률이 되는 소극적인 펀드다.

"인덱스펀드가 액티브펀드와 같이 높은 초과수익이 아닌 시장평균 수익률을 추구하는 이유는 펀드에 장기투자할 때, 투자자에게 돌아가는 최종 수익률이 더 높기 때문입니다."

그는 한 학급의 평균 성적을 예로 들며, 인덱스펀드의 수익률이 액티브펀드보다 높은 이유를 설명했다.

"한 학급의 평균점수가 80점일 때, 여학생의 평균점수가 80점이라면 남학생의 평균도 80점이 됩니다. 마찬가지로 일정 기간 동안 시장평균 수익률이 10%라면 인덱스펀드는 시장수익률을 추구하기 때문에 평균

규모가 100억 원 이상이고,
운용기간이 오래된 펀드에
투자하세요. 오래된 것은
운용능력이 입증된 것이니
시장의 충격을 받아낼 수
있기 때문입니다.

수익률이 10%가 되죠. 이에 따라 같은 기간 동안 액티브펀드의 평균 수익률도 10%가 됩니다. 하지만 실제로 투자자가 가져가는 수익은 이보다 약간 적습니다. 운용 보수(펀드운용 수수료) 등 투자비용이 발생하기 때문이죠. 액티브펀드는 시장에 적극적으로 대응하기 때문에 매매 횟수가 많습니다. 그만큼 매매시에 발생하는 수수료도 많다는 이야기입니다. 평균수익률을 같다고 가정할 때 실제 수익률은 수수료 비용이 적은 인덱스펀드가 더 높습니다.”

한 상무가 운용에서 가장 중요하게 생각하는 것이 바로 ‘비용’이다. 액티브펀드와 인덱스펀드의 평균수익률이 같다고 할 때, 비용이 적게 드는 인덱스펀드의 수익률이 높을 수밖에 없기 때문이다.

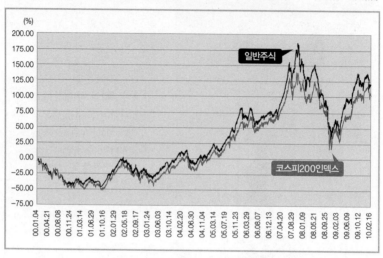

| 그림 2-14 | 일반주식형펀드 vs. 코스피200 인덱스펀드 누적수익률 비교 (2000.1.4~2010.3.2)

"비용을 중시하다보니 최대한 매매 횟수를 줄입니다. 코스피200을 따라간다면 포트폴리오에 100종목 이상을 편입한 뒤, 특별한 일이 없는 이상 한 달에 한 번 정도 매매를 하죠."

그가 말하는 특별한 일이란 지수의 구성종목 변경 등으로 추종지수와 인덱스펀드의 종목 비중 차이가 커져 추종지수를 적절히 반영할 수 없을 때다.

한 상무의 말대로 인덱스펀드의 우수성은 실증분석을 통해 입증되고 있다. 펀드평가사 제로인의 자료를 바탕으로 그가 조사한 결과에 따르면 1996년 2월 말부터 2009년 12월 말까지 일반 주식형펀드보다 코스피200을 추종하는 인덱스펀드의 평균 누적수익률이 더 좋은 것으로 나타났다.

과학적 운용 좀 합시다

현재 1조 9,000억 원이라는 거액을 운용하는 한 상무가 인덱스펀드에 집중하게 된 데에는 무엇보다 경험의 힘이 컸다.

"1995년 한국투자신탁 투자공학팀에 입사해 계량분석 업무를 맡았습니다. 매니저들이 포트폴리오를 분석하는 데 필요한 프로그램을 만드는 일이었죠. 그런데 우리가 만든 프로그램을 활용하면 좋은데도 정작 운용은 따로 하고 있는 겁니다."

한 상무의 눈에는 명확한 성과를 낼 수 있는 계량분석 모델이 있는데도 이를 이용하지 않고, '감(感)'에만 의존해 투자를 결정하는 매니저들이 답답해 보였다. 게다가 그 운용 결과가 좋지 않게 나올 때는 안타까워 미칠 노릇이었다.

"일부 매니저들은 해당 종목의 매출, 순익 등을 예상한 뒤 밸류에이션(실적 대비 주가수준)을 보고 투자를 합니다. 그런데 이 매출 예측이 잘 맞지를 않습니다. 주가를 예측하는 것만큼 어려운 일을 하고 있는 것이죠."

한 상무가 신뢰하는 것은 전망이 아니라 확인된 자료다. 정확히 이야기하자면 금융공학이 생긴 이후부터 지금까지 연구를 통해 입증된 통계와 추세의 힘을 믿는 것이다. 예측이 힘든 전망자료를 투자에 이용하는 것은 그가 보기에 '눈먼 말 타고 벼랑가는 식'의 위험한 일이다.

한 상무는 한국과학기술원(KAIST) 경영과학과에서 투자론과 금융이론 등을 공부했다. 당시 그의 생각은 최신 금융이론을 접목해 기존 투자방법과는 차별화된 투자를 하고 싶다는 것이었다.

1995년 한국투자신탁으로 금융업계에 첫발을 들여놓은 이후 이 같은 갈증은 더욱 커져만 갔다. 그때 현 삼성투자신탁운용의 서경석 전무 등이 한 상무에게 과학적 운용을 함께 하자고 제의했다.

선배들의 제의로 2000년 유리자산운용에 입사한 그는 또 한번의 경험을 통해 인덱스펀드 운용을 자신의 업으로 삼게 되었다.

"2003년부터 약 2,000억 원 규모의 PI(포트폴리오보험)펀드를 운용했었습니다. PI는 포트폴리오의 비중확대 구간과 비중축소 구간을 정해 운용하는 펀드인데, 당시 시장의 변동성이 커졌죠. 비중축소 구간에 접어들었는데 시장의 거래량이 줄어 시장에서 매도 물량을 받아내지 못했습니다. 예상하지 못했던 비용이 발생했고, 결국 고객들을 설득해 1년이 채 못돼서 펀드를 청산하게 됐습니다."

시장은 비합리적이다

한 상무는 당시의 경험을 통해 시장이 합리적으로만 움직이지 않는다는 것을 알게 됐다. 시장의 상황에 따라 예기치 않은 많은 비용이 발생할 수 있고, 이 경우 매우 치명적인 결과가 나타났다는 것을 깊이 깨달은 것이다.

때때로 시장 참가자들의 투자심리는 실체가 없는 종목의 주가를 한없이 띄우기도 하고, 실적을 통해 가치가 높아진 종목을 외면하기도 했다. 그러다보니 종목의 가치와 시가총액의 괴리가 나타나게 되는 것이었다. 이 때문에 전통적인 인덱스펀드의 포트폴리오 비중 선정 방식인 시가총액은 시장의 비합리적인 가격 결정으로 고평가된 종목을 더 많이 사게 하고, 저평가된 종목은 더 적게 사는 비효율을 발생시켰다.

한 상무는 시장의 움직임을 놓치지 않는 포트폴리오 구성방식을 찾기 시작했다. 그때 그의 눈에 들어온 것이 매출액과 현금흐름 등 재무제표의 수치였다. 결국 종목의 주가는 확인된 정보인 재무제표의 수치를 따라가는 흐름을 보였기 때문이다.

그는 인덱스펀드를 운용하면서 2005년 도입된 내재가치 가중방식을 적용하고 있다. 가령 한국 코스피시장의 시가총액이 100조 원일 때, 삼성전자의 시가총액이 15조 원이라면 기존의 인덱스펀드는 투자금의 15%를 삼성전자에 투자한다. 그러나 내재가치 가중방식 인덱스는 한국 코스피시장 매출액이 100조 원이고 삼성전자의 매출액이 10조 원이라면, 펀드 자금 중 10%를 삼성전자에 투자하는 것이다.

"2009년 초 금융섹터는 재무제표상의 수치에 비해 시가총액이 낮아져 있었습니다. 그래서 금융섹터의 투자비중을 더 높이기로 했죠. 2009년 상반기 금융섹터는 IT(정보기술), 자동차와 더불어 시장을 이끌었습니다. 금융섹터 투자비중을 높인 결과 목표수익률을 약간 웃도는 성과를 얻게 됐습니다."

액티브의 어깨 위에 올라서라

만유인력의 법칙을 발견한 아이작 뉴튼은 "내가 세상을 좀더 멀리 볼 수 있다면, 이는 단지 내가 거인들의 어깨 위에 서 있었기 때문이다"라고 말했다. 선대 과학자들의 연구 덕분으로 자신의 연구가 지금의 수준에 이를 수 있었다는 말이다.

뉴튼의 말처럼 한 상무는 "인덱스펀드로 액티브펀드 위에 올라서라"
고 조언한다.

"액티브펀드 투자자들이 시장에 관심을 갖고 노력할수록 인덱스펀
드의 수익률은 올라갑니다. 액티브 투자자들이 종목 발굴과 장세 예측
을 위해 치열하게 경쟁할수록, 주가는 적정가에 가깝게 다가갑니다. 그
럴수록 시장은 합리적으로 움직이게 되죠."

시장이 합리적으로 움직이게 되면, 시장 수익률을 추구하는 인덱스
펀드의 포트폴리오도 효율적으로 시장을 따라가게 된다는 설명이다.
포트폴리오가 효율적으로 움직이면 그만큼 매매 횟수도 더 줄어 비용
절감 효과가 커진다는 것이다.

그렇다면 좋은 인덱스펀드는 무엇일까? 한 상무는 규모가 100억 원
이상이고, 운용기간이 오래된 펀드에 투자하라고 조언했다. 그는 "우선
은 어느 정도 규모가 있어야 시장의 충격을 받아낼 수 있다"며 "그리고
오래된 펀드라는 것은 그만큼 시장수익률을 잘 따라가 시장에서 입증
된 펀드기 때문"이라고 설명했다.

인덱스펀드는 시장이 계속 성장할 것이라는 믿음을 전제로 깔고 있
다. 시간이 갈수록 시장이 하락세를 이어간다면, 시장수익률을 추구하
는 인덱스펀드는 수익은 커녕 원금마저 보전할 수 없기 때문이다.

"한국은 2010년부터 퇴직연금제도를 도입합니다. 이 대규모 자금에
서 시장으로 유입되는 부분은 한국을 비롯한 전세계 연기금들의 핵심
운용전략인 인덱스펀드에 투입될 것입니다. 인덱스펀드는 시장의 축소
판을 포트폴리오로 가지고 있기에 결국 시장의 규모가 몰라보게 커질
것이고, 이에 따라 시장도 지속적인 상승세를 보일 것입니다."

퇴직연금이 도입되고, 시장이 사라지지 않는 한 인덱스펀드의 수익률은 언제나 안정적이라고 한 상무는 담담하게 말했다. 그의 표정에는 인덱스펀드야말로 시장과 함께 성장할 것이라는 자신감이 배어 있었다.

대체투자 펀드계의 '최초의 사나이'
신종 펀드의 개척자 **이혁진**

이혁진 | 1967년 충남 부여 출생 | 한양대학교 경제학과 | 前 신영증권, 살로먼스미스바니증권, 마이에셋 자산운용, CJ자산운용(현 하이자산운용) | 現 에스크베리타스(AV) 자산운용 대표

> " 주식 만으로는 안돼…
> 대체투자 부각될 것 "

국내 최초의 특허펀드, 국내 최초의 골프장펀드, 국내 최초의 다이아몬드펀드, 국내 최초의 엔터테인먼트펀드…. 이혁진 에스크베리타스(AV)자산운용 대표가 그동안 운용해온 펀드에는 대부분 '국내 최초'란 수식어가 붙는다. 이 대표에게 붙은 별명은 '펀드계의 이단아'다. 남들이 다루지 않는 자산으로 최초의 펀드를 만들기에 붙여진 것이다. 그는 2009년 12월 대체투자 전문 자산운용사 에스크베리타스 자산운용을 설립, 대체투자 펀드 운용에 발 벗고 나섰다.

"우리나라 주식의 시가총액이 약 1,000조 원이라면 제가 담당하고 있는 대체투자 분야의 전체 시장 규모는 1,000조달러에 이를 겁니다. 1,000조 원과 1,000조달러는 1,000배 차이 아닙니까? 훨씬 더 광범위한 펀드 시장이 존재합니다. 이런 대체투자 시장에서 최고가 되겠다는 목표가 있습니다."

대체투자, 10년 전부터 준비했다

이 대표가 대체투자를 준비한 것은 오래전부터였다.

"2000년대 초반 홈트레이딩시스템(HTS)이 활성화되면서 증권사들은 온라인 고객 확보를 위해 수수료 인하 경쟁을 펼쳤습니다. 중개수수료가 더 이상 증권사의 주요 수익 기반이 될 수 없다는 사실을 인지하면서 수익원을 다양화하기 위한 방안으로 대체투자가 부각될 것이라 확신했습니다."

이 대표는 주식과 채권 등 전통 투자자산에서 벗어나 지식재산권이나 부동산 등에 투자하는 대체투자 시장을 파고든 이유를 이렇게 말했다. 앞으로 대체투자 시장이 발전할 것임을 알고 미리 준비해왔다는 이야기다.

2004년 간접투자법이 처음 시행되면서 주식이나 채권에만 투자하던 펀드는 토지나 건물 등 부동산에도 투자할 수 있게 됐다. 금, 곡물 등 자원에 투자하는 자원펀드와 영화, 드라마에 투자하는 엔터테인먼트펀드도 나올 수 있는 기반이 조성된 것이다.

이 대표는 '때'를 놓치지 않았다. 그는 당시 마이애셋 자산운용사에서 부동산펀드를 중심으로 운용하면서 대체투자에 대한 감(感)을 익혔다. 2005년 6월에는 부동산펀드를 응용한 엔터테인먼트펀드를 국내 최초로 출시했다. 2007년 CJ자산운용(현 하이자산운용) 특별자산운용본부장으로 근무할 당시에는 특허펀드를 시장에 내놓았다. 특허펀드는 잠자는 휴면 특허를 매입, 상업화하면 특허 권리도 찾고 수익도 올릴 수 있다는 점에 착안해 교육과학기술부 산하 연구기관인 한국전자통신연구원과 함께 진행했다. 이 역시 국내 최초로 시도한 것이다.

물론 최초로 대체투자 펀드를 운용한다는 것은 쉬운 일은 아니었다. 그는 2007년 골프장펀드를 처음 출시 계획할 때를 가장 힘든 순간으로 기억하고 있었다.

"처음 골프장펀드를 계획하자 부동산 팀장이 이 펀드는 도무지 운용할 자신이 없다고 발을 빼는 겁니다. 그러나 저는 앞으로 대체투자 시장이 발전할 것이란 확신이 있었기 때문에 부동산팀을 새로 구성해 골프장펀드를 진행하고자 했습니다. 회사 대표와 경영지원본부장이 강하게 반대를 했지만 저는 사표까지 제출하며 제 의견을 더 강하게 피력했습니다. 결국 4명을 신규 영입해 충북 중원CC골프장을 인수했고 최초의 골프장펀드를 설정했습니다."

결과는 성공적이었다. 해당 월 골프장 인수 매입금액의 일정금이 회사에 수익으로 발생했고, 덕분에 CJ자산운용은 창사 이래 최고의 월별 영업이익을 기록했다. 골프장 영업이익률도 73%를 달성해 업계 최고를 기록했다.

▌펀드가 사회를 변화시킨다

이 대표는 펀드란 '사회를 변화시킬 수 있는 유용한 도구'라고 믿는다. 그런 믿음은 그가 마이애셋 자산운용 시절 운용했던 '애국 성장형 펀드'에도 고스란히 반영돼 있다.

"임원회의에서 큰 반대에 부딪쳤지만 저는 펀드 명칭에 '애국'이란 단어를 꼭 넣어야 한다고 주장했고 결국 이를 관철시켰습니다. 왜 '애국'이냐 하면 당시 우리나라 주식시장은 저평가된 상태였고, 투자자들이 다른 곳에 투자하는 것보다는 우량주를 중심으로 한 주식에 투자하는 것이 국부를 증진시키는 길이자 애국하는 길이라고 생각했기 때문입니다."

그는 '금융사관학교'를 설립해 우수한 금융인재를 양성하는 '백년대계펀드'도 계획 중이다. 금융인재를 키우는 일이 곧 국가 선진화에도 보탬이 되는 일이라고 믿기 때문이다.

이 대표가 운용하는 펀드들의 대부분은 사모펀드, 즉 연기금, 생명보험사, 손해보험사 등 기관투자자를 대상으로 한 것이다. 하지만 사회에 보탬이 될 수 있다면 개인투자자를 상대로 한 공모펀드도 만들지 못할 이유는 없다는 것이 그의 지론이다.

"대부분의 개인투자자들은 안정성을 첫 번째로 추구합니다. 이 때문에 리스크를 최소화시키는 안정화된 구조로 프랜차이즈산업 발전에 이바지할 수 있는 프랜차이즈펀드를 계획 중입니다."

그는 이성에게 데이트를 청하고, 결혼 자금을 모아 결혼하고 2세가 탄생하는 과정이 펀드 운용 4단계 과정과 비슷하다며 비유적으로 설명했다. 펀드운용에 있어 4단계 과정을 반드시 거쳐야 한다는 것이다. 1단계 딜 소싱(Deal Sourcing), 즉 어떤 펀드를 운용할지에 대한 협상 과정을 거쳐 2단계엔 스트럭처링(Structuring) 작업을 통해 펀드 구조를 안정화시킨다. 펀드레이징(Fund-Rasing) 과정에서는 자금을 모으고 마지막 매니지먼트(Management) 단계에서 펀드 운용관리를 한다는 게 그의 펀드 운용 4단계에 대한 설명이다.

리스크는 각 단계에서 담당자들과 지속적인 피드백 작업을 통해 꾸준히 관리하는 것이 특징이다. 그는 2단계와 4단계는 노력하는 만큼 성과를 달성할 수 있지만, 1단계와 3단계는 평상시에 신뢰기반 네트워크를 구축해놨어야 성공할 수 있다고 강조했다.

"평상시 절친하게 지내는 성형외과 의사 선배를 통해 미국에서 특허전문변호사로 활동하고 있는 선배의 친동생을 소개받게 되었습니다. 그렇게 해서 2년간의 공동 작업 끝에 특허펀드를 출시할 수 있었던 것이죠. 딜을 보는 안목도 중요하지만 좋은 딜을 만날 수 있는 네트워크의 기반이 평소에도 마련되어 있어야 합니다."

이 대표는 2005년부터 지난해까지 5년 동안 25개 펀드를 운용했지만 단 한번도 원금 손실을 본 적이 없다. 펀드별 연평균 수익률은 7.5%~11.5%를 기록했다. 1~4단계에서 리스크를 최소화하기 위한 철저한 피드백 과정을 거쳤기 때문이다.

"저는 항상 예측 가능한 수익률 구간을 먼저 설정한 뒤 운용합니다. 또 각 단계에서 철저히 리스크를 분석하고 전문가들과의 피드백 과정을 여러 번 거친 후 펀드를 출시해왔습니다. 이 때문인지 아직 그 수익률 구간을 벗어난 적은 없습니다. 하지만 실패가 없다는 표현보다는 양호한 성과를 달성했다고 말씀드리고 싶습니다."

그는 마지막 단계에만 치중하는 주식형 펀드매니저와는 달리 4단계 모두를 총괄하고 있기 때문에 상대적으로 높은 부가가치를 창출할 수 있는 것이라고 덧붙였다.

이종교배가 동종교배보다 우월하다

이 대표의 사무실 한쪽 벽면 화이트보드에는 올해 운용 예정인 펀드에 관한 아이디어로 꽉 채워져 있었다. '의료 관광을 위한 기반조성펀드', '산림자원 조성을 위한 10년대계펀드', '출산장려펀드' …. 새로 발굴한 투자처도 확실히 생소하다. 이런 창의적인 아이디어는 어디에서 나오는 것일까.

"금융인이 왜 이런 분야의 사람을 만나는지 사람들이 의아해할 정도로 다양한 분야의 전문가들을 많이 찾아다닙니다. 생물학에서도 이종

생물학에서도 이종교배가
동종교배보다 우수한 종자를
만들어내듯, 펀드 설정에
있어서도 타 분야와의 접목이
시너지효과를 창출할 수
있다고 믿습니다.

교배가 동종교배보다 우수한 종자를 만들어내듯이 펀드 설정에 있어서
도 타 분야와의 접목이 시너지효과를 창출할 수 있다고 믿습니다."

실제로 그가 운영하는 AV자산운용사의 전문가 구성진도 남다르다.
상임고문직에는 위아브솔루션스 미국 법인 대표인 박충수 변리사와 백
석찬 변리사, 삼성전자 종합기술원 출신의 이진수 변리사가 참여하고
있다. 정근화 변호사와 배철현 서울대학교 종교학과 부교수가 이사직
을, 삼성전자 법무팀 출신의 서권식 변호사가 감사직을 맡고 있다.

2009년 7월에는 기관투자자들을 대상으로 의학용 로봇세미나를 열
기도 했다. 우리나라가 의학용 로봇산업의 선두 국가가 될 수 있다는 생
각에 진행한 일이었다. 최근에는 국내 유수의 한 통신사로부터 금융과

통신을 결합시키는 프로젝트를 공동 추진하자는 제안을 받기도 했다.

"다양한 사람을 만나서 얻는 시너지효과가 훨씬 크다는 것을 예전부터 생각해 왔습니다. 하지만 사람들을 만날 때 어떻게 접근하느냐 또한 중요합니다. 가령 영화를 보는 관객들은 그냥 영화를 보는 것이 아니라 감독이 왜 하필 이 장면을 이 각도로 보여줬을까를 고민해야 합니다. 사람을 만나는 것도 마찬가지입니다. 그 사람과 나눈 이야기를 어떻게 받아들이고 응용하느냐는 순전히 자기의 몫인 셈이죠."

대체투자 시장의 미래에셋이 되겠다

세상 모든 것을 투자 대상으로 삼는 그가 생각하는 펀드매니저의 자질이란 무엇일까 궁금했다. 이 사장은 고정관념에 사로잡히지 않은 유연하고 긍정적인 사고는 펀드매니저의 필수 요건이라고 힘줘 말했다. 아울러 반대에 봉착하면 뚫을 수 있는 에너지도 필요하다고 말했다. '국내 최초'의 펀드를 설정하고 안정적으로 운용해온 비법은 바로 여기에 있는 듯했다.

펀드매니저를 꿈꾸는 청년들에게는 의외로 '여백의 미(美)'를 강조했다.

"인재는 만들어져 있는 것이 아니라 얼마든지 만들어낼 수 있다고 생각합니다. 열린 사고로 새로운 것을 받아들일 수 있는 사람이라면 신입 단계부터 교육시켜 인재로 키워낼 자신이 있습니다. 또 우수한 펀드매니저에게는 그에 맞는 업계 최고의 대우를 해줄 겁니다."

그는 '대체투자 분야의 강자'로 우뚝 서겠다는 포부도 잊지 않았다.

"엔터테인먼트 분야는 우수한 인재들이 좀더 투입된다면 세계적인 콘텐츠 비즈니스 산업으로 성장할 수 있습니다. 특히 시장도 금융권과의 만남이 필연적입니다. 대체투자 시장이 성장기로 접어드는 과정에서 콘텐츠, 에너지 자원개발 분야, 의료·서비스분야 펀드가 특화돼 있는 AV자산운용이 기여할 부분이 크다고 생각합니다. 미래에셋이 전통 주식형 펀드의 강자라면, AV자산운용은 대체투자 시장의 미래에셋이 될 것입니다."

마지막으로 개인적인 목표를 묻자 그는 한참을 고민하더니 "아까 말씀드렸다시피 금융 인재양성 프로그램을 만드는 것이 제 꿈입니다"라며 웃음을 지었다. 그에게 있어서 일과 개인적인 삶은 따로 떼어낼 수 없는 듯했다. 그의 다음 '최초' 펀드는 또 무엇일지 귀추가 주목된다.

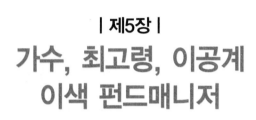

| 제5장 |

가수, 최고령, 이공계
이색 펀드매니저

The
Investment Secret
of Fund Manager

리스크를 회피하지 마라

펀드업계 덩크슈터 **김광진**

김광진 | 1964년 인천 출생 | 연세대학교 경영학과, 미국 미시간대학교 MBA | 前 장은투자자문, 하나경제연구소, 삼성증권 국제부 애널리스트 | 現 동부자산운용 투자분석본부장

" 낙관론자가 성공한다,
긍정적인 사고를 하라 "

가수와 사장, 이렇게 2명이 직원 전부인 '캐슬 뮤직'의 전속 가수, 매출도 거의 없는 음악사 소속이지만 여섯 번째 후속 음반을 낼 날만 손꼽아 기다리는 불혹의 청년.

그 주인공은 영혼을 울리는 미성으로 듣는 이의 감성을 자극하는 불후의 명곡 '마법의 성'의 작곡가이자 가수인 김광진 동부자산운용 투자전략본부장이다. 그는 냉혹한 주식시장을 빗겨나 있을 때의 자신을 이렇게 소개했다.

세인들에게 널리 알려진 가수라는 이미지가 그 어느 분야보다 냉철해야 하는 주식투자의 세계에서 별다른 도움이 되지 않을 것이란 우려에 대해 김 본부장은 여유 있는 웃음으로 답변을 대신했다.

"사람들이 저를 못 알아봐요. 그래도 왕년에 전 국민의 사랑을 받은 히트곡을 쓰고 부른 중견 가수인데 말이죠(웃음). 그런데 2008년 폭락장이 시작되기 직전에 알 수 없는 느낌을 받기도 했습니다. 그럼 음악하는 사람의 예민함이 증권투자에도 도움이 된 건가요?"

김광진 본부장은 장은투자자문, 하나경제연구소, 삼성증권 애널리스트 등을 거쳐 2002년부터 동부자산운용에 몸담고 있다. 2005년 출시한 '더클래식' 펀드 시리즈를 동부자산운용 대표 펀드로 키운 주역이기도 하다. 현재는 운용보다는 종목 발굴과 투자전략을 버무리는 역할을 하고 있다.

김 본부장은 1991년 '그대가 이 세상에 있는 것만으로'로 작곡가로

데뷔했고, 이승환의 '덩크슛'으로 스타 작곡가 반열에 올라섰다. 1994년에는 그룹 '더클래식' 멤버로 '마법의 성'을 히트시키며 애널리스트와 가수생활을 병행했다. 이후 애널리스트와 가수생활을 함께 하기가 점점 힘들어지자 1998년 증권사에 사표를 던지고 전업가수로 나서기도 했다.

전속사 '캐슬뮤직'의 사장은 김광진 본부장으로부터 선물받은 1집 앨범 수록곡 '너를 위로할 수가 없어'로 이대가요제에서 수상의 영광까지 안았던 지금의 아내다.

하지만 김 본부장은 2002년 동부자산운용에서 다시 금융인의 길을 걷기 시작했고, 2005년 자신의 이름을 딴 '더클래식펀드'를 성공시키며 또다시 주목받는 인물이 됐다.

합리적으로 싼 주식을 사라

서울 여의도의 동부자산운용 빌딩, 줄무늬 정장에 엣지 있는 목도리를 두른 김광진 본부장은 사무실을 휘젓고 다니며 직원들과 이야기를 나누고 찾아온 손님을 맞는 등 분주한 모습이었다.

김 본부장은 본업인 투자의 세계에 관한 질문이 시작되자 진지해졌다. 사실 김 본부장은 애널리스트의 외길을 걷고 있지만, 2002년 동부자산운용에 몸담은 이후에는 '퍼널리스트'(funalyst) 직함이 더 어울리는 상황이 만들어졌다.

퍼널리스트는 펀드매니저(fund manager)와 애널리스트(analyst)를 합친 신조어다. 대상 기업을 직접 방문해 조사·분석하는 애널리스트의 업무와 투자 여부까지 관여하는 펀드매니저의 업무 두 가지를 모두 겸한다.

동부자산운용은 각 업종별 5명의 애널리스트가 펀드에 편입할 종목을 분석해 골라놓으면 2명의 펀드매니저들이 이들 종목을 중심으로 운용하는 시스템을 갖고 있다. 애널리스트들이 최종 선정한 종목들이 거의 대부분 펀드매니저들의 투자 대상이 된다는 점에서 두 직종 간 경계를 말하는 것은 거의 무의미하다. 철저한 협업시스템이다.

김 본부장이 리서치업무와 틈틈이 가수 생활을 병행하고 있지만 큰 어려움 없이 생활하고 있는 것도 이러한 독특한 업무시스템 덕분이다.

그는 지수에 대한 막연한 불안감을 버리고 종목선택에 집중하는 보텀업 방식을 중시한다. 김 본부장은 매크로 지표를 먼저 분석하는 톱다운 방식은 솔직히 자신없다고 잘라 말한다.

"큰 그림을 맞추기 어렵습니다. 앞으로 경제상황이 어떻게 전개될 것이란 예측을 믿을 수도 없습니다. 기업의 주가는 경제 상황과 떼어놓고 생각할 수 없지만 그렇다고 반드시 같이 가는 것도 아닙니다. 오히려 산업구조가 더 중요합니다. 나아가 분석기업의 경쟁구도가 어떻게 진행되고 있는지도 살펴봐야 합니다."

2009년 삼성전자 등 정보기술(IT) 기업들의 실적이 좋은 것은 '치킨게임'에서 살아남았기 때문이라는 것. 따라서 기업의 경쟁구도와 실적을 보고 판단하는 것이 적중률이 높다는 얘기다.

"종목선택 기준은 '업종대비 얼마나 싸냐'입니다. 2년 전에 편입했던 중소형 자동차부품 기업 H사는 이런 기준으로 재미를 보고 있는 종목입니다. 당시 자동차부품 업종 평균 주가수익비율(PER)이 8배~10배 사이였습니다. 그런데 이 종목의 PER은 2배 정도에 불과했어요. 지나치게 할인돼 있는 상태였습니다."

바로 김 본부장이 시장에서 처음 선보여 주목을 받았던 상대가치 개념이다. 모든 업종 대비 자기가 맡고 있는 업종에서 밸류에이션 대비 저평가돼 있는 종목들을 찾아 투자를 하는 방식이다.

저평가된 가치형 중소형주를 많이 발굴하고 있고 편입 종목도 다른 운용사보다 많다. 그래서 변동성 위험에 너무 노출돼 있는 것 아니냐는 지적도 받곤 한다. 하지만 김 본부장은 이를 극복하기 위해 신발이 닳도록 기업탐방을 다녔다.

"탐방을 가보면 단번에 압니다. 잘되고 있는 회사의 경우 홍보 담당자와 이야기를 나누다 보면 자신감이 느껴집니다. 실적 전망의 근거도 탄탄합니다. 하지만 장밋빛 실적 전망을 내놓으면서 근거나 논리가 부족한 회사는 바로 접어버립니다. 특히 주식투자자들은 중소형주들의 경우 실적이 꺾이거나 매출이 감소하는 것을 가장 싫어합니다. 저는 숫자를 신봉합니다. 그래서 매출과 이익이 꾸준히 증가하는 기업을 제일 우선순위에 올려놓는 겁니다."

김 본부장이 '더클래식펀드'를 통해 시장에 굴복하지 않고 맞서 이겨온 것도 이러한 철저한 기업분석에 바탕을 두고 있다.

"흔히 '밸류에이션(실적 대비 주가수준) 매력'이 있는 종목을 사라고 말하는데 이런 매력을 갖추는 게 절대 쉬운 일이 아닙니다. 실적이 매년 좋아지던지 아니면 기업가치는 그대로인데 주가가 폭락하던지 해야 매력이 생기는 것이기 때문입니다. 다만 합리적으로 싸야 되지요."

그는 네비게이션 전문기업 '팅크웨어'를 예로 들었다.

"3년 전 팅크웨어를 찾아갔습니다. 당시 시장에서는 중소기업들이 만들어놓은 네비게이션 시장에 대기업들이 숟가락만 얹어놓는 상황이 곧 다가올 것이라며 관련 중소형주를 낮게 평가했습니다. 하지만 직접 회사에 가보니 팅크웨어는 지도에 강점을 가지고 있는 등 독점적 노하우를 유지하고 있었습니다. 대기업들이 곧바로 진입하는 것도 쉽지는 않다고 판단했죠. 결과는 대단히 만족스러웠습니다."

▌새로운 도전 '바이오헬스케어펀드'

동부자산운용은 바이오헬스케어와 관련된 '동부바이오헬스케어펀드'를 2009년 말 출시했다. 이 펀드는 해외 바이오기업 등에 투자하는 기존 바이오펀드와는 달리 국내 최초로 국내 바이오와 헬스케어 관련 업체들에 투자하는 상품이다.

투자신탁 재산의 60% 이상을 국내 상장주식에 투자하되 바이오헬스케어 관련 주식에 50% 이상을 투자해 관련 주식의 가치상승에 따른 자본이득을 추구하는 것이다.

김 본부장은 바이오헬스케어 분야가 3년 안에 새로운 메가트랜드로 부상할 것이라고 확신했다.

"바이오헬스케어 분야가 확대되고 있습니다. 진단, U헬스, 의료서비스 분야도 새롭게 떠오르고 있습니다. 특히 이머징 시장에서 점유율이 높아질 것으로 보고 있습니다."

중소형 바이오 종목들을 들여다보면 실제 실적이 서서히 나오기 시작했다는 것이다.

"일반 제조업이나 IT업체와 달리 바이오업체는 규모가 작더라도 각자가 첨단기술을 가질 수 있어 사실상의 독점적 이윤을 벌어들일 수 있습니다. 하지만 밸류에이션이 성장성을 반영하지 못하고 있는 경우가 많지요. 바이러스 질환 진단전문 바이오기업 '에스디'의 경우 3년 동안 평균 80% 정도 이익성장을 하고 있지만 주가에는 제대로 반영되지 않고 있습니다."

그렇다면 바이오헬스케어 이후 트렌드는 뭘까. 김 본부장은 디지털 콘텐츠라고 주저없이 말했다. 특히 현재 인터넷과 모바일 세상에서 제대로 대접받지 못하고 있는 음원주㈜들이 새로운 트렌드를 형성하며 성장할 것이라고 강조했다.

"이제 '디바이스'(Device) 시대를 넘어 그 안에 들어갈 콘텐츠가 대세가 될 것입니다. 애플사의 아이팟 열풍이 불고 있는데 이제 한 곡당 500원씩 하는 음원을 내려받는 것은 사용자들 사이에서도 거부감이 거의 사라진 상황입니다."

그는 무선인터넷을 통해 디지털 콘텐츠들이 원활하게 유통되는 단계에 접어든 만큼 음원 관련주들이 화두가 될 것으로 전망했다.

낙관론자가 성공한다

김 본부장은 또 '긍정의 힘'을 믿으라고 힘주어 말한다. 투자의 세계에서 비관적인 마인드로 성공하기는 쉽지 않다는 것이다.

김 본부장의 '더클래식펀드'는 최근 3년 수익률에서 국내 1위를 기록하고 있다. 이는 한탕을 노린 대박의 신기루가 아닌 낙관적 시각을 견지하며 꾸준히 노력한 결과라는 게 김 본부장이 말하고 싶어하는 핵심 요체다.

"너무 비관적인 마인드로는 좋은 성과를 내기 어렵다는 걸 깨달았습니다. 비관론자들이 일시적으로 적중할 수는 있지만 결국 장기적인 관점에서 시장을 이기는 측은 긍정적인 생각을 가진 사람들입니다. 하루 코스피지수 하락률이 3% 이상일 경우 종목들을 편입했을 때 어떤 결과가 나올지를 통계적으로 연구하고 있습니다."

문제는 꾸준히 이기는 전략이라고 김 본부장은 강조한다.

"최근 5년 동안 국내 자산운용사 상위 20개 사가 시장 대비 35% 정도의 초과 수익률을 기록했습니다. 연평균 6% 정도의 수익을 거둔 겁니다. 시장이 그 자리에 정체돼 있더라도 금리 투자보다 낫다는 결론이 나옵니다. 실제 더클래식 진주찾기펀드의 경우 3년 절대 수익률이 80%를 웃돌고 있습니다. 천천히 가더라도 꾸준한 것이 결국 웃을 수 있다는 이야기입니다."

그는 또 주식시장을 바라보는 인식도 개선돼야 한다고 주장했다. 그래서 주식교육 프로그램을 구상하고 있기도 하다.

"일반적인 샐러리맨들이 재테크를 하려면 주식시장만큼 효율적인 곳은 없다는 생각입니다. 주식투자가 변동성이 크고 기회보다 위험도가 높다는 인식부터 바꿔주고 싶습니다. 리스크를 회피만 해서는 안 된다는 것입니다. 분산투자의 개념으로 접근하되 장기적인 투자마인드로 적립식 펀드 등을 활용하면 좋을 결과가 있을 겁니다."

연예계에서도 중견급인 김 본부장을 재테크와 관련해 가장 괴롭히는

주식투자가 변동성이 크고
기회보다 위험도가 높다는
인식부터 바꿔주고 싶습니다.
리스크를 회피만 해서는 안 된다는
것입니다. 분산투자의 개념으로
접근하되 장기적인 투자마인드로
적립식 펀드 등을 활용하면
좋을 결과가 있을 겁니다.

후배가 누군지 궁금했다.

"몇몇 후배는 투자할 종목을 콕 찍어 달라고 합니다. 자산운용사에서
일하는 사람이 특정 종목을 말해줄 수는 없지 않습니까. 혹여 알려주더
라도 그 뒷감당을 어떻게 합니까?"

김 본부장은 또한 후배들 중 가수 윤종신씨가 주식투자와 관련해 가
장 많은 질문을 한다고 귀띔했다.

무대에 설 때와 투자전략가로 일할 때 중 어느 때가 더 행복하냐는
질문에 "치열하게 분석한 종목이 큰 수익을 안겨줄 때 희열을 느끼지만
아무래도 음악을 만들 때가 더 행복한 것 같다"며 미소를 지었다.

예술적 감각을 지배하는 우뇌와 냉철한 판단력을 통제하는 좌뇌가 '투 트랙'으로 돌아가는 보기드문 증권가의 인재인 김 본부장이 또다른 '슬램 덩크'의 신화를 쏘아 올릴 수 있을지 귀추가 주목된다.

마의 벽을 넘어야 투자에 성공
최고령 펀드매니저 **이상진**

이상진 | 1955년 경북 출생 | 서울대학교 법학과 | 前 현대중공업, 신영증권, 슈로더증권, 베어링증권 영업이사 | 現 신영자산운용 부사장 | 현직 최고령 펀드매니저

" 창조적 투자자가 돼라 "

노태우 정부의 주택 200만호 건설 사업이 막바지로 치닫던 1991년 봄. 경기도 일산의 한 대규모 아파트단지 건설현장도 마무리 공사가 한창이었다. 아파트 외벽 도색작업이 거의 완료되고 단지 내 화단에도 각종 조경수들이 속속 자리잡기 시작했다.

아파트 준공검사의 필수조건인 소방시설 설비업자들도 눈코뜰새 없이 바쁘기는 마찬가지였다. 각 층마다 설치되는 소화전에는 모직물로 짠 두터운 외피와 내부는 플라스틱 소재로 마감된 튼튼한 소방호스가 착착 채워져 나갔다.

소방호스를 실은 트럭은 그야말로 쉴새없이 아파트 건설공사 현장을 누비고 있었다. 현장 한 귀퉁이에서 이 모습을 동공 가득히 담고 면밀히 관찰하는 인물이 있었다. 그 주인공은 바로 현 신영자산운용 이상진 부사장.

"바로 이거다!"

코스닥 상장사인 소방기기 전문업체 '세진'(현 이스타코 : 학원사업 등으로 업종 변경)을 분석해온 이 부사장의 입가에는 미소가 번졌다.

▌투자의 첫 출발은 기업탐방

국내 현역 최고령 펀드매니저인 이 부사장은 1978년 현대중공업에서 직장생활을 시작했다. 이후 1987년 신영증권으로 옮겨 영업을 하다

| 그림 2-15 | 신영마라톤증권투자신탁(주식) A 수익률

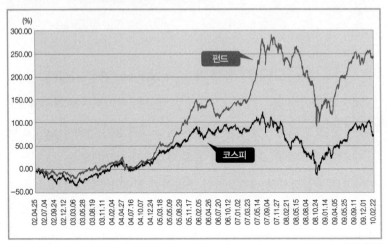

출처 : 제로인

영국계 슈로더증권을 잠시 거쳐 1996년부터 신영운용의 주식운용을 총
괄했다.

신영운용 설립 때부터 생사고락을 같이 해온 허남권 상무에게 2008
년 CIO(최고투자책임자) 직함을 넘겨주고 지금은 젊은 펀드매니저들의
멘토 역할을 하며 암묵지(暗默知)를 전수하고 있다.

영국의 전설적인 펀드매니저 앤서니 볼턴이 28년 간 연평균 19.5%
의 경이적인 수익률을 기록하며 시장에 맞서 승리했던 것처럼 이 부사
장도 신영자산운용을 설립한 뒤 13년 동안 시장에 단 한번도 굴복하지
않았다.

이 부사장은 미국의 투자 귀재 피터 린치가 자신의 롤모델이라고 주
저없이 말한다. 그 핵심은 '성실함' 이다. 수십 년 동안 펀드매니저로 일
하면서 여름휴가를 딱 한 번 떠났고, 그 한 번의 휴가조차도 휴양지에

있는 기업탐방이 목적이었던 피터 린치의 끈질긴 승부근성을 본받고 싶었기 때문이다.

기업의 펀더멘털과 내재가치를 파악하기 위해서는 성실히 발품을 팔아 현장을 찾는 방법밖에 없다는 지론에도 변함이 없다.

신영운용은 지금도 1년에 300여 개의 기업을 탐방하고 있다. 정문 수위의 태도만 봐도 그 회사 상태가 어느 정도인지 파악할 수 있을 정도의 경지에 올랐다.

"수위 복장이나 근무 태도를 보면 회사가 정상적으로 돌아가고 있는지 그렇지 않은지 단박에 알 수 있습니다. 특히 직원들과 1시간만 대화해보면 그 회사의 가능성을 읽어낼 수 있습니다. 그 핵심은 바로 '자신감'입니다."

이 부사장은 결국 어떤 기업이 잘 되느냐 못 되느냐는 그 절반이 '휴먼 캐피털'(인적 자본)에서 나온다고 굳게 믿고 있다.

또 투자 대상 기업이 정해지면 먹잇감이 배불리 풀을 뜯고 발걸음이 무거워 도망치지 못할 때까지 한나절 이상 매복해 기다릴줄 아는 대평원의 늑대처럼 끈질긴 면도 있어야 한다고 강조한다.

"기업은 살아 있는 생물과 같아서 시시각각 때깔이 바뀝니다. 그래서 한 기업을 1년에 두세 번씩 방문합니다. 현대중공업의 경우 불황인지 호황인지는 야적장에 쌓여 있는 후판(배를 만들 때 사용하는 철판)이 얼마나 있는지를 보면 압니다. 호황기에 가보면 잘라놓은 철판을 주체할 수 없어 주차장이나 심지어는 사내 운동장에까지 쌓아놓고 일을 합니다. 회사를 자주 출입하면 바보가 아닌 이상 바로 알 수 있죠."

기업을 정확하게 분석하기 위해서는 병법(兵法)도 동원된다. 소방기

기업체 세진을 발굴해 큰 수익을 얻을 때도 '적의 적을 이용하라' 는 병법이 활용됐다.

"투자대상 기업이 정해지면 경쟁업체부터 샅샅이 훑습니다. 세진의 경우도 경쟁사 대리점을 먼저 찾아갔습니다. 그 대리점 사장이 '세진은 신축 아파트가 많아 물량이 달리자 현금 아니면 제품을 안 준다' 며 비난했죠. 수요에 비해 공급이 부족할 정도면 호황이라는 판단 아래 이를 확인하기 위해 직접 아파트 건설현장을 찾아갔던 겁니다."

트렌드를 읽는 능력도 중요하다. 그래서 성공한 기업이 'E1' 이다.

"운용사를 설립하고 많은 기업을 다녔지만 액화석유가스(LPG) 공급업체 E1이 가장 기억에 남습니다. 우선 가스는 음식과 달리 상하지도 않습니다. 도시가스처럼 막대한 자금이 들어가는 배관도 필요하지 않아 시설투자에 자금을 안 들여도 됩니다. 게다가 현금만 받습니다. LPG 승합차가 막 보급되기 시작해 수요도 늘기 시작했습니다. 다른 에너지원이 나오지 않는 한 청정에너지라는 장점으로 장수할 수 있는 아이템이라고 확신했습니다. 2만 원이던 주식이 7~8년 사이에 최고 16만 원까지 치솟더군요."

물론 실패한 경험도 있다.

"운송, 항만하역 등 운송보관업체 KCTC는 기업가치를 알면서도 투자를 못했습니다. 당시 자본금이 20억 원인 소형주였는데 거래가 없어 기관투자자들이 손을 댈 수 없었어요. 호기심에 탐방을 시도했는데 회사에서는 '주가에 관심없다' 며 거부해버렸죠. 그 회사는 무상증자를 결정한 이후 6년여 동안 20배 가까이 올랐습니다."

투자의 손실 리스크를 줄이는
방법은 시간을 사는 것입니다.
기다리는 시간이 길수록
낮은 가격에 원하는 수량을
매수할 수 있기 때문입니다.
시세는 항상 옳지 않기 때문에
시간과의 싸움은 자신과의
싸움이 됩니다.

GDP, 금리, 환율, 유가와 비교하라

투자 대상 기업의 내재가치를 현장에서 확인했다면 다음은 현재 상
황을 점검해봐야 한다.

이 부사장은 GDP(국내총생산)와 금리, 환율, 유가 등 4가지 요소와 기
업의 실적을 대조해보면 포트폴리오에 담아야 할 시점인지 아닌지를
금세 알 수 있다고 말했다.

"GDP와 금리, 환율, 유가 이 4가지가 가장 중요한 변수입니다. 대상
기업의 트렌드와 미래를 읽어낼 수 있기 때문이죠. 이 4가지 지표를 역
사적인 순서로 열거해놓고 분석기업의 실적과 대조해보면 각 변수와의

상관관계가 나옵니다. 금리에 민감한지 아니면 환율과 유가에 예민한 기업인지를 파악할 수 있습니다. 그중에 GDP 성장률이 가장 중요한 변수입니다. 방향성을 체크할 수 있기 때문이죠."

이 부사장의 또다른 철칙은 '펀드매니저가 이해할 수 없는 종목은 사지 않는다' 이다. 새로운 기술을 접목해 제아무리 성장성이 돋보인다 해도 투자자가 그 기술을 이해할 수 없다면 실패 확률이 높기 때문이라는 얘기다.

개인투자자들에게는 기업의 내공인 업력(業歷)을 확인할 수 있는 '기업명' 에 신경쓰라고 조언했다.

"가치투자를 지향하는 자산운용사들이 코스닥시장에 관심을 기울이지 않는 이유는 업체들이 대부분 설립된 지 10여년이 채 안 됐기 때문입니다. 읽기도 어렵고 다른 기업과 구별도 안 되는 그럴싸한 영문 이름을 가진 기업들은 무조건 경계 대상입니다. 촌스럽지만 순수 한글이나 한자로 된 이름을 가진 기업을 펀드에 편입해 재미를 본 적도 많습니다. 그만큼 오랜 업력을 가진 기업에 투자할수록 실패 확률이 낮아진다는 것이지요."

증시 조정기를 대비하라

이 부사장은 최근 조정기를 거치고 있는 증시에 대해 그다지 낙관적인 전망을 내놓지 않았다. 한 해 단기급등하며 소진한 체력을 보충하기 위해서는 일정 정도 기간이 필요할 것으로 내다봤다. 이러한 시장 상황을 염두에 두고 수출주보다는 내수주에 치중할 것을 주문했다.

"지난 24년의 증시 통계를 살펴보면 매우 재미있는 현상이 발견됩니다. 1980년대나 1990년대는 증시가 몇 년간 꾸준한 방향성을 갖고 움직였습니다. 묘하게도 홀수 해에 증시가 좋고 짝수 해에 부진했습니다. 특히 2009년에는 저점과 고점을 기준으로 하면 61%나 폭등했습니다. 증시도 새로운 에너지를 충전할 때까지 일정 수준을 다지는 것이 필요하다는 얘기입니다."

2009년 삼성전자와 LG화학의 경우 100% 이상 올랐는데 다음해에 또 그만큼의 새로운 에너지를 가지고 상승할 수 있느냐는 말이다.

그렇다고 중소형주에 눈길을 돌리는 것도 위험한 발상이라고 못박았다. 최근 상승세는 대형주가 침체기에 진입한 사이 키맞추기 정도의 흐름을 타고 있는 것이라는 분석에서다.

"개별 중소형주 투자는 참아야 하는 구간이고 대안으로 생필품 관련 종목의 내수주를 공략해볼 때입니다. 다음으로 우리 정부가 북한에 '그랜드 바겐'을 제안했습니다. 북한 리스크가 사라질 수 있다는 가정 하에 투자목록을 재정비하는 것도 한 방법이라고 생각합니다."

'마의 지점'을 견뎌라

마라톤에서는 흔히 35km 구간을 '마(魔)의 지점'(데드포인트 · Dead point)이라고 표현한다. 이때가 가장 고통스럽다고 한다. 펀드투자에서도 마찬가지다.

"투자자들이 기다려주지 않고 무리지어 행동할 때 운용의 보람을 느끼지 못할 뿐더러 사실 괴롭습니다. 투자의 손실리스크를 줄이는 방법은 시간을 사는 것입니다. 기다리는 시간이 길수록 낮은 가격에 원하는 수량을 매수할 수 있기 때문입니다. 시세는 항상 옳지 않기 때문에 시간과의 싸움은 자신과의 싸움이 됩니다. 펀드운용의 성과는 이러한 투자결정의 누적적인 결실인 겁니다."

이 부사장은 "야구로 치면 3할대 타자 정도면 성공한 것 아닌가?"라고 반문한다. 3년에 100% 수익률이 목표이기도 하다.

"제아무리 베테랑 펀드매니저라도 10개 종목을 고르면 3개 종목은 안타를 치고, 4개 정도는 시장수익률 정도, 나머지 3개 종목은 실패하는 경우가 많습니다. 그래서 안타 치는 3개 종목으로 부족한 3개 종목을 보충해 시장수익률 이상을 노리는 것이지요. 엄격히 말하면 3할대 이상을 노리는 타자와 같습니다."

이 부사장은 신영운용의 간판 펀드인 밸류고배당이나 마라톤펀드도 잘 될 때도 있고 좋지 않을 때도 있었다고 고백했다. 그러나 선택한 종목이 잘못된 것이 아니라면 '시간은 우리편'이라는 믿음으로 기다린다고 했다. 물론 스트레스와 친구가 되어야 한다는 전제도 빠뜨리지 않았다.

창조적 펀드매니저가 돼라

신종플루로 전국민이 손씻기를 철저히 하면 안과 매출이 떨어질 것이란 점까지 추론해야 할 정도로 펀드매니저는 창의성이 절대 필요한 직업이다.

이 부사장은 "시장에서 웬만한 기업은 모조리 연구되고 있다고 보면 되고, 새로운 종목을 발굴하기가 너무 힘들다"고 토로했다. 따라서 후배들에게는 숫자에 치중하지 말고 스토리텔링에 의한 상상력을 동원해야 한다고 조언했다.

"특정 기업의 미래를 상상해보는 콘텐츠 개발에 더 힘을 쏟아야 합니다. 운용에 도움이 되기 위해서는 역사와 문학, 철학책도 많이 읽어야 하고요. 또 숫자를 보려면 10년치 기업의 재무제표를 샅샅이 뒤지는 성실함이 있어야 합니다."

10억 원으로 시작한 마라톤펀드 규모가 5년 사이 수천억 원 대로 커졌을 때 운용을 담당했던 후배 원주형 펀드매니저가 성장통을 겪었다.

"마라톤펀드의 산파역을 맡았던 원 팀장이 운용 규모가 커지자 스트레스에 시달리기 시작했어요. 급기야 회사를 그만두겠다고 나섰지요. 알토란 같은 고객돈을 까먹고 싶지 않다는 거였어요. 극구 말려 6개월 안식휴가를 다녀오게 했더니 지금은 능력 발휘를 제대로 하고 있습니다. 현재 운용본부장을 맡고 있는 허 상무는 실제 신영운용의 명성을 쌓은 주인공이기도 하고요."

이 부사장은 후배들에게 자신의 공을 돌리는 '겸양의 덕'도 잊지 않았다.

'은퇴 시점이 언제 정도가 될 것으로 생각하느냐'는 질문에 그는 "아직은 알 수 없지만 펀드매니저의 길을 접게 된다면 스트레스에서 벗어나 조용히 중국 고전을 번역하는 일을 하고 싶다"고 말했다.

퀀트운용은 주식의 연금술
이공계 출신 첫 운용본부장 **박상우**

박상우 | 1966년 서울 출생 | 서울대학교 수학과, 통계학 석·박사 | 前 한국통계공학, 한국신용평가, 동양증권, KIS채권평가, 랜드마크자산운용 | 現 우리자산운용 퀀트운용본부장(상무)

> " 숫자에 모든 해답이 있다 "

박상우 우리자산운용 상무는 이를테면 '김성근 식 야구'를 하는 펀드매니저다. 프로야구 SK 와이번즈의 김성근 감독은 4번 타자에게 번트를 시키고 에이스 투수도 중간계투로 마운드에 올린다. 김 감독이 믿는 것은 스타 선수가 아닌, 기록과 통계다. 하나의 시스템 안에서 SK의 모든 선수들은 철저하게 감독이 짜놓은 시나리오대로 움직이는 일명 '데이터 야구'다.

박 상무는 기업의 전략이나 앞으로의 발전 가능성 따위는 믿지 않는다. 다른 펀드매니저처럼 기업을 탐방해 CEO의 자질을 평가하거나 향후 실적을 예측하려고도 않는다.

그가 믿는 것은 오로지 숫자다. 오랜 시간 동안 축적된 계량화된 자료를 활용해 매매 프로그램을 짜는 게 그의 일이다. 그는 요즘 이공계 학생들이 가장 선망하는 직업인 바로 '퀀트(Quant)' 펀드매니저다. 우리자산운용에서 퀀트자산운용본부장을 맡고 있는 퀀트 펀드매니저의 대표주자 박 상무는 이공계 출신 펀드매니저 가운데 가장 높은 직위에 있는 현역 펀드매니저이기도 하다.

주식의 연금술, 퀀트란?

퀀트는 '양으로 잴 수 있는'이라는 뜻의 'Quantitative'를 줄인 말이다. 퀀트펀드는 수학적 모델을 활용하여 시장의 움직임을 컴퓨터로 프로그램화하고 이를 근거로 투자 판단을 하는 펀드를 말한다.

1980년대 후반 컴퓨터의 비약적인 발전으로 광범위한 자료와 변수를 단번에 처리할 수 있게 되자 미국 월가를 중심으로 퀀트펀드가 무수히 생겼다. 냉전 시대 이후 갈 곳이 없어진 수학, 물리학, 천문학 등을 전공한 이공계 출신 엘리트들이 금융업계에 진출하는 계기가 되기도 했다.

퀀트펀드의 대명사로 통하는 미국 르네상스 테크놀로지의 '메달리온펀드'의 경우 1989년부터 2007년까지 연평균 30%가 넘는 놀라운 수익률을 기록했다.

르네상스 테크놀로지를 이끌고 있는 제임스 사이먼스는 2006년 무려 17억 달러(당시 환율로 약 1조 6,000억 원)의 연봉을 받아 세상을 깜짝 놀라게 하기도 했다. 한국도 걸음마 수준이기는 하지만 현재 몇몇 대형 자산운용사를 중심으로 퀀트펀드가 출시되고 있다.

박 상무는 "퀀트펀드는 펀드매니저의 직관과 안목이 아닌, 기록과 통계에 의해 운용되기 때문에 수학이나 통계, 물리 등을 전공한 이공계 출신들로 팀을 구성한다"며 "반면 전통적으로 기본적 분석을 잘하는 경영학이나 경제학 출신들은 설 여지가 별로 없다"고 설명했다. 우리자산운용의 경우 퀀트자산운용본부 내의 펀드매니저 15명 가운데 절반이 넘는 8명이 이공계 출신이다. 박 상무도 이공계 출신이다. 그는 서울대학교에서 수학을 전공한 뒤 서울대 대학원에서 통계학으로 석·박사 학위까지 받았다.

통계 전문가, 금융에 입문하다

펀드매니저는 사실 그가 전혀 생각지도 못했던 직업이다. 지금이야 이공계 출신의 금융업 진출이 흔한 일이지만 박 본부장이 대학을 다닐 때만 해도 한국에서 통계학을 전공하고 펀드매니저가 되는 것은 자장면에 와인을 마시는 것만큼이나 이질적이었다.

첫 직장은 통계분석 서비스를 하는 작은 벤처회사였다. 박사과정 중에 있는 그에게 선배가 도움을 요청한 게 인연이 됐다. 그는 금융기관에 통계분석 서비스를 제공하는 일을 했다. 은행이 보유한 주식이나 채권이 시장 악화로 얼마나 손실이 날 수 있을지 예상치를 계산하는 게 주된 업무였다.

"지금은 금융사의 리스크관리가 보편화됐지만 당시는 완전히 새로운 개념이었어요. IMF 사태로 금융회사들이 리스크관리에 눈을 뜨기 시작한 거죠. 저는 사실 금융에는 문외한이었지만 통계를 잘 알았고, 은행에 있는 사람들은 금융을 잘 알았지만 통계는 전혀 몰랐습니다. 서로 필요에 의해 통계와 금융이 만난 겁니다."

그렇게 금융을 접한 박 본부장은 이후 신용평가사로 자리를 옮겨 비슷한 일을 계속하다가 1999년 동양종금증권 금융공학팀에 입사해 본격적으로 금융인의 길을 걷게 됐다. 이후 KIS채권평가와 ING자산운용(옛 랜드마크자산운용)에서 채권 관련 일을 주로 했다. 지금의 우리자산운용에 온 것은 2007년 10월의 일이다.

역사적으로 시장을 꾸준히 이긴 사람은 정말 소수입니다. 잠시 시장수익률을 크게 웃도는 경우는 자주 있고, 몇 년씩 이어지는 경우는 종종 있지만, 꾸준히 크게 시장을 이기는 것은 거의 불가능합니다.

모형을 어떻게 짜느냐가 운용의 묘

퀀트 운용의 묘미는 모형을 만드는 데 있다. 넘쳐나는 자료 가운데 의미 있는 숫자를 뽑아내는 게 우선이다. 자료는 중요도에 따라 분류돼 가중치가 주어진다. 모형은 이 숫자들을 조합해서 만들어진다. 모형은 하나일 때도, 여럿일 때도 있으며 모형끼리 합쳐질 때도 있다. 모형을 만들 때는 우선 가정을 설정해야 한다. 예컨대 주식시장의 상승이나 하락에 따른 의사결정 모형을 만든다고 하면 경기선행지수, 주가지수, 금리 등이 변수가 된다. 변수를 정하고 나면 각 변수에 가중치를 둔다. 이때 여러 변수가 조합되기 때문에 특정 지표만이 활용되지는 않는다. 종목을 선정할 때도 비슷한 절차를 밟는다. 다만 변수가 주가

수익비율(PER), 주가순자산비율(PBR), 자기자본이익률(ROE), 배당 등이 될 뿐이다.

이런 다소 복잡한 운영체계 탓에 한국에서 퀀트펀드는 기관투자자 위주다. 우리자산운용의 퀀트펀드 대부분도 분석 능력이 있는 기관에 팔린다. 일반인에게 판매하려면 일단 은행이나 증권사의 판매직원이 제대로 알아야 하는데, 그러기가 쉽지 않다. 불완전판매의 위험이 있는 것이다. 그래서 우리자산운용은 일반인이 쉽게 다가갈 수 있는 인덱스형 상품부터 내놓고, 이후 점차 영역을 확대한다는 구상이다. 이 회사에서 공모로 판매한 '우리프런티어뉴인덱스플러스α증권투자신탁'은 코스피 200 지수를 추종하면서 여기에 '플러스 알파'를 내는 게 목표다. 이 펀드는 대부분의 운용자산이 인덱스를 추종하고, 10% 내외의 자산만 차익거래(arbitrage) 같은 계량화된 매매기법을 쓴다.

한국의 르네상스 테크놀로지 나와야

"역사적으로 시장을 꾸준히 이긴 사람은 제가 알기로 정말 소수입니다. 잠시 시장수익률을 크게 웃도는 경우는 자주 있고, 이게 몇 년씩 이어지는 경우는 종종 있지만 꾸준히 크게 시장을 이기는 것은 거의 불가능합니다."

주식시장에 오래 발을 담근 사람일수록 이런 사실을 잘 안다. 박 상무는 그래서 시장을 따라가되 여기서 조금 더 수익을 낼 수 있는 전략을 짜는 게 길게 보면 유리하다고 말한다. 그가 추구하는 운용 스타일도 시장을 크게 이기거나 무조건 수익을 내야 한다는 식이 아니다. 코

한국의
르네상스 테크놀로지를
만들어야 합니다.

스피 지수와 같이 가지만 그보다는 조금 더 수익을 내는 것을 목표로
하는 게 장기적으로는 낫다고 말한다.

"시장의 변동성이 커질 때는 액티브형펀드가 지속적으로 수익을 내
기 무척 힘듭니다. 부침이 심하기 때문입니다. 자산이 많을수록 안정적
으로 수익을 내는 게 중요한데, 한국에서는 액티브형펀드가 대부분이
어서 선택의 여지가 별로 없어요. 인덱스와 퀀트를 조합한 펀드는 장이
빠질 때는 지수보다 덜 하락하고, 장이 오를 때는 지수보다 더 수익이
날 때가 많습니다."

그가 현재 관심을 갖고 있는 상품은 상장지수펀드(ETF : Exchange
Traded Fund)다. 인덱스펀드를 증시에 상장시킨 것으로, 펀드처럼 가입

하지만 해지 절차를 밟지 않아도 되고 증권사 홈트레이딩시스템(HTS)을 통해 간편하게 매매도 할 수 있다.

"코스피200에는 종목이 너무 많습니다. 업종 대표 종목 1~2개만 골라서 40~50개 종목으로 ETF를 만들어 봤는데 수익률이 무척 좋습니다. 2004년부터 시장을 연평균 4~5%p 정도로 이기고 있습니다. 다양한 업종과 종목들로 구성한 ETF를 꾸준히 내놓을 생각입니다."

박 상무는 후배들을 위한 멘토 역할을 하는 데도 관심이 많다. 퀀트가 더 보편화되려면 자신 같은 이공계 출신 엘리트가 금융업계에 더 많이 진출해야 한다고 믿고 있어서다. 임원이어서 늘 운용에만 매진하기 힘든 탓도 있다. 언젠가 후배들이 "한국의 르네상스 테크놀로지를 만들어야 한다"는 게 그의 생각이다.

좋은 주식을 선별하라
검은머리 외국인 **최인호**

최인호 | 1965년생 서울 출생 | 캐나다 토론토대학교 경영학과, 요크대학교 경영학 석사 | 前 캐나다 노바스코셔 은행, 삼성증권, 현대증권, PCA투신운용 | 現 하나UBS자산운용 주식운용본부장(상무)

> 66
> 0.1%라도 손실을 막으려면
> 기업분석에 매달려라
> 99

"하루라도 빨리 결단을 내려야만 합니다. 당장 IT(정보기술) 업종 비중을 줄이지 않는다면 손실을 감당할 수 없게 됩니다."

IT업계가 한창 호황을 누리던 2004년 4월. 당시 PCA투신운용(영국 Prudential 자회사) 내부에서는 긴급 회의가 열렸다. 한 펀드매니저가 급하게 포트폴리오 조정을 요청했기 때문이다.

"노키아가 중저가 휴대폰 모델 공급가격을 25% 정도 낮춘다고 합니다. 앞으로 휴대폰 관련 업체들의 주가가 줄줄이 급락할 가능성이 높은 강력한 위험 신호입니다. 투자자들의 열기가 아직 뜨거운 지금이 보유 주식을 줄여 리스크를 관리할 수 있는 마지막 기회입니다."

이날 열린 긴급 회의에서 이 펀드매니저는 혼신을 다해 목청을 높였다. 당시 최고의 투자처로 꼽히던 IT업종 비중을 반드시 줄여야 한다며 동료와 선후배 매니저를 끈질기게 설득했다. 몇 시간이 흘렀고, 최고투자책임자(CIO)는 마침내 IT업종 비중 축소를 지시했다. 매매 결과는 대성공이었다. 휴대폰 기업의 영업마진이 악화되기 시작하면서 관련업체 주가는 잇따라 곤두박질쳤다.

그 당시 선후배들을 끝까지 설득해 고객의 돈을 지켜낸 주인공은 바로 최인호 하나UBS자산운용 주식운용본부장. 그는 그때를 떠올리면 아직도 가슴이 '쿵쾅쿵쾅' 뛴다며 흥분했다.

외국인 눈으로 한국증시를 살피다

최 본부장이 노키아의 휴대폰 가격인하 사실만으로 국내 IT업종의 대폭락을 예견할 수 있었던 비결은 간단했다. 외국인 투자자의 눈으로 글로벌 경제를 분석하고, 그 결과를 한국증시에 적용한 것이다.

"서울에서 태어나 한국에서 17년을 살다가 고등학교 1학년 재학중 가족을 따라 캐나다 토론토로 이민을 가게 됐습니다. 이후 16년 동안 그곳에서 고등학교, 대학교, 대학원에 이르기까지 모든 교육과정을 마쳤습니다. 또 졸업과 동시에 캐나다 은행에 들어가 투자업무를 맡았습니다. 외국인의 사고방식으로 투자 분야에 뛰어들었고, 이러한 경험이 한국시장에서 주식운용을 하는 데 큰 도움이 되고 있습니다."

최 본부장은 캐나다 토론토대학(University of Toronto)에서 경영학을 전공했다. 이후 요크대학(York University)에서 경영학석사(MBA) 과정을 마쳤다. 캐나다 노바스코셔은행(The Bank of Nova Scotia)에 입사, 머니마켓펀드(Money Market Fund)의 투자담당자(Investment officer)로 첫 투자판단을 내리게 된다.

캐나다에서 살던 최 본부장이 국내 투자업계로 눈을 돌린 것은 14년 전이다. 당시 삼성그룹의 글로벌인재(해외 석·박사) 채용 공고를 보고 이에 응시한 최 본부장은 1996년 삼성증권 국제부에 입사, 국내 투자업계로 뛰어들었다.

이후 삼성증권 리서치센터를 거쳐 현대증권 리서치센터 애널리스트, PCA투신운용 리서치헤드 및 퇴직연금운용 담당이사를 지냈고 2007년 8월 지금의 하나UBS자산운용으로 자리를 옮겼다. 그러나 그는 아직까지 정신적 고향인 캐나다 국적을 포기하지 않았다. 배추김치를 좋아하는 '검은머리 외국인'인 셈이다.

8년 만에 펀드수익률 1등

인생에서 중요한 결단을 내려야 하는 순간이 가장 외롭다는 말이 있다. 최 본부장은 한국시장에 입성한 지 8년 만에 단 한번의 투자판단으로 잊을 수 없는 투자 성공을 이뤄냈다. 하지만 이때가 가장 힘들고 외로웠다고 회상했다.

"전 직장인 PCA투신운용에서 펀드매니저로 일할 때 평생 잊지 못할 경험을 했습니다. 제 투자 판단대로 운용해서 펀드수익률을 단숨에 끌어 올렸으니까요. 아직도 그때 투자 판단이 제 투자 인생에서 가장 멋진 도전이었다고 자부합니다."

2004년 4월 삼성전자 휴대폰사업부는 그해 1분기에 사상 최고의 영업마진을 달성했다고 발표했다. 이미 국내 IT업종에 대한 투자열기는 최고조에 이르렀고, 각 증권사 애널리스트와 자산운용사 펀드매니저들도 앞을 다퉈 IT 관련주의 적정주가를 연일 높이며 보유 비중을 눈에 띄게 늘렸다. 외국계 증권사인 크레디리요네(CLSA)는 당시 삼성전자의 적정주가를 100만 원으로 제시하며 투자심리를 부채질하기도 했다.

"그 당시에는 시장참여자들의 IT주에 대한 투자열기가 대단했습니다. 그중에서도 특히 휴대폰 부품업체들은 최대의 영업마진을 기록하며 투자 매력을 높여가고 있었지요. 가장 매력적인 투자처였죠. 하지만 글로벌기업인 노키아가 중저가 모델의 공급가격을 당초보다 25%

낮춘다는 계획을 미리 알게 됐습니다. 단기급등하던 휴대폰 관련 주가에도 제동이 걸리며 급락할 수밖에 없는 시장분위기가 이미 형성된 것입니다."

하지만 최 본부장이 제시한 이 같은 분석과 전망은 업계에서 쉽게 받아들여지지 않았다. 주위에서 모든 전문가들이 '아직까지 IT를 팔 때가 아니라 더 늘려야 할 때'라고 외치던 시기에 나홀로 '팔아야 한다'는 논리를 펼친 것이다.

"회사 내부에서도 제 판단을 존중하지 않았습니다. 무엇보다 IT를 많이 담았던 펀드의 수익률이 고공행진을 벌이고 있었으니까요. 동료, 선후배 펀드매니저 모두가 제 의견에 고개를 갸우뚱거렸습니다. 그래도 고객들의 쌈짓돈을 지켜내기 위해 줄곧 IT 비중을 줄여야 한다고 계속 밀어붙였습니다."

그는 노키아의 공급가격 조정이 휴대폰 시장에 미치는 영향을 자동차시장을 빗대 설명했다. "자동차업계에서 중고차시장의 가격동향은 아주 중요합니다. 중고차 가격이 떨어지는데 신차의 가격을 기존보다 더 올릴 수는 없는 법입니다. 영업마진도 당연히 나빠질 수밖에 없는 것입니다."

최 본부장의 판단을 믿고 지지해준 상사는 PCA투신운용 전무였던 강신우 현 한국투자신탁운용 부사장이다.

그는 "당시 강신우 전무가 유일하게 판단을 존중해주었다"며 "그래서 IT업종 폭락 전에 비중을 대폭 줄여 내수주인 통신 및 유틸리티 업종으로 대부분 갈아탈 수 있었다"고 말했다.

이처럼 빠른 템포로 업종을 배분한 덕분에 PCA투신운용의 당시 운

개별 기업에 대한 철저한
분석이 시장이나 업종 전망을
토대로 한 투자보다 실질적으로
성공할 확률이 더 높습니다.

용펀드 평균수익률은 2004년 4월 이후 3개월간 시장평균 수익률보다
5% 이상 웃돌았다. 국내 주식형 운용사별 펀드랭킹(Peer group ranking)
에서도 PCA투신운용의 펀드수익률은 단연 으뜸이었다.

완벽한 기업분석이 투자비밀

최 본부장은 펀드매니저의 최우선 자질로 기업분석 능력을 꼽는다.
전형적으로 보텀업을 중시하는 투자전문가다. 개별기업에 대한 철저한
분석이 시장이나 업종 전망을 토대로 한 투자보다 실질적으로 성공할
확률이 더 높다고 자신한다.

"주식시장 전체를 보는 눈은 평생 갖기 힘듭니다. 시장에 영향을 주는 변수가 너무 많고, 그 변수를 시장에 대입해 정확한 의미를 읽어내는 것도 결코 쉬운 일이 아닙니다. 그래서 저는 투자를 결정할 때마다 0.1%의 위험을 회피하기 위해 개별기업을 더 자세히 분석합니다."

최 본부장은 1996년부터 삼성증권과 현대증권을 거치며 리서치센터에서 애널리스트로도 활약했다. 투자가치가 높은 저평가된 기업을 찾아내고, 이후 적정주가에 도달하면 수익을 올리는 가치투자의 중요성을 직접 경험한 것도 이때부터다.

"펀드를 운용할 때 경기지표 등 시장전망에 대한 자료는 크게 의식하지 않습니다. 이보다 개별기업의 이익 예상치와 이익의 질, 이익의 지속력, 상대적 경쟁력(비즈니스 모델 및 개별기업·업계의 구조적 변화 등) 등을 더 적극적으로 살핍니다. 이렇게 분석된 기업으로 포트폴리오를 짜고 운용에 활용합니다. 시장 전망을 우선시하는 톱다운 방식은 투자에 참고만 하고, 실질적인 투자결정은 보텀업 방식을 활용해 저평가 및 고평가 종목을 선정한 뒤 투자 우선순위에 따라 분산투자합니다."

투자할 기업들의 재무재표를 자세히 조사해 이익의 질을 분석하고, 이를 토대로 지속 성장이 가능한 기업군을 만들어 분산투자하는 기법이 최 본부장이 가진 성공 비밀이다.

"리서치 분석을 기초로 저평가된 주식부터 고평가된 주식까지 투자 우선순위를 정합니다. 이를 근거로 투자 결정을 하는 것이 제 운용 스타일입니다. 이 경우 좋은 회사가 고평가되어 나쁜 주식이 될 수 있고, 반대로 나쁜 회사가 저평가되어 좋은 주식으로 분류될 수도 있습니다. 가장 중요한 것은 좋은 주식은 최대한 많이 담고, 나쁜 주식은 최대한 배제해 포트폴리오가 항상 시장 대비 저평가 수준을 유지하도록 해야 한다는 것입니다."

오랜 경험이 투자판단에 오히려 독이 될 수 있다

최 본부장은 투자 분야에 뛰어든 지 11년 만에 가장 후회하는 선택을 한 적도 있다며 아픈 기억을 털어놓았다. 그는 오랜 기간 쌓아온 투자 경험이 오히려 독(毒)이 되어버린 케이스라며 당시 상황을 떠올렸다.

"2007년에 중국 수혜주가 일제히 급등했습니다. 그런데 전 오랜 경험에서 비롯된 과거 잣대를 가지고 이들 주가에 대해 섣불리 고평가 진단을 내렸습니다. 그해 하반기 내내 중국 관련 수혜주를 모두 정리했고, 포트폴리오를 보수적으로 조정했죠. 제가 판 주식은 계속 올랐고, 코스피지수도 2,000선을 돌파했습니다. 제 인생에서 가장 힘든 시기였습니다."

최 본부장은 '실적이 뒷받침되지 않는 주가는 무조건 과열이다'라는 평소 생각을 버리지 못했다. 손쉽게 올릴 수 있었던 투자수익을 경험만 믿고 모두 포기한 것이다. 그는 "당시 잘못된 투자 판단으로 고객들의 수익률을 제고할 수 없어 매우 안타까웠다. 오랜 경험이 오히려 투자에 독이 되어 돌아온 가장 아쉬운 투자판단이었다"고 고백했다.

오랜 경험이 때로는 사고의 유연성을 잃게 하고, 투자의 패러다임이 변화하는 과정을 포착하지 못하게 만들 수 있어 항상 경계해야 한다고 최 본부장은 강조했다.

최고의 스승은 자기 자신

최 본부장은 어린 시절부터 수학을 가장 좋아했던 타고난 분석가다. 고등학생 때는 자동차 엔진을 반복해서 분해하고 조립하면서 스스로 엔진구조를 공부했다. 자동차 공학도가 되고 싶어 실제로 캐나다 토론토대학에 입학해 공대 전자공학부로 진학했지만 부모님의 권유로 입학한 지 1주일 만에 의예과로 전공을 바꿨다. 그렇지만 적성에 맞지 않아 2년 뒤 경영학부로 다시 전과하게 됐다. 이곳에서 그는 선물·옵션의 바이블로 통하는 《옵션과 선물, 그밖의 파생상품들(Options, Futures, and Other Derivatives)》의 저자 존 헐(Dr. John Hull) 교수를 만나게 된다. 최 본부장이 투자 분야의 금융공학도를 꿈꾸게 된 순간이다.

"경영학과 4학년 때 존 헐 교수가 지도교수였어요. 이 분의 강의를 듣기 시작한 뒤부터 투자 분야로 눈을 돌리게 됐습니다. 이후 MBA 및 CFA(공인재무분석사) 과정 그리고 애널리스트 근무 경험을 통해 바이사이드(Buyside : 연기금·뮤추얼펀드·자산운용사 등 투자기관)에서 일하고 싶다는 최종 목표를 세우게 됐습니다."

최 본부장은 이로써 셀사이드(Sell side : 매매중개자·리서치부서·증권사·은행 등 시장조성자)와 바이사이드를 모두 경험한 국내에서 몇 안 되는 투자전문가로 성장했다.

최 본부장은 마지막으로 "스스로가 최고의 스승이 되어야 한다"고 후배들에게 조언했다. 다른 누구에게 기대려 하지 말아야 한다고 강조했다. 어렵더라도 스스로 결정해야 하며 쉬운 길로 돌아가지 않기 위해 항상 노력해야 한다고 덧붙였다. 다음은 후배들에게 던지는 쓴소리다.

"후배들에게 하고 싶은 말은 '절대로 자만해서는 안 된다'는 것입니다. 이 업계에서는 절대 강자가 있을 수 없습니다. 자신의 경험만을 신뢰하지 말고 어떤 경우에서든 0.1%의 위험조정수익률을 높일 수 있다면 10% 또는 그 이상의 추가 노력을 주저해서는 안 될 것입니다."

수익률을 높이기 위해 기업분석을 게을리하지 않으면서 끊임없이 자신과 싸우는 애널리스트 출신 펀드매니저, 외국인의 시각으로 시장을 좀더 객관적으로 바라보는 검은 머리 외국인이 바로 최인호 본부장의 모습이다.

투자는 비중 조절의 예술
270조 국민연금 운용의 주역 **온기선**

온기선 | 1958년 전북 전주 출생 | 서울대학교 경제학과, 연세대학교 경영대학원 경영학과 | 前 한미은행, 동원경제연구소 이사, 동원증권(현 한국투자증권) 홀세일본부장. 국민연금공단 | 現 대신투자신탁운용 대표이사

“
자산배분의 원칙을
금과옥조처럼 지켜라
”

한국 금융투자업계의 '큰손', 국민연금에서 최근까지 투자전략과 기금 운용을 책임졌던 온기선 대신투자신탁운용 대표이사. 그가 말하는 성공투자의 핵심 전략은 바로 각 자산별로 투자 비중을 최적화하는 것이다.

　　온기선 대표는 2002년부터 2009년 8월까지 7년여 동안 정부의 1년 예산과 맞먹는 270조 원대 국민연금 기금을 주무르는 투자전략실장, 증권운용실장, 대체투자실장으로 금융투자업계 최일선에 서 있었다.

　　국민연금의 정교한 투자기법을 정립한 주역이기도 하다. 2009년 국민연금을 떠난 온 사장은 2010년에 대신투자신탁운용 사장으로 변신했다.

　　실제 그가 국민연금에서 자산운용본부의 핵심으로 일할 당시 국민연금 연간 운용수익률은 글로벌 금융위기가 강타했던 2008년 −0.18%를 제외하고 2007년 6.84%, 2006년 5.77%, 2005년 5.61%, 2004년 8.07%, 2003년 7.03% 등 기록적인 수익률 행진을 이어갔다. 2009년 역시 연간 운용수익률이 10.39%로 최근 10년 간 최대치를 기록했다.

　　2009년 말 현재 국민연금 운용액을 뜻하는 순자산은 277조 6,424억 원이다. 이는 2010년 전체 국가 예산 292조 원에 버금가는 규모다.

　　국민연금은 이를 국내 채권 73.9%, 국내 주식 13.1%, 해외 주식 4.8%, 대체투자 4.5%, 해외 채권 3.8%로 나눠 운용해 26조 2,267억 원의 수익을 올렸다. 이 중에서 저가 매수한 주식 가격이 뛰면서 국내 주식 투자에서만 무려 15조 5,377억 원(58.44%)의 수익을 올렸다.

이는 2007년부터 2009년까지 3년간 연평균 수익률 5.78%의 2배에 가까운 수치로 2001년 금융 부문에서 11.41%의 수익률을 낸 이후 8년 만에 기록한 두 자릿수 수익률이다.

특히 온 대표가 2009년 8월까지 몸담았던 대체투자 부문 수익률은 1월 1.53%에서 거의 매월 지속적으로 상승세를 보여 눈길을 끌었다.

인간 본성을 거스르는 투자를 하라

270조 원에 이르는 막대한 자금을 이용해 성공투자의 결실을 맺기까지 그가 했던 노력과 투자철학은 무엇이었을까? 그의 답변은 간단하면서도 명료했다.

"감정적으로 편하게 투자하면 '필패'(必敗), 괴롭게 투자하면 '필승'(必勝)합니다. 폭등장에서 괴로워도 팔아야 하고, 폭락장에서 망설임 없이 살 수 있어야 성공할 수 있습니다."

온 대표는 이를 골프에 비유했다.

"스윙을 한 뒤 곧바로 공이 어디로 날아가는지 비구선을 쳐다보면 절대 안 됩니다. 찰나에 몸의 균형이 깨지고 공은 전혀 엉뚱한 방향으로 날아가기 십상이죠. 아무리 가르쳐줘도 초보자들은 꼭 공을 쳐다봐야 직성이 풀립니다. 하지만 프로는 그런 인간의 본성을 이겨낼줄 압니다. 투자도 인간의 본성을 거스르는 결정을 할 수 있을 때 비로소 성공이라는 열매를 맛볼 수 있다는 얘기입니다."

온 대표가 말하는 비중 조절은 '일관되게'라는 말이 꼭 따라붙는다.

감정적으로 편하게 투자하면
'필패'(必敗), 괴롭게 투자하면
'필승'(必勝)합니다.
폭등장에서 괴로워도 팔아야 하
고, 폭락장에서 망설임 없이
살 수 있어야 성공할 수
있습니다.

그것도 '기계적으로' 라는 수식어가 앞에 반드시 와야 한다. 기계적으로
일관되게 한번 정한 자산별 비중을 유지할 수 있어야 성공투자자의 반
열에 오를 수 있다는 이야기다.

 "국민연금의 경우 주식과 채권, 대체투자상품인 부동산 등에 얼마씩
을 분배해 투자해야 할지를 미리 정합니다. 그리고 비중 조절이 한번
끝나면 글로벌경제의 급변동 상황이 발생해 미세 조정을 하는 경우를
제외하고는 일관되게 가져갑니다. 그것이 수익률 극대화의 핵심이죠."

 개인투자자들 역시 이러한 국민연금 방식의 투자방법을 지킨다면 성
공할 수 있다고 단언한다.

 "주식시장이 추세 상승으로 급등했을 때 주식비중이 고작 자기 자산

의 1~2% 정도밖에 안 된다면 얼마만큼의 수익을 챙길 수 있을까요? 그만큼 자산별로 어떻게 비중을 두느냐가 투자의 성패를 좌우하는 것입니다."

그렇다면 자산배분의 황금비율은 있는 걸까?

"기계적인 배분 비중은 있을 수 없습니다. 자신이 리스크를 안고 위험자산을 선호한다면 주식이나 부동산 비중이 다소 높을 수도 있고, 안전자산 쪽에 무게를 둔다면 채권 비중을 높이면 됩니다. 다만 일관되게 이러한 '룰'을 지켜야 필승의 길을 걸을 수 있습니다."

'게임은 지는 순간 끝나는 것이 아니다. 포기하는 순간 끝난다'는 격언이 있듯이 투자에 있어서도 자산배분의 원칙을 포기하는 순간 필패한다는 것이 온 대표의 지론이다.

▌흔들림 없는 실천이 성공 키워드

온 대표가 국민연금 기금운용본부에서 핵심 역할을 할 당시 목표 수익률을 뛰어넘는 성공투자를 할 수 있었던 것은 그냥 쉽게 얻어진 게 아니다.

1984년 한미은행에 입사해 심사관리부에서 일한 그는 1987년 동원경제연구소 경제조사실과 증권조사실, 기업분석실을 거쳐 2002년 동원증권(현 한국투자증권) 홀세일본부장을 역임했다.

동원경제연구소에서 크레딧 애널리스트로 일하며 연기금의 '파워'에 매력을 느꼈던 온 대표는 기관을 상대로 영업을 하는 홀세일본부장을 거치면서 연기금의 가능성을 발견했다. 앞으로 국민연금의 몸집이

더욱 커질 수밖에 없고 영향력도 증대될 것이란 점에서 꼭 한번 일해보고 싶다는 생각을 하기 시작한 터였다.

당시 국민연금의 투자전략팀장 공모가 있었고, 온 대표는 망설임없이 동원증권을 떠나 국민연금호(號)에 몸을 실었다. 당시 100조 원대 자금을 운용하는 국민연금도 정밀한 투자 매뉴얼이 없었다고 한다.

온 대표는 곧바로 정교한 기금운용 지침서를 만드는 데 착수했다. 거의 모든 정보를 공개하는 선진국 대형 연기금들의 인터넷 홈페이지는 자원의 보고였다. 그중 국민연금과 성격이 비슷한 미국 최대 연기금인 캘리포니아공무원연금(캘퍼스·CalPERS)이 훌륭한 길라잡이 역할을 해줬다.

"국민연금은 손실을 내지 않아야 합니다. 국민들이 불입하는 알토란 같은 돈을 투자해 손실을 보면 안 되기 때문입니다. 그래서 어떤 경우도 연간 손실이 발생하는 것은 용납되지 않습니다. 제한된 리스크 한도 내에서 최대한 수익을 낼 수 있는 자산 배분안을 만들어내는 것이 급선무였죠."

포트폴리오 투자법을 얘기하면서 빼놓을 수 없는 사람이 바로 노벨 경제학상의 영예가 빛나는 미국의 해리 마코비츠(Harry M. Markowitz)다. 그는 수익률을 극대화하기 위해서는 여러 자산을 배합, 분산 투자하는 것이 유리하다는 것을 이론적으로 증명해낸 학자다.

마코비츠는 수익률을 높이기 위해 자산을 단순히 분산하는 것이 아니라 자산 간 수익률이 같은 방향으로 움직이는 정도, 즉 상관계수(두 변량 사이의 상관관계의 정도를 나타내는 수치)에 주목해야 한다고 주장했다. 상관계수가 낮은 자산을 서로 결합해 투자하는 것이 최적의 포트폴리오를 얻는 비결이란 설명이다.

"캘퍼스 등 선진국 연기금 사례 등을 집중 분석하고 마코비츠의 평균 표준편차 최적화모델을 적용해 기금운용의 헌법과 같은 투자정책서를 만든 것도 큰 보람입니다. 기금운용에 있어서는 여러 제약 요인이 있고 이를 감안한 최적 자산배분안을 도출해낸 것이 바로 그것입니다."

2008년 9월 리먼브라더스 파산 사태로 글로벌 금융위기가 몰아칠 때 국민연금은 급락한 주식을 대량 매입했다. 코스피지수 1,000선이 무너지던 당시, 시장에 엄습한 공포감은 이루 말할 수 없었다.

"당시 국민들의 항의가 빗발쳤습니다. 노후를 대비해 불입한 돈을 망해가는 주식시장에 투자하는 것은 정신나간 짓 아니냐며 일반인들의 험악한 전화가 계속 이어졌지요. 하지만 최적 자산배분안에 맞춰 주가하락으로 떨어진 비중만큼을 채워넣었고, 세월이 흘러 금융위기 파고가 잦아들고 보니 당시가 최적의 투자 시점이었다는 것이 확인됐습니다."

실제 2008년 국민연금의 금융부문 시간가중수익률은 −0.21%로 글로벌경기 침체에도 선방한 것으로 평가받는다. 당시 미국 캘퍼스와 일본후생연금(GPIF) 수익률이 각각 −27.1%, −13.9%에 그친 것과도 대조적이다.

개인투자자들에게는 나름대로의 투자원칙을 세울 것을 주문했다. 여유자금의 얼마를 자산별로 배분해 투자할 것인가를 미리 정하고 이러한 원칙을 금과옥조처럼 지킬 수 있어야 한다는 것이다.

"개인투자자들은 감정을 이기는 법을 먼저 배워야 합니다. 그리고 한 번 세운 원칙은 일관되게 가져가야 성공에 이를 수 있다는 교훈도 깨달아야 합니다. 그렇게 할 자신이 없다면 저희 같은 전문가들이 운용하는 간접상품에 투자하는 것이 바람직합니다."

운용사의 수장으로서 포부를 묻자 그는 국민연금 근무 시절과 마음 자세가 바뀐 것이 전혀 없다고 말했다.

"주식은 많이 오를 수도 있지만 손실 가능성도 높습니다. 주식투자로 인한 손실과 자산가격의 변동성을 감당할 수 있는 범위 내에서 목표 주식 비중을 정하고, 경기나 시황에 관계없이 이 비중을 꾸준히 지켜나가면 잘하는 투자자 상위 20% 안에 들 수 있다고 확신합니다."

국민의 돈을 자신의 돈처럼 여기며 투자에 임한 것처럼 이제 운용사에 맡기는 고객의 돈을 제 몸 같이 생각하며 운용에 나서겠다는 것이다.

국민연금과 주식시장

2010년 1월. 장외시장에서 금호생명의 주가가 들썩였다. 이유는 국민연금공단의 투자 때문이었다. 국민연금은 1월 12일 산업은행과 금호생명 인수를 위한 사모펀드(PEF)에 투자하는 내용의 약정을 맺었다고 밝혔다. 최대 2,650억원을 투자할 수 있다는 발표도 이어졌다. 1월 초 주당 5,000원 안팎이었던 금호생명의 장외시장 주가는 7,000원을 훌쩍 넘었다. 매수호가는 8,000원에 달하기도 했다. 이는 사소한 예에 불과하다. 국민연금은 장외시장의 작은 종목에서부터 유가증권시장의 대형 종목까지 폭넓게 투자하고 있다.

국민연금은 국내 주식시장을 움직이는 큰손 중의 큰손이다. 국민연금의 국내 주식투자 규모는 36조 3,103억 원(2009년 12월 말 기준)에 달한다. 이처럼 막대한 자금이지만 이는 국민연금 적립금 규모의 13.1%에 불과하다.

국민연금기금은 1988년 국민연금법에 따라 설치됐다. 최초 회계년도에는 5,279억 원이 적립됐다. 2009년 12월 말 기준 순자산 규모는 277조 6,424억 원이다. 미국 최대 연기금인 '캘리포니아 공무원 퇴직연금(캘퍼스)'을 제치고 세계 4위로 올라섰다.

국민연금은 금융부문에 대부분(99.9%)을 투자하고 있는데 이중 국내채권 73.9%, 국내주식 13.1%, 해외주식 4.8%, 대체투자 4.5%, 해외채권 3.8%로 나눠 운용하고 있다. 이처럼 대부분의 적립금을 채권에 투자하고 있지만 수익률 면에서는 다른 국가보다 앞선 편이다. 국민연금은 아시아-태평양 공적연기금 중 최고의 운용수익률을 인정받고 있다. 홍콩의 금융투자 전문잡지인 《아시아 에셋 매니지먼트(Asia Asset Management)》가 선정하는 '올해의 최우수 연기금'에 2008년과 2009년 2년 연속 선정됐다.

국민연금의 2009년 금융부문 기금운용 수익금은 26조 2,267억 원, 수익률은 10.81%(시간가중수익률 기준)에 이른다. 금융위기 당시 저가 매수한 주식 가격이 증시 회복과 함께 뜀박질을 했기 때문이다. 실제 국내 주식투자에서만 무려 15조 5,377억 원(58.44%)의 수익을 올렸다. 이 같은 운용수익률은 2008년 리먼브라더스 파산사태로 금융부문에서 4,270억 원(-0.21%)의 적자를 낸 것과 비교하면 격세지감이 느껴질 정도다. 국민연금은 2010년 말까지 70조 2,992억 원을 외부 전문운용사에 맡길 예정이다. 이는 전체 국민연금기금의 23.2%에 이르는 규모로 2009년보다 0.2%p 늘어난 수준이다. 따라서 자산운용사들에게 돌아가는 파이는 더 커졌다고 볼 수 있다.

그러나 채권에서만 위탁 규모를 늘릴 뿐 주식 위탁 규모는 줄일 예정이다. 국민연금이 직접 운용하는 편이 낫다는 판단 때문이다. 국민연금은 규모면에서도 큰손이지만 이제는 직접 목소리를 내는 경우도 잦아졌다. 국민연금은 2009년 지분율 1% 이상 기업이 주주총회에 상정한 2,003건의 안건 가운데 이사 및 감사 선임, 정관 변경 등과 관련해 132건의 반대 의결권을 행사했다. 전체 안건 가운데 반대 의결권을 행사한 비중은 2005년 2.7%에서 2007년 5%, 2009년 6.4%로 지속적으로 늘고 있다.

인수·합병(M&A) 시장에도 재무적 투자자로서 적극적으로 뛰어들 것으로 보인다. 올해 M&A 시장에는 우리금융지주를 비롯해 대우인터내셔널, 대우조선해양, 하이닉스, 대우건설, 현대건설 등의 대형 매물들이 대기하고 있다. 앞서 예로 살펴본 금호생명도 이 같은 맥락이다. 이밖에 공모주 투자에도 11년 만에 나설 예정이다. 1999년 기금운용본부 출범과 함께 공모주 투자를 전면 중지했지만 내부 운용 규정을 개정하면서 2010년부터 기업공개(IPO) 대상에도 투자할 계획이다. 2010년에는 삼성생명(4조 원), 대한생명(2조 원), 인천국제공항공사(1조 2,000억 원) 등 11조 원가량으로 역대 최대 규모의 IPO를 앞두고 있다.

국민연금이란

국민연금은 국가가 보험의 원리를 도입해 만든 사회보험의 일종이다.

가입자, 사용자 및 국가로부터 일정액의 보험료를 받고 이를 재원으로 한다. 노령으로 인한 근로소득 상실을 보전하기 위한 노령연금, 주소득자의 사망에 따른 소득상실을 보전하기 위한 유족연금, 질병 또는 사고로 인한 장기 근로능력 상실에 따른 소득상실을 보전하기 위한 장애연금 등을 지급한다.

우리나라 국민연금제도는 1988년 시행됐다. 국민연금은 모든 국민이 가입 대상으로 강제성이 있다. 국민연금은 국가가 최종적으로 지급을 보장하기 때문에 국가가 존속하는 한 반드시 지급된다.

국민연금은 물가가 오르더라도 실질가치가 항상 보장된다. 처음 연금을 지급할 때는 과거 보험료 납부소득에 연도별 재평가율을 적용해 현재가치로 재평가해 계산한다. 예를 들어 1988년 100만 원 소득으로 국민연금에 가입되었다면 이를 2007년 현재가치로 재평가하면 약 430만 원의 소득액으로 인정해 국민연금을 계산한다. 또 연금지급 중에도 전국 소비자물가변동률에 따라 금액이 조정된다. 물가가 매년 3%p씩 오른다고 가정하면 2007년 1월에 40만 원의 연금을 받을 경우 20년 뒤에는 약 72만 200원으로 인상된다.

| 그림 2-16 | 국민연금 투자비중 (2009. 9. 11)

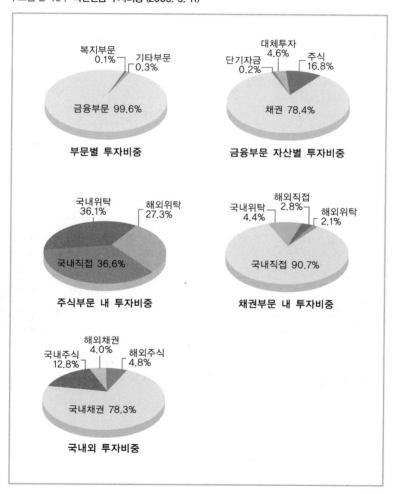

부문별 투자비중

금융부문 자산별 투자비중

주식부문 내 투자비중

채권부문 내 투자비중

국내외 투자비중

중국B시장에 주목하라
봉쥬르차이나의 주인공 **클로드 티라마니**

클로드 티라마니 | 1963년 프랑스 출생 | Institut des Techniques Bancaires (ITB) | 前 BNP파리바 신용평가기관, BNP파리바 아시아 포트폴리오매니저 | 現 BNP파리바 봉쥬르차이나 · 파베스트펀드 포트폴리오매니저

> **강세장에선 승자와 함께 가는 것이 수익률의 비법**

중국경제가 '죽(竹)의 장막'에서 벗어나지 못했던 1993년 어느 날, 당시 BNP파리바의 아시아 펀드매니저로 근무했던 클로드 티라마니는 시장조사 차원에서 중국 상하이를 방문했다.

외국인 전용 증시인 중국 B시장이 열린 지 1년밖에 지나지 않았던 때다. 상하이증권거래소가 생긴 게 1990년이었으니 중국의 주식시장은 이제 막 걸음마를 시작한 것이나 다름없었다.

중국경제가 글로벌 투자자들의 관심 밖에 있었던 당시 티라마니는 1993년 중국 상하이 출장을 통해 중국경제의 성장가능성을 느꼈다. 그동안 중국경제에 대한 인식이 편견이었음을 절감하기도 했다.

그가 중국경제 발전의 실마리를 찾은 곳은 상하이에 있는 대중택시(Dazhong Taxi)다. 이 업체 관계자는 "중국에서 자동차 수요가 급증하는 바람에 차를 구하기 힘들다. 덕분에 4년된 중고차를 새차와 같은 가격으로 판매하고 있다"고 말해 그를 놀라게 했다.

"중국경제는 이제 시작이다. 곧 반드시 세계 중심에 설 것이다!"

티라마니는 중국의 몇몇 도시들을 둘러본 후 중국이 엄청난 기회가 있는 시장이라는 판단을 내렸다.

문제는 프랑스 파리에 있는 BNP파리바의 본사 경영진들에게 어떻게 확신을 심어주느냐였다. 중국에서 돌아온 뒤 투자제안서를 제출했지만 중국에 투자하겠다는 자금을 모으기는 쉽지 않은 상황이었다.

하지만 경영진이 중국 투자에 대한 요청을 검토하는 사이 티라마니는 미국의 한 제조회사를 방문하고는 뜻밖의 기회를 얻었다. 이미 그 회사는 중국에 가동 중인 현지 공장을 소유하고 있을 정도로 중국 투자에 확신이 있었다. 또한 중국의 성장 가능성을 내다보고는 티라마니가 운용할 중국투자펀드에 흔쾌히 자금을 투자하기로 결정했다. 투자자금이 모이자 BNP파리바는 1995년 드디어 최초의 중국투자펀드인 '파베스트 차이나'를 설정 운용했다.

이것이 현재 BNP파리바에서 파베스트차이나펀드와 봉쥬르차이나펀드를 운용하고 있는 클로드 티라마니와 중국이 긴 인연을 맺게 된 계기였다. 지금까지 14년 동안 계속된 인연이다.

▎ '봉쥬르차이나펀드'로 국내에 중국 펀드 알리다

티라마니는 신한BNP파리바자산운용의 '봉쥬르차이나펀드'를 통해 한국에 중국 펀드 열풍을 불러일으킨 주인공이기도 하다. 그가 운용하는 봉쥬르차이나펀드는 2004년 설정된 국내 최초의 중국투자 펀드다.

봉쥬르차이나펀드는 티라마니가 1995년부터 운용 중인 BNP파리바의 '파베스트차이나펀드'를 그대로 모방해 만든 미러 펀드(복제 펀드)다. 프랑스 BNP파리바그룹과 국내 신한금융그룹이 합작설립한 신한BNP파리바자산운용이 국내에 선보였다.

지금도 봉쥬르차이나는 티라마니가 파베스트차이나펀드와 같은 매매방식으로 직접 운용하고 있다. 티라마니는 2004년 봉쥬르차이나펀드를 선보이면서 국내시장과 인연을 맺게 된 것이다.

티라마니가 아시아 각국에서 운용 중인 펀드들의 총 수탁고는 약 80억 달러(9조 2,000억여 원)에 달한다. 이 중에서 그가 운용하는 중국 펀드의 원조격이라 할 수 있는 BNP파리바의 파베스트차이나펀드는 1998년부터 2003년까지 5년 동안 447.29%라는 기록적인 누적수익률을 올렸다. 이같은 성과로 티라마니는 우수 해외 뮤추얼펀드에게 주어지는 '골든로렐상'을 2003년부터 3년 연속으로 수상했다.

하지만 이런 파베스트차이나펀드의 미러 펀드인 봉쥬르차이나펀드가 2004년 설정됐을 때만 해도 국내시장에서 중국 증시에 대한 관심은 전무하다시피 했다.

펀드의 이름을 프랑스어로 '안녕'을 뜻하는 '봉쥬르'라고 지은 것도 중국 증시를 한국에 최초로 소개한다는 취지에서였다. 중국 증시가 한국 투자자들에게 보내는 첫 인사였던 셈이다. 그러던 봉쥬르차이나펀드가 지금은 수탁고가 5조 8,000억 원(2009년 말 기준)에 달하는 명실상부한 국내 대표 해외 펀드로 떠올랐다.

펀드가 명성을 얻은 것은 중국 증시가 본격적으로 상승세를 타기 시작한 2006년부터다. 2006년은 중국 상하이종합지수가 1,090선에서 2,060선까지 두 배 가까이 급등한 해다. 봉쥬르차이나펀드도 2006년 한해 동안 63.9%의 수익률을 올리며 국내 펀드 중에서 최고의 수익률을 기록했다. 중국펀드 붐이 일어난 것도 그때다. 2005년 말 4,000억원에 불과하던 봉쥬르차이나펀드의 수탁고는 2006년 말 1조 2,000억원 가까이 불어났다. 2006년에는 펀드의 놀라운 성과가 언론을 통해 보도되면서 말 그대로 돈이 물밀듯이 쏟아져 들어왔다. 펀드의 수탁고도 2007년 말에는 5조 8,000억 원으로 5배 가까이 급증했다.

2007년은 중국 증시 투자자들에게는 최고의 해라고 볼 수 있다. 상하이종합지수는 파죽지세로 치솟으며 이 해 10월 역사상 처음으로 6,000선을 돌파했다. 그는 2007년과 같은 상승장에서의 투자 비법으로 '승자와 함께 하는 것'을 꼽았다.

티라마니 매니저는 "일반적으로 강세장은 특정 투자 테마에 의해 상승하게 된다. 이런 경향은 사이클이 바뀔 때까지 유지되기 때문에 이들 테마를 따라가는 것이 좋다"고 조언했다.

그는 상승장에서 뒤처졌던 소외 종목을 찾는 것도 중요하다고 강조했다. 하지만 그 종목의 싼 가격에 현혹돼 가치를 잘못 판단하는 것은 위험하다는 지적도 빼놓지 않았다.

그는 "주가가 싸지만 오르지 않는 종목은 분명 어떤 이유가 있기 때문"이라며 "밸류 트랩을 피하기 위한 조사가 필수적"이라고 강조했다.

티라마니가 운용하는 중국펀드는 세계적으로 봐도 수탁고 규모가 매우 큰 '공룡 펀드'에 속한다. 따라서 규모가 작은 펀드들과는 차별화된 운용전략이 필요하다.

그는 "운용 규모에 맞게 과다한 리스크를 안고 운용하기보다는 장기적으로 안정적인 수익률을 얻는 것을 목표로 한다"며 "약세장에서는 펀드의 성격을 안정적인 현금흐름을 가진 종목 위주로 바꾸고, 블루칩에 집중해 투자자금의 유동성을 유지하려고 한다"고 밝혔다.

중국 B시장 투자가 최고의 투자 경험

2008년 전세계적인 금융위기에 직격탄을 맞아 3분의 1 토막이 났던 중국 증시는 2009년부터 서서히 회복 중이다. 상하이 종합지수는 2,000선 미만까지 떨어졌다가 2009년 7월에는 3,400선까지 탈환했다.

티라마니는 "기업 실적의 성장에 따라 중국 주식시장이 계속해서 좋은 모습을 보일 것"이라고 전망했다. 특히 중국 내국인 중심의 A시장보다는 외국인 중심의 B시장의 성장성에 주목했다.

"B시장에 상장된 기업 관계자들과 이야기를 나누다보니 그들이 A시장이 아닌 B시장의 자사주를 매입하고 있다는 흥미로운 사실을 알게 됐어요. 아니 땐 굴뚝에 연기 날 리 없습니다. 저는 B시장의 자기주식에 투자하는 회사들이 점점 늘어나는 것을 보면서 중국 A시장과 B시장의 통합이 멀지 않은 미래에 이루어지리라고 확신하게 됐습니다."

그는 과거에도 A시장과 B시장의 가격 차이를 이용해 큰 수익을 낸 적이 있다. 14년 간의 중국 증시 투자 중 최고의 성과로 꼽는 투자 경험이다.

"상하이와 선전의 B시장에 2년에 걸쳐 높은 비중을 두고 있었을 때, 중국 정부가 시장규제를 완화하고 중국 투자자들로 하여금 이 시장에 투자할 수 있도록 했습니다. 당시 B시장 지수가 내국인 전용인 A시장 지수에 비해 90% 가까이 할인돼 있었기 때문에 이 뉴스가 발표되자 B시장 지수의 주가가 치솟았고 이에 따라 많은 수익을 얻을 수 있었죠."

티라마니는 이 같이 큰 수익을 얻을 수 있는 기회가 또 올 것이라고 내다봤다. 상하이를 국제금융시장으로 만들고 싶어 하는 중국 정부가 금융시장을 합리적으로 만드는 방편으로 A시장과 B시장 사이의 가격 차이를 줄여나갈 것이라는 설명이다.

국가적인 편견을 극복하는
것이야말로 세계적인 시장에서
전문성을 지니기 위한
가장 중요한 자질입니다.

편견 극복해야 세계적인 펀드매니저 될 수 있다

세계에서 손꼽히는 중국 펀드의 매니저로서 명성을 쌓고 있지만 클로드 티라마니는 "운이 따라주지 않았다면 펀드매니저가 되지 못했을 것"이라고 말한다.

"금융산업에 뛰어들게 된 것도 우연한 기회였어요. 원래는 철도운영이나 운송업체 등 산업 분야의 회사에 지원을 했었지요. 그러다 우연히 1982년에 은행권 면접을 보고 취직하게 된 것이 계기가 되었다고 할 수 있습니다. 1990년에 작은 규모의 아시아펀드를 운용하기 전까지 저는 은행에서 많은 업무들을 경험하며 기초 소양을 키워 왔습니다."

티라마니는 1987년 BNP에서 신용평가관으로 근무하다가 1990년부터 아시아 지역의 펀드를 운용하는 업무를 맡기 시작했다.

그는 프랑스나 선진시장에서 펀드매니저가 되기를 희망하는 후배들에게 "자신이 받은 교육이나 환경으로 인해 생겼을지도 모르는 편견을 잊어버리라"고 조언했다.

국가적인 편견을 극복하는 것이야말로 세계적인 시장에서 전문성을 지니기 위한 가장 중요한 자질이라는 것이다.

티라마니 매니저는 "펀드매니저가 되기 위해서는 호기심을 갖고 사고의 편견을 피할 수 있는 능력이 필요하다"며 "'만약 내 생각이 틀렸다면'이라는 질문을 스스로에게 계속 던져보라"고 충고했다.

또 "펀드매니저를 직업으로 삼으면 언제나 압박감과 마주하게 된다. 압박감을 이겨내는 데에는 스포츠 같은 취미가 도움이 될 것"이라고 덧붙였다. 무엇보다 "열심히 일하는 것이 모든 성공스토리의 기본"이라는 어찌 보면 당연한 충고도 잊지 않았다.

25. 펀드매니저의 투자비밀

최연소 펀드매니저 4인 탐구

펀드매니저가 되려면
최연소 펀드매니저 4인

변영근(사진 왼쪽부터) | 1983년 제주 출생 | 서울대학교 경제학부 | 前 NH-CA자산운용 채권운용본부 주니어크레딧 애널리스트 및 채권트레이더 | 現 NH-CA자산운용 채권운용본부 채권운용역

안세윤 | 1984년 서울 출생 | 서울대학교 경영학과 | 現 한국투신운용 주식운용본부

김보람 | 1984년 서울 출생 | Macleans College, University of Auckland(Bachelor of Commerce major in Economics and Finance) | 前 하나금융경영연구소 산업분석팀 | 現 ING자산운용 멀티에셋 인베스트먼트팀

안현수 | 1983년 서울 출생 | 고려대학교 산업시스템정보공학과, 금융공학 연계전공 | 現 우리자산운용 인덱스운용본부 운용역

펀드매니저가 되려면 어떻게 해야 할까. 그들은 어떤 과정을 거쳐 펀드매니저가 됐고, 이후 어떤 교육을 받았을까. 기라성 같은 선배들 못지않게 자산운용업계의 미래를 짊어진 주니어 펀드매니저의 야심도 다부지다. 〈한경닷컴〉은 2009년 12월 1일 서울 여의도 한화증권 4층 아뜨리움에서 자산운용업계 최연소 펀드매니저 4명을 모아 인터뷰를 진행했다. 입사 3~4년 차인 이들이 어떻게 펀드매니저의 길에 들어섰는지, 투자원칙은 무엇인지 등을 들어보았다.

"10만 원이라도 투자를 해본 경험이 중요합니다. 적은 돈이라고 해도 실제로 투자를 하면 시장을 이해할 수 있거든요. 펀드매니저를 꿈꾸는 사람이라면 적어도 주식시장이 몇 시에 시작하고 끝나는지 등 시장의 구조와 매매 메커니즘을 알고 있어야 하죠."

의외로 펀드매니저가 되겠다는 사람들 중에 투자 경험이 전무(全無)한 사람이 많다는 것이 주니어 펀드매니저들의 공통된 이야기였다.

김보람, 변영근, 안세윤, 안현수 등 입사한 지 만 2년이 돼가는 이들은 펀드매니저가 되기 위해 가장 중요한 것은 자격증보다는 '시장에 대한 관심과 경험'이라고 강조했다.

실제로 이들이 가지고 있는 자격증은 펀드 운용의 필수조건인 '집합투자자산운용사' 뿐이다. 그것도 이들 모두 입사한 뒤에야 이 자격을 따냈다. 자산운용사에 입사하기 위해 굳이 자격증을 딸 필요는 없다는 이야기다.

펀드매니저가 되기 위해 가장 필요한 공부는 무엇입니까?

안현수 유리자산운용 인덱스운용본부 운용역(이하 안현수) : 요즘 후배들을 보면 펀드매니저가 되기 위해 CFA(공인재무분석사) 등 자격증 공부를 많이 하고 있는 것 같아요. 자격증이 요즘처럼 취업이 어려운 상황에서 중요하다는 것은 잘 알지만 이론보다는 실제 경험이 더 중요하다고 생각합니다. 자격증은 일을 하면서 관심이 있으면 갖춰나가면 되는 것이고, 우선은 펀드에 관한 책을 읽거나 투자 등을 통해 시장에 대한 공부를 더 했으면 싶어요. 자격증 공부에만 치우치는 것은 아니라고 봅니다.

김보람 ING자산운용 멀티에셋인베스트먼트팀 트레이더(이하 김보람) : 저도 자격증보다 중요한 것이 시장에 대한 지속적인 관심이라고 생각해요. 금융시장의 이슈에 관한 신문 기사나 칼럼을 보면서 내용을 정리하고, 증권사 등에서 나온 보고서들을 틈틈이 봤던 것이 지금 업무를 하는 데 많은 도움이 되고 있습니다. 특히 관심이 있는 분야가 있다면 주식이든 펀드든 모의로라도 본인이 직접 투자경험을 쌓는 것이 큰 도움이 됩니다.

변영근 NH-CA자산운용 채권운용본부 운용역(이하 변영근) : 물론 펀드매니저가 되려면 당연히 '집합투자자산운용사' 자격증이 중요합니다. 이 자격증이 있어야 펀드매니저로 활동할 수 있으니까요. 그러나 그것보다 더 중요한 공부는 자신의 정신건강을 조절하는 능력을

제 투자철학과 맞는
인덱스펀드 부분만 집중 공략
했습니다.

안 현 수
유리자산운용 인덱스운용본부 운용역

키우는 것입니다.

펀드매니저 활동을 하다보면 자신의 생각과는 반대로 시장이 움직이는 경험을 하게 됩니다. 이때는 자신의 생각을 꺾거나 버려야 하는데, 주관이 뚜렷해야 버틸 수 있고 사고의 유연성이 있어야 생각의 방향을 바꿀 수 있습니다. 이것은 자격증을 따거나 책을 본다고 해서 얻을 수 있는 것이 아닙니다. 자기를 다스릴 수 있는 능력이 제일 중요합니다.

안세윤 한국투자신탁운용 주식운용본부 운용2팀 포트폴리오 매니저(이하 안세윤) : 우선은 자기가 왜 펀드매니저를 하고 싶은지를 아는 것이 가장 중요한 공부라고 생각해요. 막연히 화려하게 조명되는 펀드매니저의 겉모습만을 좇는 것이 아니라 명확한 목표를 가지고 준비를 해야 합니다.

펀드매니저가 되고 싶다면 그에 걸맞는 자격과 경험을 쌓으려고 노력해야 하죠. 산업의 흐름을 읽거나 기업분석 등 자신이 펀드매니저가 됐을 때 할 일들이 무엇인지를 알아야 준비도 제대로 할 수 있다고 생각합니다.

왜 펀드매니저가 되고 싶었습니까?

안세윤 개인적으로 주식투자를 하다가 체계적인 투자방법을 배우고 싶어서 투자동아리에 가입하게 됐습니다. 동아리 활동에서 처음으로 기업분석을 접하게 됐고, 산업 내에서 기업의 가치를 분석하는 일이 의미 있고 재미있어서 평생해도 되겠다는 생각을 했습니다. 개인투자로 돈을 버는 것보다 우선은 투자의 기초부터 제대로 배워보고 싶어서 펀드매니저의 길을 선택하게 됐습니다. 애널리스트보다 펀드매니저에 매력을 느낀 이유는 투자에 대한 최종 의사 결정을 할 수 있기 때문입니다.

또 애널리스트는 한두 가지 업종을 보지만 펀드매니저는 경제 전반을 이해하고 있어야 합니다. 때문에 세상을 바라보는 통찰력이 필요하죠. 도전해보고 싶은 매력적인 직업이었습니다.

안현수 저 같은 경우는 우연히 접한 신문 기사 하나가 제 인생을 바꿨습니다. 한국 국부펀드인 한국투자공사가 생기는데, 이 회사의 CIO(최고투자책임자)로 외국인을 초빙한다는 기사였습니다.

한국의 국부를 투자하는 펀드조차도 외국인을 데려와서 운용해야 하는 현실을 보면서, 금융산업에 인재가 부족하다는 것을 느꼈습니다. 그리고 앞으로 제가 금융산업에 기여할 수 있는 부분도 분명히 있을 거라 생각했습니다.

삼성전자가 반도체를 수출해 국가 경제에 이바지하듯이 저는 펀드산업을 통해 사회에 도움을 주는 사람이 되고자 한 것이죠.

변영근 저는 처음에 금융권 공기업을 생각했습니다. 그런데 한 선배가 '공기업은 정책이 바뀌면 사라질 수도 있는데 왜 네 인생을 거기에 걸려는 거냐?'고 하더라고요. 그 선배의 말에 정신이 번쩍 들었고, 당시 자산운용 쪽에도 관심이 많아 자산운용회사에 들어가기로 마음먹었습니다.

2007년 11월쯤부터 자산운용협회(현 금융투자협회)에서 나온 자산운용사 목록을 보고 무작정 전화를 걸기 시작했습니다. 어느 학교 다니는 누군데 뽑아달라고요. 열 번 정도 거절을 당하니 오히려 마음이 차분해지더군요. 아무래도 국내 운용사는 보수적으로 사람을 뽑을 수 있겠다 싶어서 그때부터는 외국계나 외국계 합작사만 골라서 전화를 했습니다.

그러던 중 NH-CA자산운용에서 이력서를 보내라는 연락이 왔고, 대학 마지막 학기 동안 그곳에서 인턴으로 6개월 근무한 뒤 정식 채용됐습니다.

김보람 저는 바로 자산운용사에 입사한 것이 아니라 처음에는 하나금융 경영연구소 산업분석팀에 입사했습니다. 이곳에서 산업에 대한 리서치 업무를 하다가 지인의 소개로 ING자산운용 쪽에 비공개 인터뷰가 있다는 것을 알게 됐습니다.

대학 때 투자이론 수업을 통해 '마젤란펀드'와 같은 유명 펀드들의 운용 사례를 접하면서 펀드매니저라는 직업에 관심을 가졌던 터라 용기를 내 지원했고 인연이 닿아 펀드매니저의 길에 들어설 수 있었죠.

뉴질랜드 오클랜드대학에서 금융학과 경제학을 전공했는데, 처음부터 펀드매니저를 고려한 공부는 아니었지만 결과적으로 업무에 필요한 기초를 마련할 수 있었습니다.

어떻게 지금의 회사에 입사했습니까?

안현수 저는 인덱스펀드로 지원 분야를 집중 공략했기 때문에 지금의 회사에 들어올 수 있었습니다. 저는 대학 때 주식투자를 많이 했었는데요. 당시 NHN에 투자해 꽤 많은 수익을 올렸습니다. 그러나 인덱스펀드에 대한 수업을 들으면서 '아! 내가 아무리 머리를 많이 굴려봤자 지수 수익률을 능가할 수는 없구나'라는 것을 깨달았습니다. 매수 후 지속적으로 보유했다면 모를까, 싸게 사서 비싸게 판다며 매매를 많이 하다보니 결국 적지 않은 투자비용을 지불하게 된 것이죠. 때문에 거래 횟수를 줄이는 동시에 위험을 분산하는 인덱스펀드에 매력을 느끼게 됐습니다.

우선은 자기가 왜
펀드매니저를 하고 싶은지를
아는 것이 가장 중요합니다.
그래야 명확한 목표를 가지고
준비할 수 있습니다.

안 세 윤
한국투신운용 주식운용본부 운용2팀
포트폴리오 매니저

그때부터 시장수익률을 추종하는 인덱스펀드가 제 투자철학과 맞다고 생각하고 인덱스펀드 부문에만 지원을 했죠. 한 2~3군데 떨어진 다음에야 유리자산운용에 들어갈 수 있었습니다. 인덱스펀드에 대한 저의 확고한 생각이 인덱스펀드 중심의 유리자산운용 면접관들에게 좋게 비춰진 것 같습니다.

안세윤 저도 제 꿈이 펀드매니저였기 때문에 계속 자산운용사에만 지원했습니다. 당시 여러 자산운용사의 전형이 동시에 진행되었는데 운좋게 한국투신운용에 들어가게 됐죠. 입사 시험은 따로 없었고 서류전형과 면접만이 있었습니다.

면접 당시 강신우 한국투신운용 부사장이 '펀드매니저는 터프한 직업인데 왜 하고 싶냐', '투자경험은 있느냐', '네가 생각하는 기업가치는 무엇이냐' 등을 물었습니다.

저는 순발력이 뛰어난 사람이 아니었기 때문에 이야기를 멋있게 꾸밀 수 없었습니다. 하지만 대학시절 하이닉스와 신세계 등에 주식투자를 해봤던 경험과 동아리활동을 통해 얻은 '변화를 시도하려는 기업에 투자하라'는 제 투자관을 솔직하게 얘기했습니다. 굳이 다른 지원자들과 차별되는 저만의 강점을 찾는다면 저는 하고 싶은 일이 명확했고, 그에 대한 경험을 꾸준히 쌓아온 것이라고 생각합니다.

펀드매니저가 되기 위해 어떤 준비를 했습니까?

안세윤 자격증 준비보다는 관련 동아리에서 기업분석 활동을 열심히 했습니다. 대학 3학년 때 서울대 투자동아리에서 산업에 대한 공부와 해당 기업들의 밸류에이션(실적 대비 주가수준) 분석 모델들을 배웠습니다. 거의 매일 투자동아리 사람들을 만났죠. 같은 조에 속한 조원들과 기업탐방도 가고, 2주에 한 번씩 하나의 기업에 대한 분석을 했습니다.

안현수 대학 시절 제 전공인 산업공학에 금융공학 연계 전공이 생겨 금융공학과 금융수학 등을 배웠습니다. 이 과정에서 포트폴리오 최적화 이론과 파생상품 가격결정 이론 등을 알게 됐죠. 이미 투자

펀드매니저라면 투자대상인
기업들의 재무제표를
분석할 줄 알아야 한다고
생각해, 전공 외에 회계와
세제 등을 공부했습니다.

변 영 근
NH-CA자산운용 채권운용본부 운용부

관련 일을 하기로 마음먹은 터라 제가 배운 것을 활용할 수 있는
분야들만을 골라 지원했습니다. 증권사의 경우는 파생상품 가격
결정이론 공부가 필요한 장외 파생상품 쪽을, 자산운용사는 포트
폴리오 최적화이론이 도움이 되는 인덱스펀드 쪽을 지원했죠.

변영근 저는 자산운용에 대한 일을 하기 위해서는 투자 대상인 기업들
의 재무제표를 분석할줄 알아야 한다고 생각해, 전공인 경제학
공부 이외에 회계와 재무에 관한 공부를 추가적으로 했습니다.
펀드 운용과 관련된 공부와 더불어 세제, 법규 쪽도 관심을 가지
고 준비했습니다.

입사 이후 어떤 교육과정을 거쳤습니까?

변영근 NH-CA자산운용에서 제가 처음 한 일은 크레딧(credit) 애널리스트입니다. 개별 회사채의 수익률 변화를 전망하는 일을 합니다. 제가 인턴으로 첫 출근한 날이 2007년 12월 17일인데 당시 크레딧애널리스트 분이 3월에 출산휴가를 가시기 때문에 첫날부터 인수인계를 받았습니다.

자료정리법과 신용평가방법론 등을 공부했죠. 이후 채권 트레이더 한 분이 회사를 옮기셔서 트레이더가 돼 시장호가 보는 법, 거래체결 및 결제방법 등을 배웠습니다. 특별히 신입 교육이 따로 있는 것은 아니었고, 업무에 기본적으로 필요한 것들은 제가 공부한 이후 모르는 것을 그때그때 선배들에게 묻는 식으로 교육받았습니다.

특히 선배들이 숙제를 참 많이 내줬습니다. 과거의 자료를 주고 그 자료가 의미하는 것이 무엇인지 등을 알아보라고 하면, 제가 조사를 한 뒤 놓친 부분에 대해 선배들이 알려주는 방식이었죠.

지금 맡고 있는 'MMF(머니마켓펀드)' 운용은 2009년 8월부터 시작했습니다. 운용 법규와 실전거래법을 제가 먼저 공부한 뒤, 선배들에게 1대 1로 매매타이밍 등에 대해 배우고 있습니다.

안세윤 저는 2007년 12월에 공채로 입사한 후 약 한 달 동안 각 부서 업무에 대한 오리엔테이션을 받았습니다. 이 과정에서 부서 배치가 이뤄졌고, 이후에는 한국투자증권 신입직원들과 함께 10일간

합숙연수를 갔습니다. 금융관련 이론에 대한 교육보다는 회사 전반에 대한 설명과 조직생활에 대한 교육이 대부분이었죠.

업무 지식과 관련해서는 각 업종이나 종목 등에 대한 흐름을 파악하기 위해 전문가들이 모인 세미나와 포럼 등에 참석하고, 매일 발간되는 증권사 보고서를 보며 개인적으로 공부하고 있습니다. 또 운용과 관련된 법규나 펀드회계 등 실무를 익히기 위해 자산운용협회 연수 프로그램도 참여한 적이 있습니다.

회사 차원에서는 정기적으로 직업윤리와 운용철학에 대한 생각을 교환하고, 교육받는 시간이 있습니다. 저도 우선은 제가 공부하고, 이후 선배들을 통해 관련 지식을 보강하는 형식으로 교육을 받고 있습니다.

김보람 "2008년 3월 ING자산운용에 입사해 처음 한 일은 그날 아침에 발표되는 거시경제 지표들을 정리해 팀원들에게 보내주는 일이었습니다. 이후 펀드의 유동성 체크 및 관리 업무를 하다가 지금은 글로벌 AI(Alternative Investment : 대체투자) 펀드의 트레이더로 근무하고 있습니다. 업무 관련 교육은 대부분 인수인계를 통해 전임자로부터 1대 1로 배웠습니다.

최근에는 선배들이 내는 주문을 제가 트레이딩하는데, 주문을 실행하면서 왜 이런 타이밍에 해당하는 주문을 냈는지 등을 짐작하기도 하고 이유를 물어보며 투자 아이디어를 배우고 있습니다.

안현수 2008년 1월 유리자산운용에 입사한 이후 퀀트팀(계량분석 담당팀)

에서 6개월 정도 계량분석 업무와 논문 등을 읽고 시장예측 모델을 만드는 일은 했습니다. 매달 나오는 경제지표의 수치를 업데이트하는 것이 제 임무 중의 하나였죠. 저도 교육은 특별히 다른 과정이 있었던 것이 아니라 선배에게 사안별로 때마다 익혔습니다. 스스로 답을 구한 뒤 더 궁금한 것에 대해 질문을 하면 선배들이 큰 틀을 잡아주셨죠. 결국 관련 업무를 주도적으로 익혀나가고 끊임없이 공부하는 습관을 만들어준 것이 궁극적으로 펀드매니저에게 가장 필요한 교육이 아니었나 생각합니다.

지금 하고 있는 일은 무엇입니까?

안현수 인덱스펀드를 운용하고 있습니다. 입사 후 6개월 이후부터 운용했으니까 이제 약 1년 6개월이 됐습니다. 인덱스펀드는 매매가 많지 않고, 팀 운용을 기본적으로 하기 때문에 저도 운용을 할 수 있게 됐다는 생각이 듭니다.

보통 아침 7시에 출근하고, 아침 팀회의는 특별한 일이 없는 한 이틀에 한 번꼴로 짧게 열립니다. 인덱스펀드는 기본적으로 미리 정해놓은 매매구간이라던가 매매시점이 있기 때문에 시장에 큰 사건이 없으면 대부분 조용하게 하루를 보냅니다.

개인적인 꿈은 인덱스펀드의 창시자 존 보글과 같이 인덱스펀드 운용에 있어 제 이름을 남기는 것입니다.

변영근 2009년 8월부터 제 위의 시니어 펀드매니저와 6조 원 규모의 머

자격증보다 중요한 것은
시장에 대한 지속적인
관심입니다. 주식이든 펀드든
모의로라도 투자경험을
쌓는 것이 큰 도움이 됩니다.

김 보 람
ING자산운용 멀티에셋인베스트먼트팀
트레이더

니마켓펀드(MMF)를 운용하고 있습니다. 따로 아침에 회의가 없
어서 8시 정도에 출근한 뒤 운용계획을 짭니다. 오전 9시부터 오
후 4시까지는 정신없이 바쁘죠. 처음에는 미지의 세계에서 어쩌
나 했는데, 주식형펀드가 성장성과 시장 이슈 등 여러 가지 변수
를 보는 것과 달리 MMF는 돈을 돌려받을 수 있느냐만을 생각하
기 때문에 쉽게 적응할 수 있었습니다.

MMF의 투자 대상인 자산의 가격은 대부분 금리에 의해 결정되
는데, 금리의 움직임을 해석하고 이것을 보는 저의 눈이 커갈 때
보람을 느낍니다. 물론 제가 운용하는 펀드의 성과가 좋을 때 가
장 기분이 좋은 것은 말할 필요도 없습니다.

안세윤　아직 직접적으로 펀드를 운용하지는 않고 있고, 탐방보고서 작성을 통해 '한국의힘', '셀렉트가치' 등 팀에서 운용하는 펀드의 지원 업무를 하고 있습니다. 기업탐방은 2008년 3월부터 나가기 시작해 지금까지 약 400개의 기업을 둘러보았습니다. 저의 꿈은 제가 직접 투자결정을 내려 펀드를 운용하는 것입니다.

김보람　해외펀드 내 환헷지(통화선물,선도환), 환전, 해외상품선물, 해외주식, 해외수익증권 등의 트레이딩 업무를 맡고 있습니다. 제가 트레이딩하는 해외펀드는 14개, 순자산 기준 970억 원 규모로 저 외에 두 분의 매니저와 함께 한 팀을 이루고 있습니다.

해외펀드가 대상이다 보니 한국, 유럽, 미국 등 순차적으로 열리는 증시를 모두 챙겨야 하기 때문에 야근이 꽤 많습니다. 무엇보다 업무관련 공부 욕심은 있는데 체력이 따라주지 않을 때는 뒤처지는 느낌이 들죠. 이때가 가장 힘듭니다. 아직 한국에는 대체투자와 해외펀드의 시장 규모가 크지 않습니다. 앞으로 다양한 해외펀드가 한국에서 자리잡는 데 기여하는 것이 제 꿈입니다.

펀드매니저를 꿈꾸는 사람들에게 해주고 싶은 말은?

김보람　아직 조언을 할 수 있는 위치는 아니라고 생각되지만 저처럼 운용에 꿈을 가지고 계신 분들이 한번쯤 생각해보셨으면 하는 점은, 펀드매니저라는 직업에서 연상되는 여러 가지 화려한 면과 실제는 다른 점이 많을 수 있다는 것입니다.

특히 출발 단계(entry level)에서는 실제 맡게 되는 업무가 기대했던 바와 다르다는 것에서 오는 실망감도 클 수 있습니다. 자산운용사는 상대적으로 신입 수요가 많지 않고 주로 경력직 위주로 채용이 이뤄지기 때문에 졸업 후 곧바로 운용사에 취업하는 것은 쉽지 않습니다. 나중에 펀드매니저로 이직할 때 도움이 되는 관련 직종, 가령 애널리스트 등으로 취업 선택의 폭을 넓혀 놓는 것도 한 방법으로 생각됩니다. 또 신입으로 운용팀에 입사를 하더라도 정식 펀드매니저가 되기까지는 짧지 않은 기간이 소요된다는 점도 알았으면 좋겠습니다. 마지막으로 특별히 해외자산 투자에 관심이 있는 분들이라면 업무에 불편함이 없을 정도의 영어 능력을 갖추는 일도 중요합니다.

변영근 학점에 집착하지 말고 그 시간에 경제신문 읽기나 경제활동 참여를 통해 산 지식을 배우길 바랍니다.

안현수 운용업은 특히 정신적 스트레스가 많은 업종입니다. 고객들의 자산을 관리하기 때문에 엄청난 책임감 속에서 일해야 하고, 사적인 욕심을 내세워서도 안 됩니다. 밖으로 비춰지는 화려한 면만이 전부가 아니라는 것을 반드시 생각하고 준비하시기 바랍니다.

안세윤 펀드매니저가 되고 싶다면 우선 주변에서 일어나는 산업의 흐름에 더 많은 관심을 가지세요. 그리고 하나의 기업을 집중적으로 분석하는 경험을 많이 쌓는다면 분명 도움이 됩니다.

펀드매니저 '면허증' 따기

펀드매니저가 되기 위해서는 우선 자격증을 따야 한다. 펀드매니저가 되기 위해 밟아야 하는 프로그램이나 코스는 없지만, 펀드운용을 허용하는 '면허증'은 있다. 금융투자협회가 관리하는 '투자자산운용사'가 그것이다.

투자자산운용사는 1998년 말 정부가 고객재산(신탁재산)을 운용하는 펀드매니저의 전문성과 윤리성을 강화하기 위해 도입했다. 당시의 명칭은 '집합투자자산운용사'로 펀드매니저는 이 자격증이 있어야 신탁재산을 운용할 수 있는 자격이 주어진다.

2010년부터는 자격 명칭이 '투자자산운용사'로 바뀌었다. 시험평가 내용과 업무가 유사한 집합투자자산운용사와 일임투자자산운용사를 합친 것이다.

시험은 고객관리 및 세제, 금융상품 및 부동산 상품분석(제1과목) 투자운용 및 전략 II, 투자분석(제2과목) 직무윤리 및 법규, 투자운용 및 전략 I, 거시경제 및 분산투자(제3과목) 등으로 객관식 시험이다. 각 과목에서 과락(40점 미만) 없이 평균 70점 이상을 받으면 합격이다. 응시 자격에는 제한이 없다.

집합투자자산운용사와 일임투자자산운용사 자격증을 갖고 있는 사람은 30~40문항 수준의 전환시험을 통해 투자자산운용사 자격을 부여받을 수 있다. 기존 시험에서 평가받은 과목을 면제받는 방식이다.

통합 투자자산운용사 자격시험은 2010년 2회(5월 19일, 10월 24일) 예정돼 있으며, 각 해의 시험 일정은 금융투자협회에서 제공한다.

투자자산운용사를 비롯한 자격시험의 응시·접수 및 시험 일정, 교재 안내는 금융투자협회 자격시험접수센터 홈페이지(http://license.kofia.or.kr)를 참고하면 된다.

시험과목 및 문항 수

시험 과목			세부 교과목	문항 수
제1교시	제1과목	고객관리 및 세제	고객상담·재무설계	7
			세제관련 법규·세무전략	10
		금융상품 및 부동산 상품분석	금융상품	8
			부동산관련 상품	5
	제2과목	투자운용 및 전략II	대안투자운용·투자전략	5
			해외증권투자운용·투자전략	5
		투자분석	기본적 분석	7
			기술적 분석	5
			산업분석	5
			국제금융시장분석	5
			리스크관리	8
소계(1교시 100분)				70
제2교시	제3과목	직무윤리 및 법규	직무윤리	7
			자본시장과 금융투자업에 관한 법률	7
			금융위원회규정	4
			한국금융투자협회규정	3
		투자운용 및 전략 I	주식투자운용·투자전략	8
			채권투자운용·투자전략	8
			파생상품투자운용·투자전략	8
			투자운용결과분석	5
		거시경제 및 분산투자	거시경제	5
			분산투자기법	5
소계(2교시 90분)				60
합 계				130문항
시험 시간			190분	

주 1) 종전의 일임투자자산운용사(금융자산관리사)의 자격요건을 갖춘 자는 제1, 3과목 면제
주 2) 종전의 집합투자자산운용사(운용전문인력)의 자격요건을 갖춘 자는 제2, 3과목 면제

The
Investment Secret
of Fund Manager

| 제3부 |

원포인트 레슨,
펀드매니저에게 배우다

펀드매니저의 24시

'피 마르는 24시간…' 그것이 펀드매니저의 하루다. 펀드매니저는 하루 평균 6시간 이상 잠을 잘 수 없다. 자정을 넘겨 미국 뉴욕증시 개장을 지켜봐야 한다. 새벽같이 일어나 세계 각국의 증권시장 동향과 환율, 원자재 가격 등 각종 지표를 모두 확인해야 한다. 하루 18시간 가까이 총성없는 두뇌 싸움을 해야 고객들이 맡긴 소중한 자산을 지켜낼 수 있기 때문이다.

펀드매니저는 통상 자산운용을 전문으로 하는 자산운용사(또는 투자신탁회사)의 주식운용부에 근무하는 사람을 일컫는다. 자산을 늘리고 싶은 고객들이 투신사의 펀드상품에 돈을 투자하면 펀드매니저는 이 돈을 주식 등에 투자해 수익을 내는 것이다. 짧은 기간에 높은 수익률을 올리는 스타 펀드매니저들은 몸값도 천정부지로 치솟아 억대 연봉을 받으며 일한다. 하지만 펀드매니저의 하루 일과는 눈코 뜰 새 없이 바쁘다.

오전 5~6시 : 개장 전 '전투 준비'

펀드매니저는 보통 오전 5시 30분에서 6시쯤 눈을 뜬다. 가장 먼저 TV와 인터넷을 통해 전날 해외증시 상황을 체크한다. 여의도 사무실에 도착하는 시간은 대략 6시 30분에서 7시 30분 사이. 이때부터 보이지 않는 전투를 치르기 위해 준비해야 한다.

펀드매니저는 출근 직후 전일 들어온 각종 리서치 자료를 확인하고 중요 요인을 점검한다. 이를 토대로 매일 8시쯤 기업분석 업무를 맡고 있는 애널리스트들과 회의를 한다. 다양한 의견을 듣고 자신이 미처 생각하지 못했던 변수와 이슈 등을 찾아내기 위해서다. 시장 상황에 대한 정보를 수집하면 개장 전까지 매매 방향과 대응전략을 구상하고, 매매 준비에 여념이 없다.

실제로 M자산운용사 Y펀드매니저의 하루는 아침 5시 50분에 시작된다.

"눈을 뜨자마자 TV를 켠 뒤 세계 각국의 증권시장 동향을 살핍니다. 특히 환율이나 유가급등으로 주식시장이 요동을 치는 상황이라면 각종 지표를 더욱 꼼꼼하게 체크해야 합니다. 한국증시의 '바로미터'로 불리는 미국 시장이 다행히 오르면 마음이 좀 편안해집니다."

Y펀드매니저는 개장 전 3시간 동안 시장 분석을 어떻게 했느냐에 따라 매매의 성패가 결정된다고 강조한다.

"주식시장에서 독불장군은 성공하기 어렵습니다. 주식시장이란 나 혼자서 상대할 수 있는 좁은 시장이 아니기 때문입니다. 애널리스트들과 개장 전 회의를 하여 매매의 방향과 전략을 잘 짜야 합니다. 가능한 한 내 의견을 개진하기보다 그들의 다양한 의견을 듣고 내가 미처 생각하지 못했던 시장의 변수 등을 찾아내는 데 주력합니다. 적어도 이 시간만큼은 펀드매니저가 주체가 아니라 객체라는 자세를 가지고 있어야 합니다."

▌오전 9시~ 오후 3시 : 총성 없는 매매 전투

펀드매니저들은 매매하는 찰나의 외로움과 떨림 그리고 긴장감이야말로 매니저의 가장 큰 매력이라고 입을 모은다. 매 순간 급변하는 주식시장을 체크해 재빠르게 주식을 사거나 팔지 못하면 손해를 본다.

K자산운용사 C펀드매니저는 평소 주식시장 변동에 발빠르게 대응하기로 유명하다. 주식이 내려갈 것 같으면 싼 가격에 사기 위해 돈을 더 투자하고 반대로 주식이 올라갈 것으로 예상되면 다양한 주식을 사들였다. 그런데 C펀드매니저에게 2010년 1~2월은 그야말로 지옥과 같았다. 2009년 말 증시 전문가들 모두가 "2010년에는 주식시장이 상고하저(上高下低) 흐름을 보여 상반기에는 강세장이 올 것"이라고 외쳤고, 그도 주식비중을 맘껏 늘렸는데 연초부터 예기치 않게 시장이 꼬꾸라졌기 때문이다.

이 펀드매니저의 낙담은 여기서 그치지 않았다. 코스피지수가 약세장을 보이다 20포인트 가까운 급등세를 보이자 그는 또 한 번 죽을 맛이었다. 약세장이 더 이어질 것으로 판단하고 이번에는 반대로 주식비중을 낮춰놨는데 예상과 달리 이틀 연속 시장이 마구 올랐다. 그렇다고 급등하는 주식에 비중을 늘릴 수도 없었다. 시장이 언제 또 돌변할지 모르기 때문이다.

펀드매니저들은 이처럼 시장이 매번 생각과 다르게 움직일 때는 정말 죽고 싶은 심정이라고 토로한다.

"주식시장이 급변하면 펀드매니저의 하루는 그야말로 전쟁터나 다름없습니다. 펀드에 돈을 맡기는 고객들은 갈수록 늘어나는데 펀드의 수익률은 하루 단위로 공개되고 있죠. 이 때문에 펀드매니저들 간의 수익률 싸움도 갈수록 치열해지고 있습니다."

오전 12시 : 먹는 것도 사치다

펀드매니저들에게 점심시간은 따로 정해져 있지 않다. 더욱이 시장의 변동성이 클 때는 점심을 챙겨 먹는 것조차 펀드매니저들에겐 사치다. 한국증시에서는 점심시간 휴장이 없기 때문에 중요한 이슈가 있는 날이면 점심시간에 자리를 뜨지 못하는 펀드매니저들이 많다. 김밥, 라면, 햄버거와 콜라 등으로 점심을 때울 때가 부지기수다.

이와는 반대로 장중에 가급적 시세를 알려주는 단말기를 쳐다보지 않는 펀드매니저들도 있다. 장중 주가변동에 일희일비하지 않고, 밸류에이션(실적 대비 주가수준)이 저평가되어 있거나 성장성이 큰 종목들만을 골라 미리 투자해놓고 주가가 오르기를 기다리는 가치투자자들이 그들이다.

"장중에는 시세를 알려주는 단말기를 일부러 보지 않습니다. 단말기를 통해 시시각각 변하는 주가를 보고 있으면 투자원칙이 무너지고 시세에 흔들리기 쉽기 때문입니다. 대신 시장흐름에 큰 변화를 줄 만한 요인들이 생겼을 때는 주가 움직임을 살피며 시장에 대응해야 합니다."

매일 점심도 거르는 피 말리는 전투를 치르다보니 펀드매니저들이 받는 스트레스도 이만저만이 아니다. 대표적인 가치투자 신봉자인 이채원 밸류자산운용 전무는 1999년 시장이 자신의 투자원칙과 전혀 다른 기술주 중심의 대세상승장으로 치달을 때 마음고생으로 병원신세까지 져야 했다. 때문에 나름대로 스트레스 관리법을 갖고 있지 않으면 펀드매니저로서 생존이 불가능하다. W자산운용의 J펀드매니저는 매일 아침 출근 전 20~30분간 수영으로 그날 결전을 다지며, 시간 나는 대로 클래식 음악을 틀어놓고 머리를 식힌다.

오후 3시 : 장 마감 후 자정까지 '업무 연장'

오후 3시 증시가 마감되면 펀드매니저들에겐 또 다른 일과가 기다린다. 3시까지가 머리를 굴리는 시간이었다면 이제부터는 발로 뛰는 시간이다. 펀드매니저들은 장 마감 후 특별한 업무가 없는 날은 대부분 김포공항이나 서울역으로 향한다. 부산, 창원, 대구, 안산공단 등 전국을 돌아다니며 투자할 수 있는 우량기업들을 찾기 위해서다.

S자산운용사 N펀드매니저는 "상장기업의 IR(기업설명회) 담당자와의 전화통화 내용을 그대로 믿어서는 안 된다"며 "자산가치 등을 평가하려면 해당 기업이 소유한 부동산을 직접 눈으로 보고 부동산에 들러 장부가와 시세까지 확인해야 한다"고 기업 탐방의 중요성을 강조했다.

퇴근 후에는 업종 분석자료 등 증권사에서 보낸 이메일을 체크한다. 자정이 넘어 뉴욕증시의 개장 상황을 보고나면 겨우 잠을 청할 수 있다.

투자 귀재인 피터 린치는 "일반 투자자들은 하다못해 몇 천 원짜리 물건을 살 때도 제품의 하자를 꼼꼼히 살펴보면서 몇 천만 원의 투자를 할 때는 확인 과정이 너무나도 소홀하다"고 지적했다. 펀드매니저 대부분이 가슴에 새기고 있는 교훈이다.

펀드매니저는 직업의 특성상 퇴근 이후에도 가족과 함께 오붓한 시간을 보내기 힘들다. 집에 도착해서도 컴퓨터 앞에 앉아 그날 확인하지 못한 이메일을 열어봐야 한다. 어두울 때 시작해서 어두워져야 끝나는 펀드매니저의 하루일과는 '별보기 운동' 그 자체다.

미래에셋 따라하기

'국내 최대 자산운용사인 미래에셋자산운용(이하 미래에셋)의 매매전략은 뭘까. 어떤 종목에 투자하는 것일까?'

이에 대한 해답은 그동안 미래에셋이 투자한 종목들을 살펴보면 나온다.

미래에셋은 거시경제보다 개별 기업들에 대한 분석을 바탕으로 하는 보텀업 투자전략을 기본으로 하고 있다. 한마디로 '될 성 싶은 종목'을 미리 사서 장기투자한 후 과실을 맛보겠다는 작전이다. 가치투자와 다른 점은 성장성이 큰 종목을 주요 타깃으로 한다는 점이다.

우선 미래에셋이 대량으로 주식을 매수한 이후 주가가 급등했던 OCI(옛 동양제철화학)를 보자. 미래에셋이 OCI를 매수하기 시작한 것은 구재상 미래에셋자산운용 사장이 2006년 당시 일본에서 열린 한 컨퍼런스에 참석했다가 태양광발전 모듈사업을 미래 성장동력으로 삼았던 일본 샤프사를 눈여겨보게 됐기 때문이다. 그는 샤프사를 본 후 국내에서 유사한 사례를 찾던 중 동양제철화학을 발견하게 된 것으로 알려져 있다. OCI는 당시 국내에서 최초로 태양전지 재료인 폴리실리콘 분야 진출을 발표했다. 2,500억 원을 투자해 폴리실리콘 3,000톤을 생산할 수 있는 규모의 설비를 만들기로 한 것인데, 이는 세계 4위권 수준에 해당하는 규모였다.

태양광 발전시장에 대한 확신을 가진 미래에셋은 망설임없이 OCI를 사들이기 시작했다. 미래에셋은 OCI에 대한 지분변동보고서를 2006년 10월 2일 처음으로 금융감독원에 제출했다. 이 보고서에 따르면 미래에셋은 2006년 9월 7일 이전에 OCI 주식 95만 3,120주를 이미 사들였고 이후 꾸준히 매수하면서 보유주식을 149만 1,630주(7.98%)로 늘렸다. 미래에셋은 계속해서 OCI 주식을 매입했다. 2006년 말 11.20%였던 OCI 지분을 2007년 10월 16.49%까지 확대했다. 이후 OCI 주가가 2008년 5월 20일 44만 3,000원으로 최고가를 기록할 정도까지 오르자 일부 차익 실현하며 지분을 14.72%로 낮췄다.

글로벌 금융위기가 확산되면서 미래에셋은 보유지분을 11.30%로 낮추기도 했지만 재차 15% 가까이 지분을 늘렸다. 하지만 미래에셋은 2009년 말부터 다시 보유 지분을 축소, 2010년 2월 1일 현재 보유지분을 6.59%로 크게 낮춘 상태다.

미래에셋의 OCI 매매를 보면 한 가지 주목해야 할 점이 눈에 띈다. 미래에셋은 '태양광 시장 성장에 따른 수혜 기대감'이 주가에 반영되기 전에 사들여서 성장세가 둔화되기 시작하자 지분을 크게 줄였다.

OCI의 당기순이익은 2006년 650억 원에서 2007년 1,357억 원으로

108% 증가했고 2008년 3,174억 원으로 133% 이상 늘었다. 2009년에 도 3,825억 원으로 늘었지만 증가율이 20%로 크게 둔화됐다. 주가는 기대치를 반영한다는 점을 제대로 활용한 셈이다. 이 같은 점은 실제 주가에도 반영되고 있다. 2010년 들어 OCI 주가가 우하향 곡선을 그리고 있다. 하지만 미래에셋은 OCI를 워낙 낮은 가격(4만~5만 원대)에 많이 매입했기 때문에 OCI 주가가 2010년 2월 19일 17만 3,500원에 머물러도 상당한 차익을 거둔 것으로 추정된다.

국내 대표 LED(발광다이오드) 제조업체인 서울반도체도 비슷한 경우다. LED 산업의 성장성을 일찌감치 예견한 미래에셋은 2004년부터 서울반도체에 관심을 나타냈다. LED가 모든 IT기기에 적용 가능할 정도로 높은 성장성을 지니고 있다는 점은 미래에셋의 관심을 끌고 있었다. 그러나 아직까지 큰 폭의 성장성을 나타내지 못하고 있다는 점이 부담이었다. 이 때문에 미래에셋은 2006년까지 서울반도체 지분을 4~6%대 내외에서 늘렸다 줄였다를 반복했다. 실제로 2004년과 2005년 서울반도체의 당기순이익 증가율은 21%, 13%였다. 2006년에는 오히려 48% 감소했다.

그러나 매출 증가와 설비투자 확대 이후 서울반도체의 이익 성장이 기대되자 과감하게 지분을 늘리기 시작했다. 2007년 말에는 15%대로 급격하게 지분을 확대했다. 2007년 서울반도체의 당기순이익은 176억 원으로 전년보다 75% 늘었다. 하지만 일본 니치아(Nichia)와의 소송비용 급증에 따른 실적 부진과 글로벌 금융위기 여파로 지분을 5.57%까지 급격하게 줄였다. 2008년 말 이후 채 두 달 반도 되지 않아 보유지분을 15.33%로 크게 늘렸다.

서울반도체는 니치아와 특허 소송을 중단하고 크로스 라이센스를 체결하면서 본격적인 성장세를 나타내기 시작했다. 2008년 125억 원에 달하던 적자에서 2009년 267억 원의 흑자로 전환했다. 서울반도체 주가는 2010년 1월 7일 5만 500원까지 오르며 최고가를 경신할 정도로 강세를 나타냈다. 미래에셋은 이에 보유지분을 11.50%까지 축소했다. 하지만 증시 전문가들은 서울반도체가 2010년 이후에도 큰 폭의 성장세를 이어갈 것으로 전망하고 있다는 점에서 미래에셋이 서울반도체를 크게 처분할 가능성은 낮아 보인다. 서울반도체의 2010년 당기순이익 컨센서스(증권사 예상치 평균)는 845억 원으로, 전년보다 3배 이상 늘어날 전망이다.

한 자산운용사 펀드매니저는 "미래에셋이 성장주를 발굴해내는 능력이 뛰어난 것은 사실"이라며 "개인투자자들은 무작정 미래에셋을 따라하기보다는 미래에셋이 발굴하는 종목에 관심을 갖고, 이들의 매매 방향과 해당 기업의 실적 추이를 꼼꼼히 살피면 좋은 결실을 맺을 수 있을 것"이라고 말했다.

이채원의 가치투자
따라하기

성공적인 가치투자를 하고 싶다면 어떻게 해야 할까. '모방은 창조의
어머니'라는 말이 있듯이 대가들의 주식투자를 보고 배우는 과정도
한 방편이 될 수 있다. 한국 최초로 가치투자펀드를 만들고 가치투자
전도사 역할을 하고 있는 이채원 한국밸류투자운용 부사장을 따라해
보자.

세상에 있는 수십여 가지 투자방법 가운데 가치투자를 선택하려면,
먼저 자신의 성격이 가치투자에 어울리는지 판별하는 게 가장 중요하
다고 이 부사장은 조언한다. 나를 알고 적을 알아야 백전백승이기 때문
이다.

"가치투자는 너무나 괴롭고 지겨운 투자방법입니다. 다른 사람들이
보유하고 있는 모멘텀(성장) 투자 종목들에 비해 가치주들은 변동성이
낮은 주가 흐름을 보이기 때문입니다. 본인이 이를 이겨낼 수 있는 성

격인지 판단해봐야 합니다.”

이 부사장이 꼽는 가치투자에 맞는 성격은 보수적이고 여유 있는 성격이다. 감정을 다스릴 수 있는 이성적인 성격이 좋다. ‘대박’을 꿈꾸고 가치투자를 선택하는 것은 금물이다. 애초에 잃지 않으려고 하는 주식투자가 가치투자이기 때문이다.

본인이 가치투자에 적합하다고 생각된다면 이제는 가치투자에 맞는 저평가 종목을 발굴하기 위한 연구와 노력이 필요하다. 개인투자자라면 하루에 두세 시간 이상은 투자 관련 업종과 해당 종목에 대해 꾸준히 공부한 뒤 가치투자에 임해야 한다.

“가치투자는 흘린 땀에 정비례한다는 점에서 막노동과 유사하다고 생각합니다. 항상 정보와 자료를 수집하고 관련 업종과 종목에 관심을 기울여야 합니다.”

이 부사장은 철저한 상향식 분석을 통해 투자종목을 골라낸다. 분기 혹은 1년에 한 번씩 저PER(주가수익비율)·저PBR(주가순자산비율)·고배당 상위 100종목 등을 뽑아 검토하는 것 외에는 하향식 분석은 채택하지 않는다.

본인이 생각하기에 가장 이 부사장 ‘다운’ 가치투자 매매 경험은 어떤 것이 있을까. 그는 기업의 현금성자산인 유동자산에서 부채를 모두 차감한 금액보다 훨씬 낮은 가격에 사들일 수 있는 종목에 대한 투자, 이른바 ‘순가치투자’를 예로 들었다.

바로 삼성라디에터공업(현 삼성공조)과 유화증권이다. 1998년 그는 《상장기업분석》을 펴놓고 순가치투자에 적합한 종목을 찾아내기 위해 전 종목의 재무제표를 살펴봤다. 기계나 보유 부동산의 가치는 인정하지 않는다는 가정으로 고정자산을 0으로 계산했다. 유동자산에서 부채를 빼고 또 다시 기업의 시가총액을 차감했다. 전 상장 종목을 하나하나 계산해본 결과 삼성라디에터공업이 조건에 들어맞는 종목이었다. 당시 2,000원대였던 주식을 사들여 꾸준히 보유한 결과, 이듬해 삼성라디에터공업의 주가는 8,000원까지 뛰었다.

유화증권도 이 같은 논리에서 찾아낸 종목이다. 2001년 11월 그가 확인한 유화증권의 주가는 6,000원대였다. 그러나 재무제표를 분석한 결과 당시 회사에서 보유하고 있는 채권은 주가의 두 배가 넘는 주당 1만 5,000원. 유화주식을 살 경우 6,000원을 주고 1만 5,000원어치 채권을 사는 것과 같은 결과였다. 모든 부채를 뺀 후 서울 여의도에 있는 유화증권 사옥 가격을 제외해도 이 같은 가격이 나왔다.

이 부사장은 철저한 펀더멘털(기초체력) 분석을 통해 기업의 사업 모델과 그 가치를 진단한다. 종목의 내재가치 구성 요인인 안정성·수익성·성장성 가운데 그가 가중치를 두는 요인은 안정성과 수익성이다. 100%를 기준으로 안정성과 수익성에 각각 40%, 성장성에 20%의 가중치를 부여한다. 성장성 부문은 더 가늠하기 어렵기 때문에 상대적으로 비중을 낮춘다.

기업의 수익성을 분석할 때 주가나 미래자산가격 예측 등에 초점을 맞추다보면 기업 가치평가가 주관적으로 흐를 가능성이 있어 주의해야 한다고 이 부사장은 조언한다.

무엇보다 종목 선정 시에는 싼 종목을 찾는 게 중요하다. 그가 비인기 종목에 관심을 두는 소외주 투자전략을 지지하는 이유다. 아무리 주식을 사고 싶어도 쌀 때 사서 제값을 받고 판다는 원칙을 지켜야 한다고 강조했다.

이에 저PER(주가수익비율)·저PBR(주가순자산비율)·고배당 상위 100 종목 등을 뽑은 다음 기업 펀더멘털 분석 등을 통해 기업을 솎아내는 방법이 유효하다고 귀띔했다. 10개 정도의 종목으로 포트폴리오를 구성한다면 상대적으로 안정성을 높일 수 있다.

외환위기 당시 혹은 2000년대 초반과 같이 저평가 종목들을 찾아보기가 상대적으로 어려워졌기 때문에 목표수익률을 낮추고 접근하는 것이 바람직하다고 덧붙였다. 개인의 성향에 따라 그 폭이 달라질 수는 있겠지만, 개인투자자에게도 목표수익률은 금리+α 수준이 적정하다고 생각한다.

그리고 종목 선정 시 투자자 본인의 경쟁우위를 파악해야 한다고 조언했다. 본인이 잘 알고 있는 업종, 쉽게 접근할 수 있는 종목 등을 선택해야 이길 확률이 높아지기 때문이다.

"약사인 투자자가 잘 알지 못하는 업종인 IT(정보기술)주를 살 이유가 없다고 생각합니다. 좋은 약을 만드는 제약사를 누구보다 잘 알고 있을 텐데요. 본인이 이해하기 쉽고, 많은 지식을 갖고 있는 종목과 업종에서 투자 종목을 고르는 게 유리합니다."

그가 종목을 분석하고 선정할 때 우선순위를 두는 정보 창구는 어디일까. 경제신문 등 인쇄 매체를 이용해 정보를 우선 얻은 뒤, 금융감독원의 전자공시시스템과 금융정보업체 등을 통해 기업의 재무제표를 꼼꼼하게 분석하는 게 바람직하다는 대답을 들을 수 있었다.

마지막으로 개인투자자들이 주식을 투자할 때는 반드시 여유자금으로 해야 한다고 강조했다.

"만기를 5년, 10년가량으로 설정하고, 장기간 동안 여유자금으로 투자해야 합니다. 종목을 잘 골라 투자에 나선다면 고객 환매에 따라 주식을 팔아야 하는 기관투자자보다 우위에 설 수 있습니다."

반드시 알아야 할
펀드투자 10계명

2009년 12월 말 설정액 10억 원 이상인 국내 주식형펀드(780개)의 평균 연간수익률은 54.16%에 달했다. 이는 2009년 국내 주식시장이 급등한 영향도 있지만, 코스피지수의 상승률 49.65%를 빼고도 4.51%p의 초과 수익을 기록한 것이다.

과거 수익률이 높다고 반드시 좋은 펀드는 아니다. 앞으로 성과가 좋을 것이란 보장이 없기 때문이다. 펀드는 실적배당 상품이기 때문에 은행 예금과 달리 원금 손실이 발생할 수 있고, 손실을 보장하지 않는다.

펀드상품의 투자설명서에 "과거의 운용실적이 미래의 운용성과를 보장하는 것은 아닙니다"라는 문구가 적혀 있는 것도 이런 이유에서다.

그렇다면 어떤 펀드를 골라야 좀더 안정적인 수익을 얻을 수 있을까? 펀드는 언제 사고 언제 팔아야 할까? 올바른 펀드투자법은 무엇일까? 펀드매니저들은 10가지 펀드투자 원칙을 제시했다.

❶ 목적에 맞는 펀드를 골라라

우선 펀드투자의 목적이 분명해야 한다. 목적에 따라 안정성, 수익성, 환금(換金)성 등을 기준으로 펀드를 고를 필요가 있다.

예를 들어 주택마련이나 노후자금 등 목돈을 만들려고 한다면 원금 손실 위험이 낮아야 한다. 동시에 은행 금리 이상의 수익을 기대할 수 있어야 한다. 각 증권사와 운용사들이 내놓은 장기주택마련펀드나 연금펀드 등은 적립식 장기투자 방식에 적합한 상품이다. 다만 장기투자 펀드의 대부분은 중도에 해지하면 가산세를 내야 하니 필요할 때 현금화할 수 있는 환금성은 다른 상품에 비해 떨어진다.

펀드 투자기간도 고려해야 한다. 펀드는 상품별로 가입 기간에 따라 환매수수료가 다르기 때문이다. 환매수수료는 펀드에서 자금이 제한없이 빠져나가면 운용에 어려움이 생길 수 있어 일정 기간 동안 환매를 막기 위해 만든 제도다.

큰돈을 한 번에 넣는 거치식펀드의 경우 대개 90일 이후에 환매수수료가 없다. 적립식펀드의 경우엔 달마다 돈을 납입하기 때문에 환매 전 3개월 동안에 대해서만 수익이 났을 경우 수수료를 낸다. 장기투자가 목적인 펀드의 경우, 만기가 지나면 환매수수료를 면제한다. 환매수수료는 운용사나 판매사로 들어가는 것이 아니라 해당 펀드에 편입된다. 투자자들은 단기, 중기, 장기 등 투자 목적에 알맞은 상품을 골라야 그에 걸맞는 성과를 거둘 수 있다.

앤서니 볼턴 피델리티인터내셔널 투자부문 대표는 개인투자자들의 경우 적어도 3년, 가능하면 5년 앞을 내다보고 주식투자에 나서라고 조언한다. 적어도 3년 이내에 쓸 돈으로는 주식을 하지 말라는 것이다. 편드의 주 운용 대상이 주식인 만큼 펀드투자자들도 볼턴의 조언을 새길 필요가 있다.

❷ 자기 성향에 맞는 펀드를 골라라

펀드는 크게 주식형, 채권형, 혼합형 등 3가지로 나눌 수 있다. 고수익을 추구하는 공격적인 투자자라면 주식에 자금의 60% 이상을 투자하는 주식형펀드 상품이 알맞다. 대신 주식형펀드는 높은 수익을 추구하는 만큼 위험성도 높다는 점을 유념해야 한다.

안전한 투자를 원하는 사람은 채권에 60% 이상 투자하는 채권형펀드가 맞을 것이다. 주식형보다는 수익성은 낮을 수 있지만 채권 투자 비중이 많은 만큼 안정성은 높다. 안전성과 수익성을 동시에 추구하려면 주식과 채권의 투자 비중이 60% 미만인 혼합형에 가입하면 된다.

주식시장이 호황일 때는 주식형펀드의 수익률이 채권형펀드를 압도하지만 주가 하락기에는 채권형펀드의 수익률이 상대적으로 좋다. 따라서 자신의 성향과 시장상황에 맞춰 주식형펀드와 채권형펀드, 혼합형펀드를 골라야 한다.

❸ 연령대에 맞는 펀드를 선택하라

자신의 연령을 감안해 펀드를 선택할 필요도 있다. 20대 미혼 직장인의 경우 소득은 적을지 몰라도 앞으로 오랫동안 근로소득을 얻을 수 있기 때문에 주식 비중이 높은 펀드를 선택할 기회가 있다. 반면 50대 직장인은 앞으로 근로소득을 얻을 수 있는 기간이 길지 않아 자산의 불안정성이 커진 상태다. 비교적 안정성이 높은 펀드에 투자해야 한다.

강창희 미래에셋투자전략연구소장은 "100에서 본인의 나이를 뺀 숫자를 주식형 상품에 투자할 비율이라고 보면 적절하다"고 설명한다. 예를 들어 투자자의 나이가 30세라면 '100-30=70'으로 계산해 투자자산의 70%를 주식형펀드에 가입하면 된다는 것이다.

자신이 어떤 직업을 가지고 있는지도 감안해야 한다. 공무원이라면 일정한 수입이 안정적으로 들어오기 때문에 수입의 변동이 큰 직업을 가진 사람보다 위험자산의 비중을 늘릴 기회를 가지고 있는 것이다.

최근에는 어린이펀드도 활발하게 출시되고 있다. 이 상품은 자녀들의 학자금이나 결혼자금 등의 목돈을 마련하기 위한 것이기 때문에 최소 3년 이상의 장기 수익률을 따져봐야 한다. 2010년 2월 기준 3년 수익률이 가장 높은 것은 신한BNPP자산운용의 '탑스엄마사랑어린이적립식1'로 40%에 달한다.

'삼성착한아이예쁜아이1(A)'도 글로벌 금융위기가 불어닥친 2008년에는 40%대의 손실을 기록했지만, 2009년 수익률을 끌어올려 3년 수익률이 37%였다.

❹ 목표수익률은 연평균 10~15% 정도로 잡아라

목표수익률은 어느 정도가 적당한 것일까? 송성엽 KB자산운용 주식운용본부장은 10~15% 내외를 목표수익률로 잡는 것이 적절하다고 말한다.

물가성장률 3~4%와 경제성장률 3~4%를 더하면 6~8% 내외가 되는데, 여기에 펀드투자 리스크프리미엄을 더한 10% 안팎이 적당하다는 것이다.

송 본부장은 "펀드투자자는 연평균 10% 내외의 수익률을 봐야 한다"며 "다만 1년 미만의 단기투자가 아니라 3년 이상 투자로 누적수익률 30~40%의 수익률을 내는 것이 펀드 투자의 위험을 감안할 때 적정한 수치"라고 말했다. 그가 투자기간을 3년 이상으로 잡는 이유는 그래야 펀드가 호황과 불황의 경기사이클을 모두 겪고, 이에 따라 어느정도 운용능력이 입증되기 때문이다.

호황이 이어질 때는 15% 정도의 수익률을 기대해야 한다고 전했다.

❺ 투자종목이 30개 안팎인 펀드를 선택하라

장인환 KTB자산운용 사장의 조언이다. 장 사장은 펀드매니저의 제1의 덕목으로 기업탐방을 꼽았다. 기업탐방을 해야 회사의 현재 상태와 성장성 등을 제대로 가늠할 수 있기 때문이다. 그가 생각하는 펀드의 적정 투자종목 수는 30개 내외다. 너무 많으면 펀드매니저가 각 종목에 대해 제대로 알기가 힘들다는 것이 이유다.

장 사장은 "만약 은행주가 유망할 것으로 예상한다면 최선호주 하나만 정하면 된다. 국민은행, 신한은행, 하나은행 등을 다 사서 종목을 늘리는 것보다 가장 유망한 한 종목에 집중하는 것이 수익이 더 낫다"고 말한다.

펀드매니저가 포트폴리오 내 기업들의 현황을 잘 파악할 수 있어야 하고, 그 숫자는 30개 내외라는 것이다. 최근 자산운용사들의 운용 시스템은 팀 운용으로 넘어가고 있는 추세니, 주 운용 펀드매니저의 인원 수와 포트폴리오 내 종목 수를 고려해야 한다.

투자 종목이 많아질수록 회사의 성과를 일일이 확인하기 어렵고, 기대 이상의 수익률을 올리기도 힘들기 때문이다.

❻ 적립식으로 장기투자하라

펀드를 선택했다면 어떤 방식으로 투자하는 것이 좋을까? 전문가들은 적립식 장기투자를 최선의 방법으로 꼽는다. 한 번에 큰돈을 집어넣는 거치식펀드의 경우, 주가가 쌀 때 사서 비쌀 때 팔아야 한다. 투자자가 산정해놓은 목표에 도달했을 때 바로 환매하는 것이 이득이다.

그러나 한 치 앞을 내다볼 수 없는 시장에서 개인이 이 같은 매매 타이밍을 잡기는 힘들다. 때문에 주가하락기를 저가매수의 기회로 이용할 수 있는 적립식펀드를 전문가들이 추천하는 것이다.

신긍호 한국투자증권 자산컨설팅부서장은 "주식시장이 불안하다고 생각하는 투자자들은 반드시 적립식 투자를 시작할 필요가 있다"고 말한다.

신 부서장이 조사한 바에 따르면 2008년 6월 코스피지수 1,600포인트대에서 거치식으로 목돈을 투자한 사람은 2009년 12월 말이 돼서야 원금을 회복했다. 이에 비해 같은 금액을 적립식으로 매월 투자한 사람의 경우 주가하락기에 주식을 싸게 매수함에 따라 원금 대비 약 16%의 수익이 발생했다.

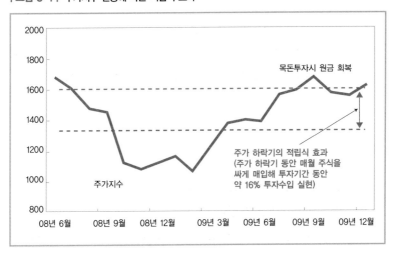

| 그림 3-1 | 주가지수 변동에 따른 적립식 효과

목돈투자시 원금 회복

주가 하락기의 적립식 효과
(주가 하락기 동안 매월 주식을
싸게 매입해 투자기간 동안
약 16% 투자수입 실현)

주가지수

08년 6월   08년 9월   08년 12월   09년 3월   09년 6월   09년 9월   09년 12월

❼ 수익률 변동이 적은 펀드를 골라라

장기투자를 할 때 좋은 성과을 거두기 위해서는 펀드의 수익률 변동이
적어야 한다. 펀드 수익률이 들쭉날쭉해서는 장기적으로 안정적인 수
익을 얻기 힘들다. 김씨와 이씨가 각각 1억 원을 펀드에 투자했다고 예
를 들어보자.

김씨의 펀드는 3년 동안 각각 20%, 15%, 25%의 수익을 냈다. 그의
펀드자산은 1억 2,000만 원→1억 3,800만 원→1억 7,250만 원으로 불
어났다. 이에 따라 김씨의 3년간 누적수익률은 72.5%가 된다.

이씨의 경우 각 해의 수익률이 30%, -20%, 50%였다. 이씨는 3년 동
안 1억 5,600만 원을 벌었고, 누적수익률은 56.0%였다. 연간 수익률을
단순 합산할 경우 김씨와 이씨의 수익률은 모두 60%지만 누적수익률

은 김씨가 16.5%p 높았다.

장기적으로 안정적인 성과를 내주는 펀드가 길게는 더 많은 이익을 안겨주는 것이다. 펀드의 기간별 수익률과 운용보수 등은 금융투자협회 전자공시 서비스 홈페이지(http://dis.kofia.or.kr)에서 확인할 수 있다.

❽ 달걀을 한 바구니에 담지 마라

월스트리트에서 나온 "달걀을 한 바구니에 담지 마라"는 주식투자 격언은 펀드투자에도 그대로 적용된다.

달걀을 한 바구니에 담으면 바구니를 떨어뜨렸을 때, 모든 달걀이 깨지고 만다. 그러므로 만약의 경우에 대비해 달걀을 몇 개의 바구니에 나눠 담아 위험을 분산시키라는 것이다.

펀드의 구조적인 장점 중의 하나가 바로 분산투자 효과다. 그러나 하나의 펀드로 모든 위험을 분산시킬 수 있는 것은 아니다. 만일 당신이 IT(정보기술) · 자동차 업종 위주로 구성된 펀드를 가지고 있다면 달걀을 한 바구니에 담고 있는 것이다. IT와 자동차는 대표적인 수출주 및 경기민감주로 경기 상황에 따라 비슷한 등락을 보이기 때문이다.

위험을 분산하려고 한다면 여기에 더해 전력 · 통신 등 내수주 및 경기방어주 중심으로 포트폴리오를 구성한 다른 유형의 펀드에도 관심을 두는 것이 좋다. 이 같은 분산투자는 투자의 위험도를 낮추기도 하지만 새로운 기회를 제공하기도 한다.

2009년은 전형적인 대형주 위주의 장세였다. 그러나 2009년 말부터 현재까지는 중소형주가 시장을 이끌고 있다. 이와 같은 흐름에 따라 보유하고 있는 대형주 펀드와 중소형주 펀드의 비중을 조절했다면 당신은 같은 기간 동안 한 가지 유형의 펀드만 가지고 있는 사람에 비해 높은 수익률을 얻을 수 있었을 것이다.

지역에 따라 펀드를 분산하는 것도 좋은 방법이다. 하나의 펀드는 보통 하나의 주식시장에서 거래되는 종목들만을 포트폴리오에 담기 때문에 대세하락기에는 손실을 입을 수밖에 없다. 선진 증시는 물론 신흥시장에도 관심을 가지면 좋다.

더 나아가 최근에는 부동산, 금, 원자재, 설탕 등을 비롯해 지적재산권과 같은 무형자산에 투자하는 다양한 상품들이 있으므로 위험과 기회를 동시에 나눠담을 수 있다.

❾ '철새 펀드매니저'가 적은 운용사의 상품에 투자하라

금융감독원이 2007년 1월부터 2009년 8월 말까지 조사한 결과에 따르면 이 기간 동안 68개 자산운용사 운용전문인력의 이직률은 평균 48.4%였다. 펀드매니저의 절반이 다른 곳으로 자리를 옮긴 것이다.

장인환 KTB자산운용 사장은 안심하고 돈을 맡기기 위해서는 그 펀드를 운용하는 사람이 장기근속해야 한다고 강조한다.

유명 펀드매니저의 경력을 믿고 투자를 결정했는데 그 매니저가 운용을 관뒀다면 어떻게 되겠는가? 또 연봉을 따라 여기저기 옮겨다니는 펀드매니저가 고객의 돈을 책임감 있게 운용할 수 있을 리 만무하다는 것이다.

장 사장은 남의 돈을 운용하는 펀드매니저는 그 '남'과 이해관계를 같이 해야 한다고 생각한다. 고객과 고객의 돈을 운용하는 펀드매니저, 그리고 회사 모두가 투자로 인한 이익을 공유할 수 있어야 펀드매니저가 자기 돈처럼 남의 돈을 운용할 수 있다는 것이다. 이를 위한 조건이 바로 장기근속이다.

❿ 인덱스펀드는 100억 원 이상 오래된 펀드가 좋다

한진규 유리자산운용 상무는 정보가 부족한 개인투자자는 장기투자를 해야 하고, 이를 위한 가장 좋은 금융상품으로 인덱스펀드를 추천한다. 인덱스펀드는 적은 매매횟수로 액티브펀드(시장 대비 초과수익률을 목표로 하는 적극적인 펀드)에 비해 수수료 부담이 작기 때문에 장기투자시 초과수익을 얻을 수 있다는 것이다.

한 상무는 특히 규모가 100억 원 이상이고, 운용기간이 오래된 펀드에 투자하라고 권고한다. 시장수익률을 추구하는 인덱스펀드의 경우 규모가 너무 작으면 시장을 제대로 추종할 수 없고, 어느 정도 규모가 있어야 조정 시에도 시장의 충격을 받아낼 수 있다는 것이다. 또 운용기간이 긴 펀드라는 것은 그만큼 시장에서 성과가 입증된 상품이기 때문에 좀더 믿을 수 있다는 설명이다.

강창희 소장의 펀드투자 가이드

부동산 시장의 '거품'이 걷히면서 금융 자산에 대한 사람들의 관심이 더욱 커지고 있다. 부동산에 편중된 한국인들이 자산이 금융 쪽으로 옮겨가고 있다. 하지만 금융 자산을 늘리는 일도 쉬운 게 아니다. 무턱대고 은행에 넣어놓자니 금리가 너무 낮다. 개인이 직접 주식투자를 하기에는 위험성이 커보인다. 이때는 전문가들이 대신 운용해주는 펀드 투자가 적합하다. 그렇다면 어떻게 펀드에 투자해야 하는 것일까. 많은 사람들이 주가가 오르면 너무나 쉽게 주식형 펀드에 가입하고, 주가가 하락하면 서둘러 해약한다. 펀드 투자도 전략적으로 해야 한다. 몇 가지만 알고 있으면 펀드 투자를 훨씬 쉽고 안전하게 할 수 있다.

적립식 혹은 포트폴리오 방식으로 투자하라

개인투자자가 단기 시황 전망을 통해 펀드 투자에 성공하긴 대단히 어렵다. 시황에 관계없이 적립식이나 포트폴리오 방식으로 투자하는 것이 펀드 투자의 정도(正道)라 할 수 있다. 사회 초년생이나 젊은 사람은 여유 자금이 많지 않다. 이런 사람은 다만 10만 원이라도 소액으로 꾸준히 투자하는 적립식이 바람직하다. 이렇게 투자하면 주가가 오를 때 펀드의 단가가 높아져 매입하는 펀드의 수량이 감소한다. 반대로 주가가 하락하면 펀드의 단가가 낮아져 매입하는 펀드 수도 늘어난다. 이렇게 몇 년을 반복해서 투자하면 펀드의 평균 매입단가가 낮아지게 된다. 이른바 '코스트 애버리지(cost average) 효과'다.

몇 천만 원이라도 목돈이 생기면 이번에는 주식형펀드, 채권형펀드, 머니마켓펀드(MMF) 등으로 구성된 포트폴리오를 짜서 분산 투자를 해보자. 예컨대 1억 원의 투자자금이 있다고 가정하면 5,000만 원은 주식형펀드에, 4,000만 원은 채권형펀드에, 그리고 나머지 1,000만 원은 MMF에 넣는 5-4-1 배분방식이다.

투자자의 형편, 즉 나이, 재산, 가족, 자신의 투자 성향 등을 고려해 포트폴리오를 구성하는 게 바람직하다. 60세가 넘은 사람이 주식형펀드에 투자자산의 절반 이상을 넣는다면 다소 위험할 수 있다. 반면 같은 나이라도 재산이 많거나 금융 지식이 많다면 크게 문제되지 않는다. 나이만 고려한다면 100에서 본인의 나이를 뺀 비율을 주식형펀드에 넣고, 나머지는 채권형펀드나 MMF에 넣는 게 좋다고 본다. 예를 들어 40세라면 100에서 40을 뺀 60%를 주식형펀드에 넣고, 나머지 40%를 채권형펀드와 MMF에 분산하면 된다.

해외투자도 포트폴리오 구성 차원에서 투자를

해외펀드 투자에도 최근 많은 사람들이 관심을 갖고 있다. 특히 중국이나 인도 등 신흥시장이 급부상하면서 좋은 투자 대상이 되고 있다. 그러나 개인투자자들이 해외투자를 하려면 먼저 시장에 대해 이해하고 리스크를 충분히 숙지해야 한다. 막연히 '중국이나 인도에 투자하면 돈을 번다'는 식이 되어서는 곤란하다.

원론적으로 해외투자는 국내 투자상품의 대체적 투자다. 또 경제 발전단계나 경기사이클에 대한 투자가 되기도 한다. 따라서 단순히 '몇 %의 수익을 올리겠다'는 생각보다는 분산투자의 관점에서 포트폴리오를 짠다는 생각으로 접근해야 한다. 해외펀드 투자도 먼저 비율을 정해놓고 해야 한다는 얘기다. 나이, 재산 상태, 직업의 안정성, 가족 상황, 투자성향, 투자기간 등 본인의 형편을 고려해 스스로 적절한 비율을 미리 정해놓고 투자를 시작해야 한다.

좋은 펀드는 어떻게 고를까?

포트폴리오를 잘 짰더라도 펀드를 잘못 고르면 말짱 도루묵이다. 포트폴리오를 짜는 것만큼이나 좋은 펀드를 고르는 것도 중요하다.

좋은 펀드는 운용하는 회사의 평판이 대체로 좋다. 펀드의 운용 성적은 펀드를 파는 증권사나 은행이 아닌, 펀드를 굴리는 자산운용사의 실력에 좌우된다. 따라서 해당 자산운용사가 과거에 어떤 실적을 갖고 있는지, 운용 철학이 일관성이 있는지, 대주주가 운용업에 대한 이해를 잘하고 있는지 등을 따져봐야 한다.

과거의 운용 실적도 중요하다. 과거의 기록이 미래의 성적을 보장하지는 않지만 대체로 이전이 좋았다면 이후도 좋을 가능성이 크다. 운용 결과가 지금은 좋더라도 수익률의 '굴곡'이 있다면 피하는 것이 좋다. 가장 좋지는 않더라도 항상 중상위권을 유지하는 펀드가 좋은 펀드다.

펀드 관련 수수료도 확인하는 것이 좋다. 투자자들이 종종 1~2%의 수수료가 별 것 아니라고 간과하는 경우가 있는데 5년, 10년을 장기투자할 생각이라면 약간의 수수료도 상당한 금액이 된다.

6개월마다 포트폴리오를 점검하자

본인만의 포트폴리오를 구성한 뒤에는 대략 6개월에 한 번씩 점검하면 좋다. 매일 펀드의 수익률을 확인할 필요는 없다. 전문가에게 맡겼다면 자신은 본업에 충실한 게 남는 장사다. 그렇다고 아예 확인을 안 하는 것도 문제다. 포트폴리오 점검은 최소 6개월에 한 번은 하자. 가령 6개월 뒤에 주가가 많이 올라 기존 50%였던 주식형펀드의 비중이 70%로 늘었다면 이는 조정 사유다. 이 경우 늘어난 주식형펀드의 비중만큼을 환매하여 채권형펀드나 MMF에 채워넣는다. 이익을 실현하라는 말이 아니다. 기존에 짜놓은 포트폴리오를 유지하라는 얘기다. 반대로 6개월 새에 주가가 많이 떨어져 주식형펀드의 비중이 40%로 줄었다면, 채권형펀드와 MMF 자금 일부를 주식형펀드에 채워넣는다. 이 경우 보수적으로 변했던 포트폴리오가 다시 적정하게 조정되는 효과가 있다.

형편이 바뀌면 포트폴리오 비중도 변경

살면서 생각지도 않은 일이 생길 때가 있다. 유산을 물려받기도 하고, 회사의 구조조정으로 직장을 그만둬야 할 경우도 생긴다. 월급이 늘거나 줄 수도 있다. 주택 마련, 자녀의 결혼 등도 형편이 크게 바뀌는 경우다.

이럴 때는 포트폴리오 비중을 재조정하는 것이 좋다. 이런 작업은 시간도 많이 걸리고 노력도 많이 든다. 때문에 몇 년에 한 번씩 하는 게 좋다. 종종 자신의 형편을 뒤돌아보라는 얘기다.

이렇게 포트폴리오를 짜놓고 정기적으로 점검을 하면 증시가 오르든 내리든 펀드 수익률을 고민할 필요가 없다. 선진 증시의 투자자들은 대부분 이렇게 투자한다. 주가가 오를 것 같으니까 펀드에 가입하고 주가가 떨어질 듯하면 팔아버리는 식으로 투자를 하지 않는다. 한국의 투자자들도 하루 빨리 이런 방식에 따라 투자를 해서 소중한 자산도 불리고 본업에도 충실했으면 한다.

강창희 소장이 말하는 펀드투자 10원칙

① 펀드는 투자상품임을 명심하라.

② 소액은 적립식으로, 목돈은 포트폴리오 방식으로 투자하라.

③ 자신의 형편을 고려한 포트폴리오를 짜라.

④ 자신의 투자 목적에 맞는 포트폴리오를 짜라.

⑤ 포트폴리오를 정기적으로 점검하라.

⑥ 펀드의 운용 방침을 확인하라.

⑦ 펀드운용사의 실력을 확인하라.

⑧ 펀드의 과거 운용 성적을 확인하라.

⑨ 펀드 관련 비용이 적정 수준인가를 확인하라.

⑩ 자산운용의 주치의 FP와 상담하라.

● ● ●

강창희 | 미래에셋 투자교육연구소장 겸 부회장은 올바른 투자문화 정착을 위해 연 300회 이상 전국으로 강연을 다니는 '투자문화 전도사'이다. 증권거래소(현 한국거래소)에 입사한 뒤 대우증권 국제부 이사 등을 거쳐 옛 현대투자신탁운용과 굿모닝투자신탁운용 등 두 곳의 자산운용사 대표를 지냈다. 저서로는 《인생 후반 30년을 결정하는 자산관리의 원칙》, 《펀드투자로 행복한 미래를》, 《글로벌 금융업시대의 증권투신 경영전략》, 《직접 금융시대의 증권투신 경영전략》 등이 있다.

| 부록 |

국내주식형 최근 1년 수익률 상위 50개 펀드
국내주식형 설정액 상위 50개 펀드
공모 국내 · 해외주식형 운용사별 순자산액
펀드운용사 사이트
한국 펀드 40년사

The
Investment Secret
of Fund Manager

국내주식형 최근 1년 수익률 상위 50개 펀드 (설정액 100억 원 이상, ETF제외, 종류형은 대표클래스 기준)

기준일 : 2010. 3. 2

(단위 : 억 원, %)

펀드명	운용사	설정일	설정액	6개월	1년	2년	3년
마이트리플스타증권투자신탁[주식]_ClassA	마이에셋	20060117	182	-3.27	99.11	49.12	75.75
에셋플러스코리아리치투게더증권투자신탁-자 1	에셋플러스운용	20080707	412	12.85	79.05	13.39	36.94
한국투자한국의힘증권투자신탁 1(주식)	한국운용	20060324	1,065	5.60	75.75	12.13	43.66
한국투자제스파인디증권투자신탁 1(주식)	한국운용	20060116	244	6.01	74.92	23.77	46.91
우리인츠Best중소형증권투자신탁[주식](C/B)	우리인츠운용	20010502	130	3.66	72.65	4.28	52.96
삼성스트라이크증권투자신탁 1[주식](C)	삼성운용	20000104	538	-1.94	72.23	22.13	
하나UBS IT코리아증권투자신탁 1(주식)Class A	하나UBS	20070503	405	-5.69	71.59	10.04	26.84
우리인츠코리아증권투자신탁[주식](C/A)	우리인츠운용	20010303	142	3.20	69.91		
트러스톤칭기스증권투자신탁[주식]A클래스	트러스톤운용	20080627	1,194	2.91	68.87	19.96	63.20
동양모아드림삼성그룹증권투자신탁 1(주식)A	동양운용	20060821	714	-1.73	68.54	14.84	32.78
신영밸류에이스상장증권자투자신탁(주식) 종류	신영운용	20060904	200	2.65	68.34		
한국투자현대차그룹리딩플러스증권투자신탁 1(주식)(A)	한국운용	20080917	108	0.42	68.19	-5.24	35.39
KB로쉬교가치성장주식형증권투자신탁 1(주식)	KB운용	20050118	246	3.64	68.09	-3.60	37.14
KB로쉬더펌심증권투자신탁 1(주식)	KB운용	20030103	404	3.55	67.68		
한국투자골드불패네이케이터mytarget금증권전환형투자신탁 1(주식)	한국운용	20030312	132	1.64	67.40	11.01	50.97
우리인츠기업가치향상장기증권투자신탁[주식](C/A)	우리인츠운용	20060818	672	0.66	67.07	8.44	46.20
한국투자마이스터증권투자신탁 1(주식)(A)	한국운용	19990623	692	5.27	66.65	7.04	45.71
한국투자정통적립식증권투자신탁 1(주식)(A)	한국운용	20031231	400	5.34	66.50	0.51	20.60
ING1억만들기증권투자신탁 1(주식)	ING운용	20030103	2,417	-0.19	66.01	20.86	
한국투자삼성그룹적립식증권투자신탁 2(주식)(A)	한국운용	20071017	5,219	-1.59	65.70	21.24	48.05
미래에셋맵스더셀렉트적립증권투자신탁 1(주식)종류A	미래에셋맵스	20050309	111	-4.76	65.64	10.55	55.81
한국투자네비게이터증권투자신탁 1(주식)(A)	한국운용	20051220	12,396	0.56	65.62	17.91	42.24
신한BNPP프레스티지코리아테크증권투자신탁 2[주식]	신한BNPP	20050801	187	-1.60	65.58	-5.66	6.17
우리Growth&Income증권투자신탁[주식]	우리운용	20050928	189	0.95	65.54	2.58	40.78
삼성당신을위한신화이팅코리아증권투자신탁 1(주식)(A)	삼성운용	20060911	228	-1.47	65.35	20.10	58.77
한국투자삼성그룹증권투자신탁 1(주식)(C)	한국운용	20040706	1,908	-1.60	65.22		

펀드명	운용사	설정일	설정액	6개월	1년	2년	3년
한국투자셀렉트가치증권투자신탁 1(주식)(A)	한국운용	20041214	586	-1.24	65.20	-0.28	12.33
한국투자삼성그룹적립식증권투자신탁 1(주식)(A)	한국운용	20041101	25,865	-1.99	65.04	19.14	56.32
KTB글로벌스타증권투자회사[주식]_C	KTB운용	20010725	163	-1.07	65.01	10.62	37.95
삼성팀파워구십증권투자회사(주식)	삼성운용	20020205	369	-1.25	64.91	0.52	39.32
칸서스수퍼스타증권투자신탁 1(주식)ClassA1	칸서스운용	20070710	214	0.05	64.77	6.50	
한국투자골드적립식삼성그룹증권투자신탁 1(주식)(C)	한국운용	20040720	1,992	-1.89	64.56	18.57	55.88
우리MKF웰스토볼인덱스증권투자신탁[주식] Class A	우리운용	20070814	136	0.60	63.88	8.62	
한국투자성장증권투자신탁 1(주식)(A)	한국운용	20050303	409	-0.28	63.54	6.52	46.57
신한BNPP프레스티지코리아테크적립식증권투자신탁 1[주식]	신한BNPP	20050801	147	-2.51	63.02	15.24	38.61
한국투자삼성그룹리딩플러스증권투자신탁 1(주식)(C)	한국운용	20061013	2,616	3.21	63.00	12.91	42.85
한국투자삼성그룹증권투자신탁 1(주식)(A)	한국운용	20060424	1,561	-1.37	62.47	19.27	60.31
한국투자골드플랜연금증권전환형투자신탁 1(주식)	한국운용	20010131	1,900	-1.10	62.41	-1.44	12.59
신한BNPP미래적립식증권투자신탁 1(주식)(종류C)	신한BNPP	20031231	2,803	1.84	61.77	5.25	28.32
칸서스하베스트선취형증권투자신탁 1(주식)	칸서스운용	20060314	220	0.01	61.52	2.65	39.04
하나UBS안정성장1 월호증권투자신탁(주식)Class C	하나UBS	19700520	221	1.94	61.29	5.59	27.99
PCA코리아리스증권투자신탁부- 1[주식]	PCA운용	20060525	423	0.90	60.45	-1.52	15.52
칸서스파워스불루칩증권투자신탁 1(주식)Class C 2	칸서스운용	20070105	269	-0.21	60.16	4.07	29.88
KB와국인선호주증권투자신탁(주식) 클래스 A	KB운용	20070619	227	1.30	59.93	9.45	
IBK그랑프리한국대표증권A[주식]	IBK운용	20060710	117	1.05	59.89	6.94	26.55
하이실적포커스증권투자신탁 1[주식]A	하이운용	20060629	163	-2.41	59.84	-4.55	
PCA베스트그로쓰증권투자신탁A- 1[주식]Class A	PCA운용	20010402	257	0.48	59.69	2.41	27.27
삼성우량주장기증권투자신탁[주식](A)	삼성운용	20041201	2,017	-2.34	59.48	-5.62	3.17
JP모간코리아트러스트증권자투자신탁A(주식)	제이피모간	20070627	1,148	0.74	59.46	-5.83	
한국투자삼성그룹증권투자신탁 2(주식)	한국운용	20051101	841	-1.80	59.32	16.91	55.16
국내주식형 유형평균(대상펀드수: 784개)				-2.32	51.44	-3.24	26.92
JP모간사아증권자투자신탁A(주식)	제이피모간	20070917	5,093	25.43	137.76	-64.85	

펀드명	운용사	설정일	설정액	6개월	1년	2년	3년
신한BNPP더드림아시아이종권전자투자신탁 1[주식](종류A)	신한BNPP	20080129	394	18.47	136.36	-47.42	
신한BNPP더드림라틴증권전자투자신탁 1[주식](종류A)	신한BNPP	20080129	1,281	18.76	126.11	-37.81	
신한BNPP더드림라질증권전자투자신탁 1[주식](종류A)	신한BNPP	20080129	200	19.25	120.70	-28.15	
미래에셋라시아인종대표증권전자투자신탁 1(주식)종류A	미래에셋자산	20071205	927	22.64	119.60	-49.04	
우리라시아이녹스플로리증권전자투자신탁 1[주식]Class A 1	우리자산운용	20070521	1,956	24.44	119.49	-48.51	
템플턴이스턴유럽증권전자투자신탁(주식)Class A	프랭클린템플턴	20070618	719	10.74	116.07	-31.91	
미래에셋인디아인프라세터증권전자투자신탁 1(주식)종류A	미래에셋자산	20070713	518	10.42	109.59	-0.35	
신한BNPP봉쥬르러시아증권전자투자신탁(H)[주식](종류A 1)	신한BNPP	20080102	686	19.08	104.86	-39.58	
한화카자흐스탄증권전투자신탁 1(주식)(A)	한화운용	20071214	141	23.38	95.13	-32.10	
신한BNPP봉쥬르동유럽플러스증권전자투자신탁(H)[주식](종류A 1)	신한BNPP	20070313	3,138	9.62	93.80	-44.30	
JP모간중남미증권전자투자신탁A(주식)	제이피모간	20070905	670	19.86	93.79	-36.81	
미래에셋브라질인인업대표증권전자투자신탁 1 (주식)종류A	미래에셋자산	20080403	847	18.16	93.10		
우리Eastern Europe증권전투자신탁[주식]Class A 1	우리자산운용	20061016	2,535	17.06	92.73	-42.64	-32.35
신우동남아두바이코어증권전자투자신탁[주식]A	신은운용	20080428	105	14.62	88.15		
미래에셋동우럼업대표증권전자투자신탁 1(주식)종류A	미래에셋자산	20070907	739	7.37	87.14	-37.82	
KB유로컨버전스증권전자투자신탁(주식)A	KB운용	20070614	378	15.17	87.07	-35.94	
신한BNPP더드림브닉스증권전자투자신탁 1[주식](종류A)	신한BNPP	20080129	267	9.27	86.75	-22.00	
미래에셋엠AMSCI이머징유럽인덱스증권전자투자신탁 1(주식)종류A	미래에셋엠스	20070309	718	6.98	86.75	-46.73	
KB브라질증권전자투자신탁(주식)A	KB운용	20071015	809	15.85	85.35	-15.53	
NH-CA라-브증권투자신탁[주식]Class A 1	NH-CA운용	20080211	154	14.79	84.71	-6.29	
신한BNPP봉쥬르브라질증권전자투자신탁(H)[주식](종류A 1)	신한BNPP	20080102	419	16.46	84.33	-15.80	
미래에셋이디아솔로몬증권전투자신탁 1(주식)종류A	미래에셋자산	20060109	3,312	11.97	83.58	-6.77	33.58
신한BNPP브닉스증권전투자신탁 1[주식-재간접형]	신한BNPP	20060223	2,709	15.81	82.88	-25.92	-5.32
미래에셋브라질업대표증권전자투자신탁 1(주식)종류A	미래에셋자산	20071205	552	14.73	81.91	19.06	
미래에셋차이나솔로몬증권전자투자신탁 2(주식)종류A	미래에셋자산	20070118	9,293	16.18	81.41	-30.09	-10.25
미래에셋BRICs업대표증권전자투자신탁 1(주식)종류A	미래에셋자산	20071114	5,478	12.35	81.36	-18.62	

펀드명	운용사	설정일	설정액	6개월	1년	2년	3년
동부차이나증권자산탁 1[주식]Class A	동부운용	20060508	180	12.19	80.92	-3.40	33.68
JP모간이서안증권전자투자신탁A(주식)	제이피모간	20071019	202	12.28	80.68	-40.64	
미래에셋차이나솔로몬증권투자신탁 3[주식]종류A	미래에셋자산	20071031	3,157	15.84	80.43	-27.53	
미래에셋차이나솔로몬증권투자신탁 1[주식]종류A	미래에셋자산	20060320	28,524	15.56	80.32	-27.04	10.42
미래에셋인디아디스커버리증권전자투자신탁 1[주식]종류A	미래에셋자산	20050915	2,925	11.27	79.57	-2.45	43.53
JP모간글로벌이머징마켓증권전자투자신탁A(주식)	제이피모간	20071112	353	13.86	78.78	-34.40	
하나UBS파워엔진Brics해외증권투자신탁 1[주식-재간접형]	하나UBS	20050804	905	12.92	78.66	-36.84	-15.28
신은생브라질증권투자신탁[주식]A	신은운용	20070808	357	17.28	78.25	-22.84	
하나UBS Gold&Wise BRICs해외증권투자신탁K- 1[주식-재간접형]	하나UBS	20040102	163	11.60	77.70	-37.63	-17.00
KB인디아증권투자신탁[주식]A	KB운용	20070928	1,323	10.46	77.43	-29.50	
신한BNPP봉쥬르중남미플러스증권전자투자신탁(H)[주식](종류C)	신한BNPP	20070403	111	15.36	77.33	-24.47	
미래에셋Eastern EURICs엄중대표증권전자투자신탁 1[주식]종류A	미래에셋자산	20070907	889	8.18	76.72	-25.77	
삼성라틴아메리카증권전자투자신탁 1[주식](A)	삼성운용	20070627	145	14.68	75.41	-16.47	
미래에셋챔스라틴인덱스증권투자신탁 1[주식]종류A	미래에셋챔스	20070525	1,428	17.20	75.25	-31.96	
슈로더라틴아메리카증권전자투자신탁A(주식)	슈로더운용	20070625	3,224	15.54	75.12	-23.28	
미래에셋챔스~오션브릭스인덱스증권전자투자신탁K[주식]종류A-e	미래에셋챔스	20070829	120	13.83	75.06	-34.98	
신한BNPP봉쥬르브라질플러스증권전자투자신탁(H)[주식](종류A1)	신한BNPP	20070813	12,918	9.45	73.67	-27.55	
KB월트메니저브라질증권전자투자신탁[주식]	KB운용	20071129	464	10.70	73.09	-29.01	
미래에셋초이천수마중증권투자신탁 1[주식]종류A	미래에셋자산	20070209	154	17.18	72.77	15.72	31.55
하나UBS China증권투자신탁 1[주식]Class A	하나UBS	20070416	111	8.11	71.86	-26.10	
신한BNPP봉쥬르인디아증권전자투자신탁(H)[주식]종류A 1)	신한BNPP	20071102	642	7.21	71.35	-29.98	
ING이머징스타증권전자투자신탁[주식-재간접형]	ING운용	20060425	184	10.37	71.22	-35.02	-21.40
미래에셋우리아인디아인프라엄중대표증권전자투자신탁 1[주식]종류A	미래에셋자산	20070416	339	9.12	71.00	-23.25	
해외주식형 유형평균(대상펀드수: 개)				6.99	53.65	-22.08	-7.44

기준일: 2010. 3. 2

(단위 : 억 원, %)

펀드명	운용사	설정일	설정액	6개월	1년	2년	3년
마이트리플스타증권투자신탁[주식] ClassA	마이에셋	20060117	182	-3.27	99.11	49.12	75.75
에셋플러스코리아리치투게더증권투자신탁-자 1	에셋플러스운용	20080707	412	12.85	79.05		
한국투자한국의힘증권투자신탁 1(주식)	한국운용	20060324	1,065	5.60	75.75	13.39	36.94
한국투자네비스파인덱스증권투자신탁 1(주식)	한국운용	20060116	244	6.01	74.92	12.13	43.66
알리안츠Best중소형증권투자신탁[주식](C/B)	알리안츠운용	20010502	130	3.66	72.65	23.77	46.91
삼성스트라이크증권투자신탁 1[주식](C)	삼성운용	20000104	538	-1.94	72.23	4.28	52.96
하나UBS IT코리아증권투자신탁 1(주식)Class A	하나UBS	20070503	405	-5.69	71.59	22.13	
알리안츠코리아증권투자신탁[주식](C/A)	알리안츠운용	20010303	142	3.20	69.91	10.04	26.84
트러스톤칭기스칸증권투자신탁[주식]A클래스	트러스톤운용	20080627	1,194	2.91	68.87		
동양모아드림삼성그룹증권투자신탁 1(주식)A	동양운용	20060821	714	-1.73	68.54	19.96	63.20
신영마라톤A증권자투자신탁(주식) 종류A	신영운용	20060904	200	2.65	68.34	14.84	32.78
한국투자한국대표그룹담러스증권투자신탁 1(주식)(A)	한국운용	20080917	108	0.42	68.19		
KB스타&적립식증권투자신탁 1(주식)	KB운용	20050118	246	3.64	68.09	-5.24	35.39
KB스타적립식증권투자신탁 1(주식)	KB운용	20030103	404	3.55	67.68	-3.60	37.14
한국투자골드플래티넘연금증권전환형투자신탁 1(주식)	한국운용	20030312	132	1.64	67.40	11.01	50.97
알리안츠기업가치향상장기증권투자신탁[주식](C/A)	알리안츠운용	20060818	672	0.66	67.07	8.44	46.20
한국투자마이스터증권투자신탁 1(주식)(A)	한국운용	19990623	692	5.27	66.65	7.04	45.71
한국투자정통적립식증권투자신탁 1(주식)(A)	한국운용	20031231	400	5.34	66.50	0.51	20.60
ING1억만들기증권투자신탁 1(주식)	ING운용	20030103	2,417	-0.19	66.01	20.86	48.05
한국투자삼성그룹적립식증권투자신탁 2(주식)(A)	한국운용	20071017	5,219	-1.59	65.70	21.24	
미래에셋맵스시가총액증권투자신탁 1(주식)종류A	미래에셋맵스	20050309	111	-4.76	65.64	10.55	55.81
한국투자삼성그룹증권투자신탁 1(주식)(A)	한국운용	20051220	12,396	0.56	65.62	17.91	42.24
신한BNPP프레스티지코리아테크증권투자신탁 2[주식]	신한BNPP	20050801	187	-1.60	65.58	-6.66	6.17
유리Growth&Income증권투자신탁[주식]	유리운용	20050928	189	0.95	65.54	2.58	40.78
삼성우량주이머징이아증권투자신탁 1(주식)(A)	삼성운용	20060911	228	-1.47	65.35	20.10	58.77
한국투자삼성그룹증권투자신탁 1(주식)(C)	한국운용	20040706	1,908	-1.60	65.22		

펀드명	운용사	설정일	설정액	6개월	1년	2년	3년
한국투자셀렉트가치증권투자신탁 1(주식)(A)	한국운용	20041214	586	-1.24	65.20	-0.28	12.33
한국투자삼성그룹적립식증권투자신탁 1(주식)(A)	한국운용	20041101	25,865	-1.99	65.04	19.14	56.32
KTB로볼스타증권투자화사[주식]C	KTB운용	20010725	163	-1.07	65.01	10.62	37.95
삼성템파워구성증권투자화사(주식)	삼성운용	20020205	369	-1.25	64.91	0.52	39.32
칸서스슈퍼스타증권투자신탁 1(주식)ClassA1	칸서스운용	20070710	214	0.05	64.77	6.50	
한국투자코드적립식삼성그룹증권투자신탁 1(주식)(C)	한국운용	20040720	1,992	-1.89	64.56	18.57	55.88
우리MKF웰스토탈인덱스증권투자신탁[주식] Class A	우리운용	20070814	136	0.60	63.88	8.62	
한국투자성장증권투자신탁 1(주식)(A)	한국운용	20050303	409	-0.28	63.54	6.52	46.57
신한BNPP프레스티지코리아테크적립식증권투자신탁 1[주식]	신한BNPP	20050801	147	-2.51	63.02	15.24	38.61
한국투자삼성그룹리딩플러스증권투자신탁 1(주식)(C)	한국운용	20061013	2,616	3.21	63.00	12.91	42.85
한국투자삼성그룹증권투자신탁 1(주식)(A)	한국운용	20060424	1,561	-1.37	62.47	19.27	60.31
한국투자코드폴백연금증권전환형투자신탁 1(주식)	한국운용	20010131	1,900	-1.10	62.41	-1.44	12.59
신한BNPP미래드적립식증권투자신탁 1[주식](종류C)	신한BNPP	20031231	2,803	1.84	61.77	5.25	28.32
칸서스하베스트선취형증권투자신탁 1(주식)	칸서스운용	20060314	220	0.01	61.52	2.65	39.04
하나UBS인정성장1월호증권투자신탁(주식)Class C	하나UBS	19700520	221	1.94	61.29	5.59	27.99
PCA코리아인덱스증권투자신탁-1[주식]	PCA운용	20060525	423	0.90	60.45	-1.52	15.52
칸서스매버스블루칩증권투자신탁 1(주식)Class C 2	칸서스운용	20070105	269	-0.21	60.16	4.07	29.88
KB외국인선호주증권투자신탁(주식) 클래스 A	KB운용	20070619	227	1.30	59.93	9.45	
IBK그랑프리한국대표증권A[주식]	IBK운용	20060710	117	1.05	59.89	6.94	26.55
하이실적포커스증권투자신탁 1[주식]A	하이운용	20070629	163	-2.41	59.84	-4.55	
PCA베스트그룹써플증권투자신탁A-1[주식]Class A	PCA운용	20010402	257	0.48	59.69	2.41	27.27
삼성우량주장기증권투자신탁[주식](A)	삼성운용	20041201	2,017	-2.34	59.48	-5.62	3.17
JP모건코리아트러스트증권자투자신탁(주식)	제이피모간	20070627	1,148	0.74	59.46	-6.83	
한국투자삼성그룹증권자투자신탁 2(주식)	한국운용	20051101	841	-1.80	59.32	16.91	55.16
국내주식형 유형평균(대상펀드수 784개)				-2.32	51.44	-3.24	26.92
JP모건러시아(증권자투자신탁)A(주식)	제이피모간	20070917	5,093	25.43	137.76	-64.85	

펀드명	운용사	설정일	설정액	6개월	1년	2년	3년
신한BNPP더드림러시아증권자투자신탁 1(주식)(종류A)	신한BNPP	20080129	394	18.47	136.36	-47.42	
신한BNPP더드림러브증권자투자신탁 1(주식)(종류_A)	신한BNPP	20080129	1,281	18.76	126.11	-37.81	
신한BNPP더드림러질증권자투자신탁 1(주식)(종류A)	신한BNPP	20080129	200	19.25	120.70	-28.15	
미래에셋러시아업종대표증권자투자신탁 1(주식)종류A	미래에셋자산	20071205	927	22.64	119.60	-49.04	
우리러시아익스플로러증권자투자신탁 1(주식)Class A 1	우리자산운용	20070521	1,956	24.44	119.49	-48.51	
템플턴이스턴유럽증권자투자신탁(주식)Class A	프랭클린템플턴	20070618	719	10.74	116.07	-31.91	
미래에셋인디아인프라섹터증권자투자신탁 1(주식)종류A	미래에셋자산	20070713	518	10.42	109.59	-0.35	
신한BNPP봉쥬르러시아증권자투자신탁(H)(주식)(종류A 1)	신한BNPP	20080102	686	19.08	104.86	-39.58	
한화가치주스타증권투자신탁 1(주식A)	한화운용	20071214	141	23.38	95.13	-32.10	
신한BNPP봉쥬르동유럽플러스증권자투자신탁(H)(주식)(종류 1)	신한BNPP	20070313	3,138	9.62	93.80	-44.30	-32.35
JP모건중남미증권자투자신탁A(주식)	제이피모간	20070905	670	19.86	93.79	-36.81	
미래에셋브라질러시아업종대표증권자투자신탁 1(주식)종류A	미래에셋자산	20080403	847	18.16	93.10		
우리Eastern Europe증권투자신탁 1[주식]Class A 1	우리자산운용	20061016	2,535	17.06	92.73	-42.64	
신은동남아두바이콩코증권자투자신탁[주식]	신은운용	20080428	105	14.62	88.15		
미래에셋동유럽업종대표증권자투자신탁 1(주식)종류A	미래에셋자산	20070907	739	7.37	87.14	-37.82	
KB유로컨버전스증권자투자신탁(주식)A	KB운용	20070614	378	15.17	87.07	-35.94	
신한BNPP더드림코리스증권자투자신탁 1(주식)(종류A)	신한BNPP	20080129	267	9.27	86.75	-22.00	
미래에셋엠스MSCI마켓유럽인덱스증권투자신탁 1(주식)종류A	미래에셋엠스	20070309	718	6.98	86.75	-46.73	
KB브라질증권자투자신탁[주식]A	KB운용	20071015	809	15.85	85.35	-15.53	
NH-CA러-브증권투자신탁[주식]Class A 1	NH-CA운용	20080211	154	14.79	84.71	-6.29	
신한BNPP봉쥬르러시아증권자투자신탁(H)(주식)(종류A 1)	신한BNPP	20080102	419	16.46	84.33	-15.80	
미래에셋인디아솔로몬증권투자신탁 1(주식)종류A	미래에셋자산	20060109	3,312	11.97	83.58	-6.77	33.58
신한BNPP더러스증권투자신탁 1[주식-재간접형]	신한BNPP	20060223	2,709	15.81	82.88	-25.92	-6.32
미래에셋브라질업종대표증권자투자신탁 1(주식)종류A	미래에셋자산	20071205	552	14.73	81.91	19.06	
미래에셋차이나솔로몬증권자투자신탁 2(주식)종류A	미래에셋자산	20070118	9,293	16.18	81.41	-30.09	-10.25
미래에셋BRICs업종대표증권자투자신탁 1(주식)종류A	미래에셋자산	20071114	5,478	12.35	81.36	-18.62	

펀드명	운용사	설정일	설정액	6개월	1년	2년	3년
동부차이나증권투자신탁 1[주식]Class A	동부운용	20060508	180	12.19	80.92	-3.40	33.68
JP모건아시안증권투자신탁A(주식)	제이피모간	20071019	202	12.28	80.68	-40.64	
미래에셋차이나솔로몬증권투자신탁 3(주식)종류A	미래에셋자산	20071031	3,157	15.84	80.43	-27.53	
미래에셋차이나솔로몬증권투자신탁 1(주식)종류A	미래에셋자산	20060320	28,524	15.56	80.32	-27.04	10.42
미래에셋인디아디스커버리증권투자신탁 1(주식)종류A	미래에셋자산	20050915	2,925	11.27	79.57	-2.45	43.53
JP모건글로벌이머징마켓증권투자신탁A(주식)	제이피모간	20071112	353	13.86	78.78	-34.40	
하나UBS와이언Brics해외증권투자신탁 1[주식-재간접형]	하나UBS	20050804	905	12.92	78.66	-36.84	-15.28
신은셈브라증권투자신탁[주식]A	신은운용	20070808	357	17.28	78.25	-22.84	
하나UBS Gold&Wise BRICs해외증권투자신탁K-1[주식-재간접형]	하나UBS	20040102	163	11.60	77.70	-37.63	-17.00
KB인디아증권투자신탁(주식)A	KB운용	20070928	1,323	10.46	77.43	-29.50	
신한BNP봉쥬르중남미플러스증권자투자신탁(H)[주식](종류C)	신한BNPP	20070403	111	15.36	77.33	-24.47	
미래에셋eastemEURICs엄종대표증권자투자신탁 1(주식)종류A	미래에셋자산	20070907	889	8.18	76.72	-25.77	
삼성라틴아메리카증권자투자신탁 1[주식](A)	삼성운용	20070627	145	14.68	75.41	-16.47	
미래에셋쎔나스라틴인덱스증권투자신탁 1(주식)종류A	미래에셋쎔스	20070525	1,428	17.20	75.25	-31.96	
슈로더라틴아메리카증권자투자신탁A증권A(주식)	슈로더운용	20070625	3,224	15.54	75.12	-23.28	
미래에셋쎔스-오.신브라스인덱스증권자투자신탁(주식)종류A-e	미래에셋쎔스	20070829	120	13.83	75.06	-34.98	
신한BNP봉쥬르브라질소증권자투자신탁(H)[주식](종1)	신한BNPP	20070813	12,918	9.45	73.67	-27.55	
KB월드매니저브라질소증권투자신탁(주식)A	KB운용	20071129	464	10.70	73.09	-29.01	
미래에셋디스커건스어증권투자신탁 1(주식)종류A	미래에셋자산	20070209	154	17.18	72.77	15.72	31.55
하나UBS China증권투자신탁 1[주식]Class A	하나UBS	20070416	111	8.11	71.86	-26.10	
신한BNP봉쥬르인디아증권투자신탁(H)[주식](종류A 1)	신한BNPP	20071102	642	7.21	71.35	-29.98	
ING메장스타증권투자신탁(주식-재간접형)	ING운용	20060425	184	10.37	71.22	-35.02	-21.40
미래에셋우리아이인디아업종대표증권투자신탁 1(주식)종류A	미래에셋자산	20070416	339	9.12	71.00	-23.25	
해외주식형 유형평균(대상펀드수 개)				6.99	53.65	-22.08	-7.44

출처 : 제로인

국내	기준일 : 2010. 3. 2	(단위 : 억 원)
	운용사	순자산
	미래에셋자산	242,768
	한국운용	74,297
	삼성운용	61,162
	신영운용	29,404
	KB운용	25,239
	하나UBS	24,960
	신한BNPP	19,017
	KTB운용	18,880
	교보악사운용	16,691
	PCA운용	14,086
	하이운용	13,663
	마이다스운용	13,603
	우리자산운용	13,457
	한국투자밸류자산	12,942
	푸르덴셜운용	12,518
	칸서스운용	8,657
	동양운용	7,152
	미래에셋맵스	5,431
	NH-CA운용	5,382
	ING운용	5,328
	유리운용	5,269
	한화운용	5,248
	프랑클린템플턴	4,659
	피델리티운용	4,534
	알리안츠운용	2,928
	SEI에셋운용	2,451
	트러스톤운용	2,282
	IBK운용	1,882
	대신운용	1,556
	제이피모간	1,370
	동부운용	1,124
	와이즈에셋운용	1,103
	산은운용	871
	유진운용	800
	메리츠운용	602
	에셋플러스운용	525
	현대자산운용	495
	흥국운용	491
	아이운용	456
	현대인베스트먼트	388
	LS자산운용	277
	GS자산운용	271
	마이애셋	176
	골드만삭스운용	172
	슈로더운용	83
	라자드자산운용	82
	플러스운용	78
	알파운용	77
	드림운용	47
	피닉스운용	37
	도이치운용	18
	골든브릿지운용	9
	국내주식형	665,000

해외	기준일 : 2010. 3. 2	(단위 : 억 원)
	운용사	순자산
	미래에셋자산	101,606
	슈로더운용	77,881
	신한BNPP	77,353
	피델리티운용	23,156
	KB운용	16,688
	삼성운용	12,269
	제이피모간	8,180
	PCA운용	8,084
	도이치운용	7,293
	하이운용	5,979
	NH-CA운용	5,911
	우리자산운용	5,909
	하나UBS	5,204
	푸르덴셜운용	5,003
	프랑클린템플턴	4,697
	미래에셋맵스	4,059
	한국운용	3,886
	알리안츠운용	3,144
	블랙록자산운용	2,879
	골드만삭스운용	2,476
	한화운용	2,144
	동부운용	1,539
	IBK운용	1,351
	산은운용	1,163
	유리운용	933
	ING운용	749
	동양운용	667
	신영운용	576
	교보악사운용	517
	KTB운용	478
	대신운용	258
	마이다스운용	232
	에셋플러스운용	202
	얼라이언스번스틴운용	89
	알파운용	83
	마이애셋	43
	현대자산운용	41
	SEI에셋운용	14
	유진운용	1
	해외주식형	392,734

출처 : 제로인

기준일 : 2010. 3. 2   (단위 : 억 원)

분류	이름	사이트
협회	금융투자협회	www.kofia.or.kr
	전국투자자교육협회	www.kcie.or.kr
	모닝스타코리아	www.morningstar.co.kr
펀드평가사	제로인(펀드닥터)	www.funddoctor.co.kr
	FN가이드	www.fnguide.com
	대우증권 펀드스토리	www.bestez.com/fundstory
	미래에셋 미디어	media.miraeasset.com
증권사·자산운용사펀드 정보	삼성투신운용 펀드스쿨	blog.samsungfund.com
	우리투자증권 펀드컨설팅	www.wooribest.com
	현대 펀드몰	www.hyundaifund.co.kr
	SK증권 펀드다이렉트	www.funddirect.co.kr
	모네타	www.moneta.co.kr
동호회	맞벌이 부부 10년 10억 모으기	cafe.daum.net/10in10
	펀드스쿨	cafe.daum.net/fundschool
상장지수펀드	KOSEF	www.kosef.co.kr
	KODEX	www.kodex.com
	골드만삭스 자산운용	www.goldman-sachs.co.kr
	교보악사 자산운용	www.kyoboaxa-im.kr
	기은SG 자산운용	www.ibksgam.com
	대신 투자신탁운용	www.ditm.co.kr
	더커 자산운용	www.kerrasset.com
	도이치 자산운용	www.deam-korea.com/korea
	동부 자산운용	www.dongbuam.co.kr
	동양 투자신탁운용	www.tongyangfund.com
	마이다스에셋 자산운용	www.midasasset.co.kr
	마이에셋 자산운용	www.mai.kr
	메리츠 자산운용	www.meritzam.com
	미래에셋 자산운용	investments.miraeasset.com
	미래에셋맵스 자산운용	mapsim.miraeasset.com
	산은 자산운용	www.kdbasset.co.kr
	삼성 투신운용	www.samsungfund.com
	슈로더 투자신탁운용	www.schroders.co.kr
	신영 자산운용	www.syfund.co.kr
	신한BNP파리바 자산운용	www.shinvest.co.kr
	알리안츠GI 자산운용	www.allianzglobalinvestors.co.kr
	에셋플러스 자산운용	www.assetplus.co.kr
	와이즈에셋 자산운용	www.wiseasset.co.kr
자산운용사	우리 자산운용	www.wooriam.com
	유리 자산운용	www.yurieasset.co.kr
	유진 자산운용	fund.eugenefn.com
	칸서스 자산운용	www.consus.co.kr
	트러스톤 자산운용	www.trustonasset.com
	푸르덴셜 자산운용	www.prudentialfund.com
	프랭클린템플턴 자산운용	www.franklintempleton.co.kr
	피닉스 자산운용	www.passet.co.kr
	피델리티 자산운용	www.fidelitytools.co.kr
	하이 자산운용	www.hi-am.com
	한국 투자신탁운용	www.kitmc.com
	한국투자밸류 자산운용	www.koreavalueasset.com
	현대 자산운용	www.hyundaiam.com
	현대인베스트먼트 자산운용	www.hdfund.co.kr
	흥국 투자신탁운용	www.hkfund.co.kr
	GS 자산운용	www.gsasset.co.kr
	IBK 자산운용	www.ibkasset.com
	ING 자산운용	www.ingim.co.kr
	KB 자산운용	www.hkfund.co.kr
	KTB 자산운용	www.i-ktb.com
	NH-CA 자산운용	www.nh-ca.com
	PCA 투자신탁운용	www.pcaasset.co.kr

출처 : 제로인

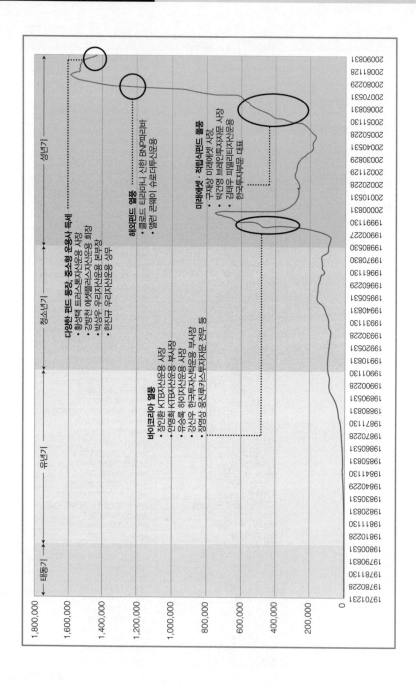

년도	일지
1970.12.31	최초의 펀드 탄생 한국투자개발공사 '안정성장주식투자신탁1호
1978.11.30	1978 주식형펀드 수탁고 1000억 원 돌파
1982.8.31	1982 장기보장주식투자신탁 등장
1989.5.31	1989.4 종합주가지수 1,000선 돌파
1989.12.12	'증권시장안정화대책' 발표
1990.11.30	1990년 말 주식형펀드수탁고 9.9조 원
1995.1	주식형펀드 15조 원 돌파
1997.11	IMF 외환위기
1998.11	주식형펀드 7.8조 원
1999.3	바이코리아 펀드 출시
1999.12	종합주가지수 1,000선 돌파
2000.3	IT버블붕괴
2000.4	주식형펀드 수탁고 75조 원
2001.9.11	9.11테러
2003.	이라크전쟁, 신용카드 부실
2003~2004	랜드마크 1억만들기 펀드, 미래에셋 3억만들기 펀드 등 출시
2006.7	주식형펀드 50조 원 돌파
2007.6	해외펀드 비과세조치 시행
2007.10	주식형펀드 100조 원 돌파
2007.10	주가지수 2,000 돌파
2008.10	리먼브라더스 파산사태

펀드매니저의 투자 비밀

지은이 | 최명수, 변관열, 김하나 외
펴낸이 | 김경태
펴낸곳 | 한국경제신문 한경BP
등록 | 제 2-315(1967. 5. 15)

제1판 1쇄 인쇄 | 2010년 3월 30일
제1판 1쇄 발행 | 2010년 4월 5일

주소 | 서울특별시 중구 중림동 441
홈페이지 | http://www.hankyungbp.com
전자우편 | bp@hankyung.com
기획출판팀 | 3604-553~6
영업마케팅팀 | 3604-595, 555   FAX | 3604-599

ISBN 978-89-475-2749-1   03320
값 16,000원

파본이나 잘못된 책은 바꿔 드립니다.